ZHONGGUO LüYOUFA

PANLI JINGJIE

中国旅游法

判例精解

杨富斌 杨洪浦 / 著

北京 · 旅游教育出版社

策　　划：李荣强
责任编辑：陈　志

图书在版编目（CIP）数据

中国旅游法判例精解 / 杨富斌，杨洪浦著. -- 北京：旅游教育出版社，2018.3
ISBN 978-7-5637-3698-0

Ⅰ. ①中… Ⅱ. ①杨… ②杨… Ⅲ. ①旅游业—经济纠纷—判例—汇编—中国 Ⅳ. ①D922.294.5

中国版本图书馆CIP数据核字(2018)第020285号

中国旅游法判例精解

杨富斌　杨洪浦　著

出版单位	旅游教育出版社
地　　址	北京市朝阳区定福庄南里1号
邮　　编	100024
发行电话	（010）65778403　65728372　65767462（传真）
本社网址	www.tepcb.com
E - mail	tepfx@163.com
排版单位	北京旅教文化传播有限公司
印刷单位	北京柏力行彩印有限公司
经销单位	新华书店
开　　本	710毫米×1000毫米　1/16
印　　张	16.5
字　　数	244千字
版　　次	2018年3月第1版
印　　次	2018年3月第1次印刷
定　　价	39.00元

（图书如有装订差错请与发行部联系）

目录

导　论 …… 001
一、依法兴旅和依法治旅迫切需要旅游法律法规予以规制 …… 001
二、旅游纠纷判例研究具有重大理论价值和实践意义 …… 004
三、本书的编写体例和目的 …… 006

判例 1　要求退还尚未发生的费用，游客诉求获二审法院支持 …… 008
【案件索引】…… 008
【基本案情】…… 008
【判决与理由】…… 011
【本案中涉及的法律问题】…… 013
【参考答案与法理分析】…… 014

判例 2　旅行社以不可抗力为由拒绝赔偿，未获法院支持 …… 022
【案件索引】…… 022
【基本案情】…… 022
【判决与理由】…… 026
【本案中涉及的法律问题】…… 027
【参考答案与法理分析】…… 028

判例 3　村民免费入景区游泳溺亡，法院判半封闭景区担责 20% …… 033
【案件索引】…… 033
【基本案情】…… 033
【判决与理由】…… 036
【本案涉及的法律问题】…… 039
【参考答案与法理分析】…… 039

判例 4 游客在景区内溺亡，法院判景区担责 10% …… 045
【案件索引】…… 045
【基本案情】…… 045
【判决与理由】…… 046
【本案中涉及的法律问题】…… 047
【参考答案与法理分析】…… 047

判例 5 履行出境考察合同有瑕疵，法院判决承担相应责任 …… 050
【案件索引】…… 050
【基本案情】…… 050
【判决与理由】…… 055
【本案涉及的法律问题】…… 057
【参考答案和法理分析】…… 058

判例 6 擅自转让合同后出交通事故，两家旅游公司被判承担连带责任 …… 067
【案件索引】…… 067
【基本案情】…… 067
【判决与理由】…… 073
【本案涉及的法律问题】…… 075
【参考答案与法理分析】…… 075

判例 7 挂靠车辆出事故，赔偿责任如何分担？ …… 079
【案件索引】…… 079
【基本案情】…… 079
【判决与理由】…… 082
【本案涉及的法律问题】…… 083
【参考答案与法理分析】…… 084

判例 8 因游客原因未出境旅游，旅行社应如何退还相关费用 …… 086
【案件索引】…… 086
【基本案情】…… 086
【判决与理由】…… 092
【本案涉及的法律问题】…… 094

【参考答案与法理分析】……095

判例 9 游客在军事管制海域溺亡，路过的景区被判担责 20% ……101
【案件索引】……101
【基本案情】……101
【判决与理由】……105
【本案涉及的法律问题】……108
【参考答案与法理分析】……108

判例 10 专列未成行游客要求退费，获法院支持 ……112
【案件索引】……112
【基本案情】……112
【判决与理由】……115
【本案涉及的法律问题】……117
【参考答案与法理分析】……117

判例 11 飞机坠地游客受伤害，赔偿诉求获法院支持……121
【案件索引】……121
【基本案情】……121
【判决与理由】……124
【本案涉及的法律问题】……124
【参考答案与法理分析】……125

判例 12 游客购物后状告旅行社和商场欺诈未获法院支持 ……127
【案件索引】……127
【基本案情】……127
【判决与理由】……128
【本案涉及的法律问题】……129
【参考答案与法理分析】……130

判例 13 酒店洗浴时受伤获违约赔偿，但精神损害赔偿未获支持 ……139
【案件索引】……139
【基本案情】……139

【判决与理由】…………141
【本案涉及的法律问题】…………142
【参考答案与法理分析】…………142

判例 14　游客拒交剩余团费被判违约，旅行社擅改行程等被判赔偿…………145
【案件索引】…………145
【基本案情】…………145
【判决与理由】…………150
【本案涉及的法律问题】…………153
【参考答案与法理分析】…………154

判例 15　骑马摔亡要求赔偿，经营者和景区被判共担责…………158
【案件索引】…………158
【基本案情】…………158
【判决与理由】…………162
【本案涉及的法律问题】…………164
【参考答案与法理分析】…………165

判例 16　神农架旅游车颠簸游客受伤，索赔获法院支持…………171
【案件索引】…………171
【基本案情】…………171
【判决与理由】…………173
【本案涉及的法律问题】…………174
【参考答案与法理分析】…………175

判例 17　出境拒签游客要求全额退费，法院判决支持部分诉求…………178
【案件索引】…………178
【基本案情】…………178
【判决与理由】…………182
【本案涉及的法律问题】…………183
【参考答案与法理分析】…………184

判例 18　游客状告旅行社欺诈，未获法院支持 …………………………………… 186
【案件索引】…………………………………………………………………………186
【基本案情】…………………………………………………………………………186
【判决与理由】………………………………………………………………………189
【本案涉及的法律问题】……………………………………………………………189
【参考答案与法理分析】……………………………………………………………189

判例 19　因航班延误拒绝登机，游客诉求全额退款未获法院支持 ………… 191
【案件索引】…………………………………………………………………………191
【基本案情】…………………………………………………………………………191
【判决与理由】………………………………………………………………………194
【本案涉及的法律问题】……………………………………………………………196
【参考答案与法理分析】……………………………………………………………196

判例 20　旅游行政部门未集体讨论，作出的确认违法是否合适？ ………… 198
【案件索引】…………………………………………………………………………198
【基本案情】…………………………………………………………………………198
【判决与理由】………………………………………………………………………201
【本案涉及的法律问题】……………………………………………………………202
【参考答案与法理分析】……………………………………………………………202

判例 21　因证据形式不完备，旅游局作出的行政处罚被撤销 ……………… 210
【案件索引】…………………………………………………………………………210
【基本案情】…………………………………………………………………………210
【判决与理由】………………………………………………………………………215
【本案涉及的法律问题】……………………………………………………………216
【参考答案与法理分析】……………………………………………………………216

判例 22　状告旅游局等行政侵权，旅游公司的索赔未获法院支持 ………… 224
【案件索引】…………………………………………………………………………224
【基本案情】…………………………………………………………………………224
【判决与理由】………………………………………………………………………231
【本案涉及的法律问题】……………………………………………………………232

【参考答案与法理分析】……232

判例 23　漂流项目经营权受侵犯，经营者要求行政赔偿获法院支持……239
【案件索引】……239
【基本案情】……239
【判决与理由】……242
【本案涉及的法律问题】……243
【参考答案与法理分析】……243

判例 24　唐某某诉旅游局信息不公开，其诉求获法院支持……249
【案件索引】……249
【基本案情】……249
【判决与理由】……250
【本案涉及的法律问题】……251
【参考答案与法理分析】……251

导 论

“法律的生命不在逻辑而在于经验。”美国法理学家霍尔姆斯的这句至理名言告诉我们，任何国家和民族的法律增长和法治建设，都不是依赖纯逻辑的推演而理论地构造出来的，而是依据本国和本民族的法律实践和法治建设经验，并结合全人类的优秀法学理论研究成果和丰富的司法和法治实践经验而逐渐生成的。我国社会主义法律制度包括旅游法律制度的生成无疑也是如此。在我国，旅游法是一部应用性极强的法律，旅游法学研究始终离不开旅游业实践的发展和探索。而旅游纠纷司法判例不仅集中地反映了旅游业发展进程中出现的多重矛盾和纠纷，而且为解决和裁判这些矛盾和纠纷所适用的法律渊源也不仅限于旅游法律法规。因此，深入研究和探讨近年来我国各级地方人民法院依据《旅游法》和《消费者权益保护法》《侵权责任法》《合同法》《安全生产法》《行政诉讼法》等所裁判的真实案件，提炼出其中涉及到的法律问题，并给予法理上的解析，无疑具有重要的理论价值和实践意义。

一、依法兴旅和依法治旅迫切需要旅游法律法规予以规制

党的十九大报告指出，目前我国社会主要矛盾已经转化为人民日益增长的美好生活需要和不平衡、不充分的发展之间的矛盾。坚持和发展中国特色社会主义，总任务是实现社会主义现代化和中华民族伟大复兴，在全面建成小康社会的基础上，分两步在本世纪中叶将我国建成富强、民主、文明、和谐、美丽的社会主义现代化强国。

在这一大背景下，我国旅游业也正在逐步培育成为国民经济发展的战略性支柱产业和人民群众满意的现代服务业，旅游业界正在坚决贯彻习近平总书记的新发展理念，砥砺奋进，大力推进全域旅游国家战略。全国已经有 23 个省（区、市）、160 多个地（市）成立了旅游发展委员会，越来越多的地区成立了旅游警察、旅游巡回法庭、工商旅游分局，“1+3+N”综合体制改革效果显著。

体制机制创新依然是发展全域旅游的关键。[①] 而体制机制创新的根本最终离不开依法兴旅和依法治旅，把我国旅游业的兴盛发达融入新时代中国特色社会主义现代化伟大事业之中，并且同党中央积极推进的法治国家、法治政府和法治社会一体化建设进程保持高度一致。党的十九大报告明确指出，我国今后全面深化改革的总目标是完善和发展中国特色社会主义制度、推进国家治理体系和治理能力现代化。全面推进依法治国的总目标是建设中国特色社会主义法治体系、建设社会主义法治国家。

就我国旅游业发展和旅游监管实践层面来看，说一千道一万，旅游业中存在的一切乱象、旅游监管和执法领域存在的一切问题，归根到底都同我国旅游法律法规不健全和不完善密切相关，同我国在整体上还没有成为旅游法治大国密切相关。尽管规范我国旅游业的第一部法律《旅游法》自 2013 年 4 月 25 日已由全国人大常委会通过并颁布，以习近平主席发布的《中华人民共和国主席令》(第三号)发布，于同年 10 月 1 日正式在全国实施，这一法律的颁布实施成为我国旅游法制建设、依法治旅和依法兴旅征程中重要的里程碑，具有多方面的制度创新[②]，但是，囿于我国传统社会长期形成的人治观念和我国市场经济制度尚处于形成和发展过程之中，并且囿于普通民众的法治思维方式需要逐渐培育，旅游行政管理部门和其他相关管理部门的执法和监管人员的法治思维方式也需要逐渐培育，在旅游业界和旅游监管领域真正实施依法兴旅和依法治旅，实际上仍然步履维艰、进展缓慢。甚至旅游业界、旅游行政管理部门和旅游法学界等，对如何理解《旅游法》的相关规范都不尽一致，司法实务界在裁判旅游纠纷时对相关事实和行为的认定，以及如何适用相关法律法规，理解也不尽相同。例如，如何理解和界定《旅游法》第三十五条所禁止的“不合理低价游”，如何理解这一条关于旅行社是否可以安排购物和另行付费旅游项目的规定、给予和收受旅游购物和另行付费项目的“回扣”是否属于商业贿赂的规定，如何理解第六十五条关于旅游者合同任意解除权的规定，等等，人们迄今仍难有一致的看法。甚至在旅游纠纷判例中，一审法院和二审法院对相关事实的认定，对旅游纠纷诉由的认定，对适用哪些法律法规的认定，对是否支持精神损害抚慰金的认定，都有不同理解，以致在有些案件中，二审法院完全或部分地

① 参见李金早：《坚决贯彻习总书记新发展理论，大力推进全域旅游》(2017年8月3日)。载《中国旅游之声》2017年第15期(总第64期)，第1页、第12页。所谓“1+3+N”综合体制改革：1是指推动建立综合协调性强的旅游管理机构，3是指推动设置旅游警察、旅游工商所和旅游巡回法庭等专门机构，N是指推动建立与各部门职能相互包容、衔接的各种旅游发展制度。

② 参见杨富斌：“《旅游法》的十大制度创新”，载《法学杂志》2013年第10期。

推翻了一审法院的判决。而有些二审法院的改判及其陈述的理由，也并非没有值得商榷之处。

同时，由于旅游行业牵扯到180多个行业，旅游行为和旅游监管行为等涉及方方面面的法律关系，不仅传统的旅游业中“食住行游购娱”等活动需要旅游法律法规调整，而且近年来出现的各种旅游新业态，例如所谓的“商学养闲新奇”等旅游活动，也需要相应的法律法规来调整。我国旅游业蓬勃发展，新出现的所谓智慧旅游、全域旅游、互联网+旅游等，都使我国旅游业呈现出前所未有的新局面。所有这些活动，不仅需要由《旅游法》来调整，也需要通过《消费者权益保护法》《侵权责任法》《安全生产法》《民法通则》《合同法》等法律法规来调整。2017年10月1日开始施行的《中华人民共和国民法总则》等新的法律法规，也必将对旅游业和相关的旅游法律法规产生重大影响。

以《中华人民共和国民法总则》(以下简称《民法总则》)为例，该法所确立的合法权益受法律保护原则、平等原则、自愿原则、公平原则、诚实信用原则、守法和公序良俗原则、绿色原则、处理民事纠纷的依据等，对我们深入理解和实施《旅游法》相关规定就具有重要的指导意义。例如《民法总则》第十条：“处理民事纠纷，应当依照法律；法律没有规定的，可以适用习惯，但是不得违背公序良俗。”这一关于处理民事纠纷的依据的规定，对正确处理旅游纠纷具有重要指导意义。

首先，根据这一规则，人民法院、仲裁机构或旅游行政主管部门等在处理民事纠纷时，应当依照现有的法律法规；法律没有规定的，可以适用习惯，前提是不得违背公序良俗。因为这一条中所说的“法律”是广义的法律，既包括全国人大及其常委会制定的法律和国务院制定的行政法规，也不排除地方性法规、自治条例和单行条例等。

其次，尤其需要注意的是，本条还规定，法律没有规定的，可以适用不违背公序良俗的习惯。习惯是指在一定地域、行业范围内长期为一般人确信并普遍遵守的民间习惯或者商业惯例。适用习惯受到两个方面的限制：一是适用习惯的前提是法律没有规定。所谓法律没有规定，就是相关的法律、行政法规、地方性法规对特定民事纠纷未作出规定。二是所适用的习惯不得违背公序良俗。因此，并非所有的习惯都可以用作处理民事纠纷的依据，只有不违背公序良俗的习惯才可以适用。当然适用习惯也不得违背法律的基本原则。

《民法总则》确认习惯作为民事法律渊源，主要考虑：一是承认习惯的法源地位与我国现行立法是一致的。合同法、物权法等法律已经明确规定习惯可以作为判断当事人权利、义务的根据。二是承认习惯的法源地位也符合现实需要。

民事生活纷繁复杂，法律很难做到面面俱到，习惯可以在一定程度上弥补法律的不足。在商事领域和社会基层，对将习惯作为法律渊源的需求较为强烈。三是根据习惯裁判更贴近社会生活，有利定分止争，且在司法实践中有时确有必要根据习惯来处理民事纠纷。①

最后，再如《民法总则》第九条确立的“绿色原则”：“民事主体从事民事活动，应当有利于节约资源、保护生态环境。”这一原则是贯彻宪法关于保护环境的要求，同时也是落实党中央关于建设生态文明、实现可持续发展理念的要求，将环境资源保护上升至民法基本原则的地位，具有鲜明的时代特征，将全面开启环境资源保护的民法通道，有利于构建生态时代人与自然的新型关系，顺应绿色立法潮流。这一规定，既传承了天地人和、人与自然和谐共生的我国优秀传统文化理念，又体现了党的十八大以来的新发展理念，与我国是人口大国、需要长期处理好人与资源生态的矛盾这样一个国情相适应。党的十九大报告更把坚持人与自然和谐共生，建设生态文明，上升为中华民族永续发展的“千年大计”。这一切都将对我国旅游业可持续发展，如何处理好旅游资源开发、利用与保护的关系，处理好旅游资源利用与保护的矛盾与纠纷，产生重要的积极影响。

因此，在《旅游法》颁布和实施之后的今天和未来，旅游法学研究面临着更加复杂的局面，旅游业界、旅游行政管理部门和法律实务界（包括相关的律师机构和司法机关），甚至广大旅游者，都需要进一步思考、研究和正确地应用旅游法相关规定，以便使自己更加适应我国法治国家、法治政府和法治社会一体化建设的现实，适应我国依法兴旅和依法治旅的现实。而深入研究和探讨依据旅游法律法规和相关法律法规所裁判的旅游法判例，不失为一条重要的方法和途径。

二、旅游纠纷判例研究具有重大理论价值和实践意义

自 2013 年 10 月 1 日《旅游法》正式实施以来，社会各界尤其是旅游业界和旅游行政主管部门通过学习、贯彻和落实《旅游法》相关规范，极大地促进了我国旅游业依法兴旅和依法治旅的发展。但是，由于各种现实的和历史的原因，人们对于如何深入理解和贯彻落实《旅游法》的相关规定仍有不同看法和理解。为此，国家旅游局还专门出台了《国家旅游局关于执行〈旅游法〉有关

① 参见张荣顺主编：《中华人民共和国民法总则解读》，中国法制出版社2017年版，第33页。

规定的通知》（旅发【2013】280号）、《国家旅游局关于严格执行〈旅游法〉第三十五条有关规定的通知》（旅发【2013】362号）、《国家旅游局关于打击旅游活动中欺骗、强制购物行为的意见》（旅发【2015】217号）、《国家旅游局关于打击组织‘不合理低价游’的意见》（旅发【2015】218号）等。同时，国家旅游局与国家工商行政管理总局联合发布了《关于印发2014年版〈团队境内旅游合同（示范文本）〉〈团队出境旅游合同（示范文本）〉〈大陆居民赴台湾地区旅游合同（示范文本）〉和〈境内旅游组团社与地接社合同（示范文本）〉的通知》（旅发【2014】72号）等。

可喜的是，自《旅游法》实施以来，我国司法机关依据《旅游法》相关法律规定以及其他相关法律，如《侵权责任法》《消费者权益保护法》等，裁判了几千个旅游纠纷案件，作出的判决有好几千件。其中，有些判例特别的典型，一审和二审法院对案件的性质、诉由争议颇大，因而一审和二审法院有时对案件的定性和判决很不相同。这表明，旅游纠纷表面上看似乎很简单，不过就是旅游者与旅游经营者之间的旅游合同纠纷或侵权纠纷而已，而在实际上有时这些案件却非常错综复杂，牵涉到好多法律关系，甚至牵涉到旅游行政主管部门、工商管理部门和物价管理部门等，在旅游安全事故救援中还会涉及到武警或消防部门。有些案件，由于一审和二审对相关事实的认定不同，适用法律相应地也不一样，因而二审把一审的判决推翻，予以改判。这表明，即使在司法机关，对某些旅游纠纷的看法也是不一致的，这从另一个角度说明旅游纠纷的复杂性。但是，我们从这些判例的判决理由和说明中，恰恰可以发现值得进一步研究的旅游法律问题，尤其是那些判决理由和说明，其中涉及的法律问题和法理，有可能对旅游执法人员、旅游经营管理者和旅游者等都会有不同程度的启发或警示。

因此，深入研究和解析这些旅游纠纷判例，提炼出其中涉及到的法律问题，并从法理上予以解析，首先，对于我们进一步深入理解和贯彻《旅游法》相关规范、进一步完善我国的旅游法律制度有重要的启发；其次，对于旅游行政主管部门调解和处理旅游投诉和纠纷有重要启发；再次，对广大旅游企业和旅游经营者如何正确理解和贯彻落实《旅游法》相关规定、做好旅游经营管理、处理好同旅游者的各种纠纷有重要的启发；最后，对于广大旅游者如何正确地维护好自己的合法权益，在自己受到人身伤害或财产损失时，或者在旅游经营者违约时，能够依法维权，减少维权成本和不必要的麻烦，同时也不会因“过度维权”，或者滥用诉权，既浪费自己的时间和精力，也得不到法律和法院的支持，还有可能使自己生气愤怒。此外，本书对旅游法判例的研究，对广大旅游法学研究人员进一步深入研究旅游法律法规、完善旅游法律法规，也会有一定的参考价值。

三、本书的编写体例和目的

本书是从我国各地人民法院依据《旅游法》相关规范所作的裁判中精心选取的24个典型案例，前19个是民事诉讼案例，后5个是行政诉讼判例。

在选择民事诉讼判例时，主要选取了旅游者同旅游景区、旅游饭店和旅行社的一些纠纷判例，其中包括旅游经营者与旅游者退还旅游费用的纠纷、旅游者在景区溺亡的赔偿纠纷、旅游交通事故的赔偿纠纷、不可抗力引起的赔偿纠纷、擅自转让旅游合同纠纷、车辆挂靠赔偿纠纷、专列未成行赔偿纠纷、飞机迫降造成游客受伤纠纷、购物退货纠纷、航班延误纠纷、骑马摔伤赔偿纠纷、合同欺诈纠纷、自由活动游客意外死亡纠纷等判例19个。在选择行政诉讼判例时，主要选取了诉由为旅游局（委）作出重大行政处罚时未经集体讨论、举证的证据形式不完备、经营者状告旅游局（委）等行政侵权、经营者的经营权被侵权和旅游局（委）信息不公开被诉等5个判例。

本书的写作体例是：从“案件索引”“基本案情”“判决与理由”“本案涉及的法律问题”和“参考答案与法理分析”五个方面，对相关判例进行了剖析。其中，“案件索引”标注的是本案判决书的来源，读者可按图索骥，通过网络等手段能找到这些判决书的原文。“基本案情”是依据判决书对基本案情的介绍。为节省篇幅，作者对判决书中无关紧要的内容作了删节，只保留了与判例极为相关的重要内容。对原告或被告的个人姓名稍作处理，以“张某某”或“李某某”替代。“判决与理由”主要是本案的终审判决即二审的判决和理由。“本案涉及的法律问题”是作者根据这一判例概括和提炼的法律问题。“参考答案与法理分析”是作者对自己概括和提炼的问题作出的解答和法理分析。

作者在本书中的主要研究工作，除了收集和选择自2013年10月1日《旅游法》实施以来各级地方人民法院作出的相关判例以外，针对这些判例提出了本案涉及的法律问题。常言道：提出问题等于解决了问题的一半。根据相关判例概括和提炼出本案可能涉及的法律问题，需要作者凭自己的眼光、学识和理论功底以及对旅游法律法规的整体把握和问题的敏感性来进行。对这些法律问题的解析和阐述，也不能简单地将个案作一评析就完结了事，而要在评析的基础上，进一步深入挖掘、研讨案件背后所反映的社会问题和法律问题，以及对进一步完善旅游法律法规、推进依法兴旅和依法治旅、促进旅游业可持续发展、把我国尽早建成旅游强国和旅游法治强国所具有的理论价值和现实意义。还要进一步揭示这些判例对旅游经营者、旅游监管和执法人员、旅游者等所具有的警示和启示。诚望本书中概括和提炼的问题，以及作者对这些问题的解答和法理分析，能对读者有所帮助和启发，尤其是能对旅游经营管理人员、旅游行政主管部门和相关行政管理部门的执法和监管人员，对广大旅游者，对旅游法学研究人员甚至从事旅游纠纷解决的司法人员有所助益和一定的参考价值。当然，这只是作者的一家之言，对这些问题肯定是“仁者见仁，智者见智”，难有统一的观点。书中不妥和错讹之处，敬请读者诸君批评指正。

判例1　要求退还尚未发生的费用，游客诉求获二审法院支持

【案件索引】

上海市第一中级人民法院民事判决书（2014）沪一中民一（民）终字第2510号：陈某等诉上海携程国际旅行社有限公司旅游合同纠纷一案二审民事判决书。

【基本案情】

上诉人陈某、徐某某、陈某某因旅游合同纠纷一案，不服上海市长宁区人民法院（2014）长民一（民）初字第1376号民事判决，向本院提起上诉。本院于2014年9月19日立案受理后，依法组成合议庭于2014年10月23日公开开庭进行了审理。本案现已审理终结。

原审查明，陈某与徐某某系夫妻，陈某某系陈某、徐某某之女。

2013年7月30日，陈某、徐某某、陈某某与携程旅行社签订了《上海市出境旅游合同》。合同约定，陈某、徐某某、陈某某参加由携程旅行社组团的“德国罗滕堡+海德堡+法兰克福+奥地利9日（4钻）全四星湖光山色新天鹅堡”团队游，旅行时间为2013年9月30日至2013年10月7日，每人旅游费为人民币（以下币种除特别注明外，其余均为人民币）17 866元，3人旅游费合计53 598元。该旅游合同在旅游者的义务项下还约定：“旅游者应当遵守合同约定，自觉履行合同义务。非经旅行社同意，不得单方变更、解除旅游合同，但法律、法规另有规定的除外。因旅游者的原因不能成行造成违约的，旅游者应当提前7天（含7天）通知对方，但旅游者和组团旅行社也可以另行约定提前告知的时间。对于违约责任，旅游者和旅行社已有约定的，从其约定承担；没有约定的，按照下列协议承担违约责任：①旅游者按规定时间通知对方的，应当支付旅游合同总价5%的违约金；②旅游者未按规定时间通知对方的，

应当支付旅游合同总价10%的违约金。旅行社已办理的护照成本手续费、订房损失费、实际签证费、国际国内交通票损失费按实计算。因违约造成的其他损失，按有关法律、法规和规章的规定承担赔偿责任。”在该旅游合同补充条款上还载明，旅游团费包含签证费、游程中规定的用餐、双标房、国际交通费、游览用车、景点第一门票、导游服务等费用。在携程旅行社提供的旅游度假产品确认单上载明，旅游产品的供应商为A公司。

携程旅行社在向陈某、徐某某、陈某某收取53 598元旅游费和另行收取1728元旅游费后，开具金额分别为53 598元和1728元两张发票。

2013年9月6日，陈某因故需要取回护照，致使无法如期办理前往旅游目的地的签证，难以参加既定旅游行程，要求退团；徐某某、陈某某同时向携程旅行社申请退团。陈某、徐某某、陈某某解除出境旅游合同的要求，携程旅行社予以同意。携程旅行社于2013年9月12日退还1728元，于同年9月18日又退还23400元，余款未作退还。陈某、徐某某、陈某某于2013年9月22日向上海市旅游质量监督所投诉携程旅行社，要求退还剩余旅游费。经上海市旅游质量监督所调解，陈某、徐某某、陈某某和携程旅行社无法达成一致意见，该所于2013年10月24日终止调解，并出具旅游投诉终止调解书。携程旅行社于2013年11月7日退还4623元。2014年3月4日，陈某、徐某某、陈某某为要求携程旅行社退还旅游费余款诉至原审法院，要求判令携程旅行社返还陈某、徐某某、陈某某旅游费25 598元。

因双方当事人无法就纠纷的解决达成一致意见，致本案调解未成。

原审认为，依法成立的合同，对当事人具有法律约束力。当事人应当按照约定履行自己的义务，不得擅自变更或解除合同。陈某、徐某某、陈某某与携程旅行社签订了《上海市出境旅游合同》，双方缔结旅游合同关系，意思表示真实，该旅游合同应属有效，双方应该共同遵守合同的约定。陈某因自身原因，在携程旅行社代为办理前往旅游目的地签证时要求取回护照，导致携程旅行社无法代为办理签证，参加原定旅游行程受阻，陈某要求退团；继而徐某某、陈某某也要求退团，陈某、徐某某、陈某某的解约行为，致使双方签订的旅游合同无法继续履行，陈某、徐某某、陈某某行为构成违约，应当承担相应的违约责任。

《最高人民法院关于审理旅游纠纷案件适用法律若干问题的规定》第十二条规定：“旅游行程开始前或者进行中，因旅游者单方解除合同，旅游者请求旅游经营者退还尚未实际发生的费用，或者旅游经营者请求旅游者支付合理费用的，人民法院应予支持。”因此，在陈某、徐某某、陈某某单方解除旅游合同后，应当承担由此产生的后果。

按照双方签订的旅游合同约定，因旅游者的原因不能成行造成违约的，旅游者应当提前 7 天通知对方，并支付旅游合同总价 5% 的违约金。陈某、徐某某、陈某某参加的旅游活动于 2013 年 9 月 30 日出行，陈某、徐某某、陈某某于 2013 年 9 月 6 日通知携程旅行社退团，携程旅行社对此予以确认。陈某、徐某某、陈某某应依约支付携程旅行社旅游合同总价 53 598 元的 5% 的违约金 2679.90 元。

同时，双方签订的旅游合同还约定，旅行社已办理的护照成本手续费、订房损失费、实际签证费、国际国内交通票损失费按实计算。陈某、徐某某、陈某某的旅游签证是由携程旅行社代为办理的，但携程旅行社并未提供使领馆已经收取陈某、徐某某、陈某某办理签证费用的证据，携程旅行社无法证明签证费用已经发生，应当将陈某、徐某某、陈某某办理签证的费用 180 欧元（以当时汇率中间价 8.0382，折合人民币 1446.88 元）如数退还。旅游合同成立后，旅游经营者为履行合同义务即要着手为旅游者办理出入境手续、预订交通工具和膳宿。对旅游所涉交通、住宿的预先落实，既是保证旅游活动能够按约进行的前提，也是前往旅游入境国使领馆办理旅游签证的必备条件。随着上述手续的办理就会发生费用的预付。根据民事诉讼证据举证规则规定，对合同是否履行发生争议的，由负有履行义务的当事人承担举证责任。携程旅行社提供证据证明已向其委托的负责此次旅游活动接待的地接社 A 公司交付费用，A 公司根据其与携程旅行社协议约定，以陈某、徐某某、陈某某取消旅游行程，致其损失 3018 欧元为由，拒绝退还该笔费用，该节事实发生应当得到认定。由于 A 公司所处地域，其出具的文书需要进行公证、认证。携程旅行社提供的上述证据未经公证、认证，在形式上存在瑕疵。而公证、认证需要花费精力及支付相应费用，A 公司持消极、不配合的态度，客观上为携程旅行社消除上述证据瑕疵造成障碍。如果因此致使不利后果由携程旅行社承担，则有失公平。基于本次纠纷缘于陈某、徐某某、陈某某解约，而携程旅行社出示的证据因提供方的不配合存在瑕疵，此瑕疵为携程旅行社主观上无法消除的因素，对于 A 公司拒绝退还 3018 欧元造成的损失（以 8.0382 汇率，折合人民币 24 259.28 元），酌定双方各半承担。携程旅行社需向陈某、徐某某、陈某某再退还 12 129.64 元。

综上所述，携程旅行社在扣除陈某、徐某某、陈某某支付的违约金后，应再向陈某、徐某某、陈某某退还旅游费 10 896.62 元。

原审法院审理后，依照《中华人民共和国合同法》第八条、第一百零七条，《中华人民共和国旅游法》第六十五条，《最高人民法院关于审理旅游纠纷案件适用法律若干问题的规定》第十二条和《最高人民法院关于民事诉讼证据的若干规定》第二条、第五条第二款的规定，于 2014 年 8 月 25 日作出判决：上海携程国际旅行社有限公司于判决生效之日起十日内向陈某、徐某某、陈某某退还人民币 10 896.62 元。

陈某、徐某某、陈某某不服原判，上诉至本院，其上诉请求：撤销原判，改判携程旅行社返还旅游费 25575 元。陈某、徐某某、陈某某上诉称，携程旅行社未提供证据证明其与所谓的 A 公司合作关系的真实性，该公司提供的相关证据未经公证、认证，携程旅行社在本案涉及的多份证据材料中使用的 A 公司名称不一致。最终出境团员名单都应该在国家旅游局备案，但携程旅行社始终无法提供组团名单、实际出行名单。陈某只是需要使用一下护照，并不是要求取消行程，但携程旅行社称无法如期办理旅游签证而导致陈某、徐某某、陈某某退团，陈某、徐某某、陈某某退团的行为不构成违约，但可以承担 5% 的违约金。携程旅行社没有证据证明其实际损失的真实性和合理性，故不应当由陈某、徐某某、陈某某承担。

被上诉人携程旅行社辩称，A 公司的营业执照在香港公开网站可以查到，公司真实设立。携程旅行社与香港的 A 公司签订过协议，有业务合作关系。其他 A 公司是与香港 A 公司发生关系，香港 A 公司如何操作非携程旅行社可以控制，且与本案无关。实际损失包括了酒店费用、签证费用和保险费用。酒店费用扣除依据是基于携程旅行社与 A 公司的协议附件中的取消政策；签证费和保险费都已经实际支出。组团名单、实际出行名单与实际损失的产生没有关联性。现陈某、徐某某、陈某某因自身原因造成无法成行，应当承担违约责任，包括合同约定的违约金和实际损失。因考虑到公证、认证的时间和成本问题，没有进行公证、认证，故携程旅行社接受原审判决结果，不同意陈某、徐某某、陈某某的上诉请求，要求维持原判。

【判决与理由】

本院经审理查明，除 3018 欧元损失一件事实外，原审法院认定的其余事实无误。

本院庭审过程中，携程旅行社提供其作为甲方、（供应商）B 公司作为乙方、C 公司作为丙方共同签订的三方协议书，旨在证明该协议书的附件是取消政策，该取消政策即为当客户取消订单时适用的政策条款。陈某、徐某某、陈某某对取消政策系三方协议书的附件不予认可，对取消政策的真实性有异议，同时认为协议书中A公司的名称、地址与携程旅行社交付的旅游度假产品确认单、收费证明等中所载明的名称、地址不一致。本院限定携程旅行社在一个月期限内提供境外证据的相关公证、认证手续，并提供证明损失实际发生的相关证据进行补强。携程旅行社在本院指定的一个月举证期限内又提供了携程旅行社与地接社（A公司）的邮件往来记录，旨在证明携程旅行社于2013年8月20日发送给地接社的分房名单和地接社次日发送给携程旅行社的邀请函名单中均包含了陈某、徐某某、陈某某；还提供了携程旅行社报备给上海市旅游局的出境游客信息表，旨在证明除了陈某、徐某某、陈某某外，其他团员均正常出行。陈某、徐某某、陈某某对携程旅行社与地接社的往来邮件的真实性不予认可，对出境游客信息表的真实性亦不予认可。

综合双方当事人的举证和质证意见，本院认为，携程旅行社提供的三方协议书未经公证、认证，真实性难以认定，且从形式上亦无法判断取消政策为该三方协议书的附件；邮件往来记录也未经有效确认，即使真实也是发生在陈某、徐某某、陈某某退团之前，陈某、徐某某、陈某某在名单中出现亦属正常；出境游客信息表仅以简单表格形式呈现，亦未有相关行政部门的印章佐证，真实性难以认定，无法证明此信息表为交旅游局备案文件，也无法证明系最终出行人员。故携程旅行社在二审中提交的证据，本院不予采信。原审法院仅凭未经公证、认证的A公司出具的“收费证明”“取消政策”，即认定陈某、徐某某、陈某某取消旅游行程致使携程旅行社产生3018欧元的损失一件事实不当，本院予以纠正。

本院认为，陈某、徐某某、陈某某与携程旅行社签订的《上海市出境旅游合同》系双方真实意思表示，于法不悖，应属有效，双方均应恪守履行。陈某、徐某某、陈某某因自身原因要求退团，导致双方签订的旅游合同无法履行，系单方解约行为，陈某、徐某某、陈某某的行为构成违约，应当承担违约责任。

关于违约责任的承担，在双方签订的《上海市出境旅游合同》中明确约定：因旅游者的原因不能成行造成违约的，旅游者应当提前7天（含7天）通知对方，此种情况下，旅游者应当支付旅游合同总价5%的违约金。现陈某、徐某某、陈某某在2013年9月6日要求退团，属于该情形，故陈某、徐某某、陈某某应当承担以合同总价53 598元为基数，按5%标准计算的违约金计2679.90元。

双方合同还约定：旅行社已办理的护照成本手续费、订房损失费、实际签证费、国际国内交通票损失费按实计算。携程旅行社在陈某、徐某某、陈某某提出退团后，共计返还29 751元，其余款项未予退还。陈某、徐某某、陈某某主张携程旅行社应将余款退还，而携程旅行社则认为因陈某、徐某某、陈某某的退团行为已导致其产生实际损失，故不应当退还。本院认为，关于“损失已实际产生”和“损失合理性”的举证责任在于携程旅行社，如举证不力，则由携程旅行社承担不利后果。综观携程旅行社的证据材料，不论在证据的效力和证据的证明力上，以及直接证据、间接证据之间的相互印证上，均无法形成令人信服的证据优势。携程旅行社为其酒店费用损失提供了相关证据，但“收费证明”“取消政策”等境外证据未经公证、认证，部分证据无翻译件，形式上明显存有瑕疵，难以证明携程旅行社实际发生了酒店费用的支出；携程旅行社虽辩称其扣除的金额中还包括了已经支付的签证费和保险费，但其未提供支付凭证。本院在二审期间再次给予携程旅行社一个月的举证期限补充、补强相关证据，但其未能进一步有效举证，未提供经过公证、认证的境外证据，仅提供了与 A 公司的邮件往来、报备文件，证明力较弱，难以印证损失已经实际产生并属合理，且均未得到陈某、徐某某、陈某某的认可；鉴于携程旅行社扣除相关费用欠缺证据证明，故陈某、徐某某、陈某某的上诉请求中部分内容应予以支持。经本院核算，携程旅行社应退还陈某、徐某某、陈某某旅游费 22 895.10 元（旅游费合计 55 326 元 – 已退款 29 751 元 – 应承担的违约金 2679.90 元）。

携程旅行社作为从事旅游服务业务的专业公司，在提供旅游服务的过程中，送签、办理保险、订房、交通等均由其安排，其在本案中应当有能力提供实际损失的确凿证据，但携程旅行社却怠于举证，由此产生的不利后果应由其自行承担。

据此，依照《中华人民共和国合同法》第八条、第一百零七条，《中华人民共和国旅游法》第六十五条，《最高人民法院关于审理旅游纠纷案件适用法律若干问题的规定》第十二条，《中华人民共和国民事诉讼法》第一百七十条第一款第（二）项和《最高人民法院关于民事诉讼证据的若干规定》第二条、第十一条的规定，判决如下：

一、撤销上海市长宁区人民法院（2014）长民一（民）初字第 1376 号民事判决；

二、被上诉人上海携程国际旅行社有限公司应于本判决生效之日起十日内向上诉人陈某、徐某某、陈某某退还人民币 22895.10 元。

本判决为终审判决。

【本案中涉及的法律问题】

一、一审认定旅游者陈某因自身原因造成旅游合同无法继续履行，其行为构成违约，这样认定合理吗？为什么？

二、由于境外旅行社不配合对不予退费的材料进行公证，涉案旅行社在举证不能退费的材料上存在瑕疵，因此一审酌定旅行社和旅游者双方各半承担，你认为这样判决合理吗?

三、在本案中，二审法院认为旅行社已经实际支出的费用应当由旅行社负举证责任，如举证不力或怠于举证，应由旅行社承担不利后果，这样认定合理吗?

四、本案中，一审和二审法院均认定涉案旅游者在旅游行程开始前提出退团属于违约，因此应当赔偿损失。这样认定合理吗?有法律依据吗?正确理解这一问题有何重要意义?

【参考答案与法理分析】

一、一审认定旅游者陈某因自身原因造成旅游合同无法继续履行，其行为构成违约，这样认定并不合理。理由是：陈某及其家人因故在旅游行程开始之前提出解除旅游合同，这是《旅游法》赋予旅游者的法定权利。

从本案案情来看，陈某因故在2013年9月6日取回护照，致使旅行社方面认为无法如期办理前往旅游目的地的签证，因此陈某难以参加既定旅游行程，要求退团；其随行家人二人同时也要求退团。本旅游团预定的出团时间是9月30日，表明旅游者是提前24天告诉旅行社要解除旅游合同的。根据《旅游法》第六十四条的规定，在旅游行程开始之前，旅游者有权将包价旅游合同中的权利义务转让给第三人，旅行社没有正当理由不得拒绝，因此增加的费用由旅游者和第三人承担;《旅游法》第六十五条规定：“旅游行程结束前，旅游者解除合同的，组团社应当在扣除必要的费用后，将余款退还旅游者。”这表明，在旅游者陈某及其两名家人在旅游合同生效后因故不能成行时，可有两种选择：一是把旅游合同转让给第三人，在本案中没有发生这种情形；二是解除旅游合同。而这是《旅游法》赋予旅游者的任意选择权，因此，不能认定陈某及其两名家人提出解除旅游合同的行为为违约。

从法律上说，所谓违约，是指合同当事人一方不履行合同义务或者履行合同义务不符合约定。[①] 在本案中，陈某及其两名家人按照合同约定足额交纳了包价旅游合同的费用，已经完全履行了自己的义务。所以，不能把本案中陈某

① 参见中国社会科学院法学研究所法律辞典编委会编：《法律辞典》，法律出版社2003年版，第1476页。

等三人的行为定性为违约。

当然，在旅游行程开始之前或尚未结束之前，虽然旅游者可以解除旅游合同是《旅游法》赋予旅游者的任意解除权，但旅游者要承担由此而导致的一些法律后果，即必须承担必要的费用。出境旅游合同中所说的“必要的费用”，根据《团队出境旅游合同（示范文本）》（GF-2014-2402）中的定义，是指出境社履行合同已经发生的费用以及向地接社或者履行辅助人支付且不可退还的费用，包括乘坐飞机（车、船）等交通工具的费用（含预订金）、旅游签证 / 签注费用、饭店住宿费用（含预订金）、旅游观光车的人均车租等。①

那么，旅行社应当如何扣除旅游者需要支出的“必要的费用”呢？通常，这要以旅游者在多少天之前通知旅行社解除旅游合同为依据。对此，《旅游法》和《旅行社条例》中似乎都没有明确的规定。但是，参照民事合同主体地位平等的原则，可以推定，《旅游法》对旅行社提出解除旅游合同时提前多少天通知旅游者的时间期限的限制，也适用于旅游者提出解除合同时通知旅行社的时间期间限制。由此来看，在本案中旅游者陈某与旅行社约定的支付旅游合同总价的 5% 的违约金，在扣除比例上是比较合理的，但是在定性上则是不妥的。即扣除的 5% 不应当定性为“违约金”，而应当定性为“必要的费用”。旅游者陈某等也认同这一比例，表明他们在主观上是能接受这一比例的。在《出境旅游合同（示范文本）》第十五条中，对必要费用的扣除就是这样规定的：旅游者在行程开始前 29 日至 15 日提出解除旅游合同的，按照旅游费用总额的 5% 扣除。

但是，该旅游合同在旅游者的义务项下约定：“旅游者应当遵守合同约定，自觉履行合同义务。非经旅行社同意，不得单方变更、解除旅游合同，但法律、法规另有规定的除外。”这一约定似乎是同《旅游法》第六十五条的规定相违背的。因为这一条赋予了旅游者以任意解除权，旅游者不需要提供理由就可提出解除旅游合同，而旅行社还不得拒绝，但是，旅游者要承担由解除旅游合同所引起的约定责任和法定责任，其中费用方面就是前面所说的“必要的费用”。

根据《最高人民法院关于审理旅游纠纷案件适用法律若干问题的规定》第十二条的规定：“旅游行程开始前或者进行中，因旅游者单方解除合同，旅游者请求旅游经营者退还尚未实际发生的费用，或者旅游经营者请求旅游者支付合理费用的，人民法院应予支持。”从这一条规定来看，在本案中，在旅游者陈某、徐某某、陈某某单方解除旅游合同后，请求旅行社退还尚未发生的费用，

① 参见中华人民共和国旅游局编：《中国旅游法律法规汇编》，中国旅游出版社2016年版，第283页。

这一诉求是合理合法的，这其中已经考虑到了旅行社可能已经发生的费用。而同时，这一规定中也规定了旅游经营者请求旅游者支付合理费用的，人民法院应当支持。这里的“合理费用”就是《旅游法》中所说的“必要的费用”。当然，旅行社要扣除这部分实际已经支出且不能退还的费用时，必须承担举证责任。若举证不能，则不能扣除这部分费用。

在本案中，按照双方签订的旅游合同约定，因旅游者的原因不能成行造成违约的，旅游者应当提前7天通知对方，并支付旅游合同总价5%的违约金。首先，这一约定本身就是不公平的，且没有法律依据。因为这里只是约定了旅游者要至少提前7天通知对方，且要承担5%的违约金，而没有约定旅游者在多少天之前通知旅行社解除旅游合同不承担违约责任。而法律上明确规定了旅行社因未达到成团人数时，境内游提前7天以上、出境游提前30日以上通知旅游者的，不承担违约责任。

其次，一审法院判决支持陈某、徐某某、陈某某应依约支付携程旅行社旅游合同总价53 598元5%的违约金2679.90元，这一判决也是不合理的。依据《旅游法》第六十五条的规定，应当判决不支持旅行社的这一诉求，但是，如果旅行社能够证明实际支出且不能退还的费用，要求旅游者支付，法院应当予以支持。在本案中，因旅行社方面未能充分证明这一部分已经支出的费用，故应当退还陈某等三人办理签证的费用180欧元。法院这样判决是正确的。

二、由于境外旅行社不配合对证明不予退费的材料进行公证，涉案旅行社在举证不能退费的材料上存在瑕疵，因此一审法院酌定旅行社和旅游者双方各半承担，我们认为，这样判决并不合理。因为既然涉案旅行社不能证明或者怠于证明不能退费的材料的真伪，那这些证明材料就只能认定为无效，法院不能予以认可，更不应当以和稀泥似的做法判定双方各担一半。如果旅行社能证明这些费用确实已经支出且不能退还，那就应当由旅游者承担这部分费用。否则，只能推定旅行社没有支出这些费用。

三、在本案中，二审法院认为旅行社已经实际支出的费用应当由旅行社负举证责任，如举证不力或怠于举证，应由旅行社承担不利后果。我们认为这样认定非常合理，且合乎法律规定。举证责任是诉讼主体在诉讼活动中为证明自己的主张而负有的举出证据的义务，这就是所谓“谁主张，谁举证”的原则。这一原则包含两项内容：一是当事人对主张的事实负有提出证据证明的义务，否认的一方没有举证责任；二是双方当事人的主张都提不出足够证据，则负举证责任的一方败诉。当然，举证责任倒置的除外，这是举证责任分担的特殊原则。在一般的民事诉讼中，举证责任由原告承担。原告必须首先向法庭提交证据并承担说服责任；而被告除了在必要时向法庭提供证据之外，不承担说服责任。然而，在特殊的民事案件中，举证责任却部分地倒置给被告承担，由被告承担说服责任，如果被告不能履行这种责任，就应承担败诉的后果。这就是举证责任的倒置及其效果。①本案中的情形正属于这种情形。

本案中的一审原告是陈某等三人，被告是旅行社。本来，按正常程序来说，在这一案件中应当由原告提供证据，负说服责任。但是，被告以已经实际支出了相关费用且不能退还旅游者为由拒绝退还必要的费用，在这种情况下，不能退费的举证责任当然要由旅行社来负。若旅行社不能举证证明，那就必须由它来承担不利后果。

四、在本案中，一审和二审法院均认定涉案旅游者在旅游行程开始前提出退团属于违约，因此应当赔偿合同相对方的损失。我们认为，判决书中这样认定是没有法律依据的。相反，这一判决恰恰违背了《旅游法》第六十五条规定的旅游者有对旅游合同行使任意解除权的立法精神，也同《旅游法》中其他相关条款的规定精神相违背。鉴于正确理解这一问题具有重大意义，特作如下分析。

《旅游法》第六十五条规定："旅游行程结束前，旅游者解除合同的，组团社应当在扣除必要的费用后，将余款退还旅游者。"这是关于旅游者任意解除权的规定，即指旅游者在旅游行程结束前，无须阐述理由，就可以解除包价旅游合同的权利。

合同的解除权，通常情况下是在符合法律规定或者当事人约定的条件下产生。不符合该条件的，当事人解除合同属于违约行为，应当承担违约责任。《合同法》第九十四条明确规定了合同的法定解除情形："有下列情形之一的，当事人可以解除合同：（一）因不可抗力致使不能实现合同目的；（二）在履行期限届满之前，当事人一方明确表示或者以自己的行为表明不履行主要债务；（三）当事人一方延迟履行主要债务，经催告后在合同期限内仍未履行；（四）当事人一方延迟履行债务或者有其他违约行为致使不能实现合同目的；（五）法律规定的其他情形。"而法定合同解除权主要涉及保险合同、拍卖合同、海上货物运输合同、租船合同、海上托航合同、借款合同、定做合同、技术合同、委托合同、商品房买卖合同、建设工程施工合同、旅游服务合同等。②

---

① 参见中国社会科学院法学研究所法律辞典编委会编：《法律辞典》，法律出版社2003年版，第796页。

② 法规应用研究中心编：《中华人民共和国合同法一本通》，中国法制出版社2014年版，第96页。

有学者认为,《旅游法》赋予旅游者以任意解除权，是以承揽合同中定做人的任意解除权为根据的。承揽合同，是承揽人按照定做人的要求完成工作、交付工作成果、定做人给付报酬的合同。所谓“完成工作”，是指提供劳务而完成的一定结果，该结果既可以是有形的结果，如砌墙、修路、架桥和修车等，也可以是无形的结果，如产品宣传、设计、鉴定、歌舞表演等。各国在立法上，多将提供旅游服务视作类似于承揽合同，在法律没有就包价旅游合同作出明确规定时，多采用类推适用的方法，适用承揽合同的规定。包价旅游合同中的旅游者，其法律地位相当于承担合同的定做人，而定做人根据《合同法》第二百六十八条的规定，享有随时解除合同的权利，该规定对于包价旅游合同类推适用的结果，就是旅游者的任意解除权。[①]

我们认为,《旅游法》赋予旅游者对旅游合同的任意解除权具有合理性。首先，旅游者的人身自由不受限制。旅游者不能因为签订了旅游合同，该合同就成为约束自己人身自由的约定，或者说成为自己短期的“卖身契”。除强制性法律规范之外，公民的人身自由不受任何限制，当然不能受自己签订的一纸旅游合同的限制。如果法律不允许旅游者拒绝接受旅游服务、解除包价旅游合同，势必会形成对旅游者人身自由的限制，甚至会形成对旅游者的强制服务，例如必须接受参加另行付费旅游项目、必须进购物店、必须接受足疗等。这种限制与现代民主社会公民人身自由权的基本原则是相违背的，也同旅游者出门旅游的目的是追求身心愉悦相违背的。

其次，旅游者也没有必须参加旅游的义务。旅游者外出旅游通常是为了放松和愉悦精神，或者是为休闲度假，或者是为了购物等，但不管出于什么目的，都是旅游者自己愿意从事的活动。即使人们经常调侃外出旅游是“花钱买罪受”，但是从总体上说，旅游者获得的精神愉悦和放松还是要超过旅途劳累之苦，否则，就没有人愿意花钱去旅游了。但是，不能因为签订了旅游合同，旅游者就把必须参加本次旅游活动当作自己的义务，否则，就要承担不必要的经济负担，受到经济上的惩罚。显然，这不符合参加旅游活动的本意，也不符合《旅游法》保护旅游者的根本宗旨。特别是由于诸种客观原因，例如，亲朋好友突然患病或死亡、单位工作上临时有急事、本人身体不适等，旅游者确实不能成行时，如果其还要因此而背负较大的经济负担，并且还有可能在道义上和法律上背负违约之类的不道德名声，这对旅游者显然是非常不公平的。

---

① 杨富斌、苏号朋主编：《中华人民共和国旅游法释义》，中国法制出版社2013年版，第197页。

此外，旅游者的任意解除权同出入境管理相关规范也不矛盾。旅游行业有一种观点认为，境内游可以承认旅游者有任意解除权，出境游则不应当承认旅游者的任意解除权。其理由是，我国在旅游出入境管理上实行"团进团出"的规则，以防个别旅游者滞留境外情况的发生。但实际上，这一观点既无法律依据，也没有事实根据。从法律上看，根据《中国公民出国旅游管理办法》第十一条第三款的规定，旅游团队出境后因不可抗力或者其他特殊原因确需分团入境的，领队应当及时通知组团社，组团社应当立即向有关出入境边防检查总站或者省级公安边防部门备案。可见，出境旅游中，旅游者如果解除合同，提前回国，并不违反本规定。从事实上看，不时地会有个别旅游者因在行程过程中解除合同而提前回国，或者因病、因伤而需要在境外治疗一段时间，或者因为航班延误、个人原因未赶上飞机等特殊原因，而发生延迟回国的情况。这些情况都不违反出入境管理规定。

在本案例中，旅游者在行程出发之前就明确提出了解除旅游合同的要求，并且按照约定，同意旅行社扣除团费的 5% 的费用。这是旅游者遵守约定的行为。

事实上，只要是旅游者与旅游经营者签订了包价旅游合同，并且实际上已经支付了相关费用，该旅游合同就已经生效。旅游者提出不参加本次旅游，这是其固有的权利，也是《旅游法》第六十五条赋予旅游者的任意解除权。当然，旅游者具有这种解除权并非意味着他或她不承担任何由此而造成的法律后果。对此，《旅游法》第六十五条也作了明确规定："组团社应当在扣除必要的费用后，将余款退还旅游者。"也就是说，在旅游者与经营者签订了合同，旅游者支付了价款以后，旅游合同就已经生效，旅游者必须为在此生效期间经营者为旅游者所花费的费用埋单。这一部分费用不能让旅游经营者承担，否则，对旅游经营者就是不公平的。但是，旅游经营者不能从中扣除服务费用、间接损失等。只有那些直接用于支付相关旅游者办签证以及预订车票或机票、饭店等的费用，且有证据证明确实不能退还的费用，才是旅游者需要支付的费用，余下的费用必须依法退还旅游者。

还需要说明的是，《旅游法》不仅赋予旅游者有任意解除权，也赋予旅游经营者在特殊情形下有解除合同权。这主要体现在《旅游法》第六十三条、第六十六条和第六十七条中。

一是《旅游法》第六十三条第一款规定："旅行社招徕旅游者组团旅游，因未达到约定人数不能出团的，组团社可以解除合同。但是，境内旅游应当至少提前七日通知旅游者，出境旅游应当至少提前三十日通知旅游者。"这显然是对旅游经营者赋予的任意解除权。而且在这种情况下解除旅游合同，旅行社的行为是法定的合法行为，没有违约之嫌，不需要支付违约金。只有超出规定的时间通知旅游者，旅行社方面才需要支付一定的违约金。而旅游者在法定期限内通知了旅行社解除旅游合同，却还要支付 5% 的费用，实际上是不合理的。但因为在本案中旅游者与旅行社事先有约定，那就只能按约定执行了。本案中法院这样判决也是合理的。

同时，该条第二款还规定："因未达到约定人数不能出团的，组团社经征得旅游者书面同意，可以委托其他旅行社履行合同。组团社对旅游者承担责任，受委托的旅行社对组团社承担责任。旅游者不同意的，可以解除合同。"

该条第三款规定："因未达到约定的成团人数解除合同的，组团社应当向旅游者退还已收取的全部费用。"这一规定一方面是限制旅行社有可能不给旅游者如数退还全部费用，另一方面也明确了旅行社不必给旅游者支付赔偿金。同理应当推定，旅游者在法定期限内解除旅游合同，也不应当扣除违约金。

而在本案中，按照双方签订的旅游合同约定，因旅游者的原因不能成行造成违约的，旅游者应当提前 7 天通知对方，并支付旅游合同总价 5% 的违约金。陈某、徐某某、陈某某参加的旅游活动于 2013 年 9 月 30 日出行，陈某、徐某某、陈某某于 2013 年 9 月 6 日通知携程旅行社退团，提前 24 天通知了携程旅行社，旅行社对此也予以确认。按道理讲，旅行社在法定期限内通知旅游者不需要支付违约金，旅游者在法定期限内通知旅行社也不需要支付违约金。而本案中旅游经营者却要求旅游者支付 5% 的违约金，这一约定本身显然是不合理的。在本案中，旅游者同意此约定，只能说明旅游者不了解《旅游法》的这一相关规定，且有上当受骗之嫌。

二是《旅游法》第六十六条规定："旅游者有下列情形之一的，旅行社可以解除合同：

（一）患有传染病等疾病，可能危害其他旅游者健康和安全的；

（二）携带危害公共安全的物品且不同意交有关部门处理的；

（三）从事违法或者违反社会公德的活动的；

（四）从事严重影响其他旅游者权益的活动，且不听劝阻、不能制止的；

（五）法律规定的其他情形。

因前款规定情形解除合同的，组团社在扣除必要的费用后，将余款退还旅游者；给旅行社造成损失的，旅游者应当依法承担赔偿责任。"从这一条的立法精神来看，也是赋予了旅游经营者以附条件的合同解除权。其中最后一款规定，除非旅游者给旅行社造成了损失，否则，解除旅游合同时，旅游者也不会承担赔偿责任。

三是《旅游法》第六十七条规定：“因不可抗力或者旅行社、履行辅助人已尽合理注意义务仍不能避免的事件，影响旅游行程的，按照下列情形处理：

（一）合同不能继续履行的，旅行社和旅游者均可以解除合同。合同不能完全履行的，旅行社经向旅游者作出说明，可以在合理的范围内变更合同；旅游者不同意变更的，可以解除合同。

（二）合同解除的，组团社应当在扣除已向地接社或者履行辅助人支付且不可退还的费用后，将余款退还旅游者；合同变更的，因此增加的费用由旅游者承担，减少的费用退还旅游者。

（三）危及旅游者人身、财产安全的，旅行社应当采取相应的安全措施，因此支出的费用，由旅行社与旅游者分担。

（四）造成旅游者滞留的，旅行社应当采取相应的安置措施。因此增加的食宿费用，由旅游者承担；增加的返程费用，由旅行社与旅游者分担。”

显然，这最后一条也是附条件的旅行社可以解除合同的情形。所以，《旅游法》并不是单方面地赋予旅游者以旅游合同的任意解除权，旅行社在法定条件下也可任意解除旅游合同。这些规定体现了《旅游法》对旅游者和旅游经营者平等保护的基本原则。

判例2　旅行社以不可抗力为由拒绝赔偿，未获法院支持

【案件索引】

海口市中级人民法院民事判决书（2014）海中法民二终字第133号：中城国际旅行社有限责任公司广州分公司与海南海之缘国际旅行社有限公司旅游合同纠纷二审民事判决书。

【基本案情】

上诉人海南海之缘国际旅行社有限公司（以下简称海之源公司）因与被上诉人中城国际旅行社有限责任公司广州分公司（以下简称中城公司）旅游合同纠纷一案，不服海南省海口市琼山区人民法院（2013）琼山民二初字第259号民事判决，向本院提起上诉。本院受理后，依法组成合议庭公开开庭进行了审理。上诉人海之源公司的委托代理人申建华、被上诉人中城公司的委托代理人隋颖毅到庭参加了诉讼。本案现已审理终结。

原审法院经审理查明，双方当事人之间存在境外游的委托关系，即海之源公司作为组团社，负责在海南组织赴新马泰的旅行团，收取全程旅游团费，安排游客在境内的行程；而中城公司作为地接社，负责境外的行程安排，按照海之源公司报价支付相应的费用。根据海之源公司指示，中城公司还代办游客的护照、签证，所需相关费用亦由海之源公司支付。至今，海之源公司尚欠中城公司境外游费用104 115元，海之源公司对此予以认可。2011年9月22日，海之源公司的工作人员告知中城公司的工作人员，9月30日有两个新马泰游的团要出发，需要办理护照、签证。中城公司的工作人员已经提醒时间太紧，要求海之源公司做加急，但海之源公司考虑费用过高未接受。2011年9月28日中城公司取回办好的护照，于当天22点交到广州龙田运输服务有限公司寄送。由于29日台风影响，机场全部停行，30日恢复。航班恢复后，海之源公司在中午以

前出发的航班上均未发现护照包裹。经多方了解，该包裹一直在机场仓库未发出。因旅行团原定的航班出发时间是 30 日下午 16 点多，由于未及时收到护照，导致出团时间延误。海之源公司不得不为游客另行安排航班、省内交通、食宿，并与游客达成了补偿协议。海之源公司为此多支出以下费用：机票 137 096 元；两个团队的用餐费 6080 元；省内交通费 3660 元；三亚住宿费 7500 元；其中 13 名游客各赔偿 1000 元，共 13 000 元；其中两名游客共赔偿 1392 元；赔偿另两名游客价值相当 7960 元的境外游。以上事实，有原审法院采信的由中城公司提供的团队结算账单、中国银行网上银行电子回单、中国建设银行交易广场运行清单、QQ 聊天记录、货运单，海之源公司提供的旅游团名单、QQ 聊天记录、投诉调解书、机票发票、车费、住宿费发票、餐费发票、赔偿协议、协议书、收据、团队结算账单以及双方当事人当庭陈述在卷佐证，足以认定。

原审法院判决认定，根据《旅游法》第六十九条第二款："经旅游者同意，旅行社将包价旅游合同中的接待业务委托给其他具有相应资质的地接社履行的，应当与地接社订立书面委托合同，约定双方的权利和义务，向地接社提供与旅游者订立的包价旅游合同的副本，并向地接社支付不低于接待和服务成本的费用。地接社应当按照包价旅游合同和委托合同提供服务。"虽然双方当事人均未提交书面委托合同，但双方承认彼此之间存在委托关系，包括地接和护照、签证等事务的委托。根据《合同法》第三百九十八条：委托人应当预付处理委托事务的费用。受托人为处理委托事务垫付的必要费用，委托人应当偿还该费用及其利息。中城公司履行了海之源公司委托的地接和签证事务，海之源公司应当支付相应的费用。尚欠中城公司旅游团境外游费用 104 115 元应予支付。根据最后一次团队结算账单双方确定费用的时间是 2011 年 10 月 19 日，因此从次日起计算利息亦属合理，海之源公司应按中国人民银行同期同类贷款利率支付资金占用期间的利息。故中城公司的诉讼请求合法有据，予以支持。9 月 22 日中城公司接受海之源公司的委托，代办 9 月 30 日出发的游客的护照、签证。中城公司已提醒海之源公司存在相应的风险，在海之源公司的要求下及时将护照、签证办理妥当，及时于 9 月 28 日送交快递公司。中城公司作为受托方在完成委托事务过程中没有过错，也不存在违约行为。造成海之源公司未及时收取护照的重要原因是台风天气，属于不可抗力因素造成。9 月 29 日航班停航一天，不仅仅只是中城公司寄出的包裹被延误，会有大量的包裹滞留，航班开通后只能一批批进行发送，会存在有先后的问题，此时已不是中城公司可以掌控的。故海之源公司辩称 9 月 30 号航班已开通，不存在不可抗力原因的辩驳意见，不予采纳。海之源公司作为委托人应承担相应法律后果。故对于海之源公司提出的反诉请求，缺乏事实和法律依据，不予支持。依照《中华人民共和国民法通则》第六十三条第二款、《中华人民共和国合同法》第三百八十九条、《中华人民共和国民事诉讼法》第六十四条第一款之规定，判决如下：一、海之缘公司于本判决生效之日起十日内向中城公司给付拖欠的旅游团境外费用104 115元及利息（以104 115元为本金，按中国人民银行同期同类贷款利率，从2011年10月20日起计至判决履行期限止）。二、驳回海之缘公司的反诉请求。如果未按本判决指定的期间履行给付金钱义务，应当依照《中华人民共和国民事诉讼法》第二百五十三条之规定，加倍支付迟延履行期间的债务利息。本诉案件受理费1319.21元，反诉案件受理费1916.88元，由海之源公司负担。

海之源公司不服原审法院上述民事判决，向本院上诉称，一审法院在事实认定、分析判断和适用法律上错误。一、关于委托事项。2011年9月22日，海之源公司将包价旅游接待业务和签证业务一并委托给中城公司。出境旅游的特殊性在于有签证业务，且该业务是出境旅游的必要条件，中城公司应当完成签证业务以保证旅游者凭有效证件出入境。中城公司作为专业的代办签证的旅行社应当知道、预见到是否可以按时办理签证。中城公司所谓的“风险提示”、要求海之源公司办理“加急”签证，是另行增加“加急”费用的借口。如果中城公司不能按时办理并送达签证，可以不接受委托办理该业务。二、关于不可抗力。中城公司2011年9月28日办理完签证送交快递公司，9月29日因台风飞机停航。9月30日早上飞机已恢复正常航班，不可抗力已经消失。一审法院认为航班开通后只能一批一批进行发送，会存在有先后的问题，是一审法院单方面主观臆断，没有任何证据支持，且中城公司也没有进行类似的陈述。9月29日，台风影响力消失，航班正常，广州有数个航班正常到达海口，每个航班均有该航班相应的货物。9月29日早上，中城公司明确通知（聊天记录）海之源公司包裹（装护照）已送上早8时广州飞海口的飞机上，让海之源公司到海口美兰机场领取包裹。三、一审法院认为中城公司在完成委托事项过程中没有过错，也不违约。但海之源公司认为双方不是货运委托法律关系，也不是单向之委托代办签证，而是旅游委托法律关系，包含旅游接待和签证。旅游接待和签证是不可分割的委托事项。中城公司将装护照的包裹送交快递公司只是其完成委托事项的一个方式，并不是完成了委托事项本身。根据《合同法》第一百二十一条，当事人一方因第三人的原因导致违约的，应当向对方承担违约责任。当事人一方与第三人之间的纠纷，依照法律规定或者按照约定解决。四、旅游业务的特殊性。《旅游法》规定，旅行社组织、招徕旅游者，提供或者通过履行辅助人提供住宿、交通、餐饮、游览、娱乐等服务。履行辅助人没有提供，或者提供的服务不符合合同约定的，旅行社对旅游者承担责任。中城公司明知护照不能按时到达海口，旅游者就不能按时乘机到达旅游目的地实现旅游目的。中城公司只有办好签证，将护照按时交给海之源公司，才是适当、全面地完成了委托事项。海之缘公司作为组团社委托给中城公司的内容包括地接和签证，如果这两项有一项中城公司没有做到就构成违约行为，其不能说是快递公司原因或者其他原因其就没有责任，一审法院以快递的关系来界定双方当事人的关系是错误的，适用法律上也应适用《旅游法》的规定。基于此，海之源公司认为应该由中城公司承担违约责任。五、损失的承担及法律依据。依据《旅游法》第七十条、第七十一条，由于中城公司原因导致海之源公司违约，海之源公司先行承担赔偿责任后可依法向中城公司追偿，中城公司依法应当承担安排旅游住宿、餐饮、交通、另行购买其他航班机票等费用共计 176 688 元。综上，请法院撤销原判，改判支持海之源公司的一审反诉请求，案件受理费由中城公司承担。

被上诉人中城公司辩称，一、中城公司已尽倒计时提醒义务，海之源公司未能及时收到签证系不可抗力导致，与中城公司无关。海之源公司在 2011 年 9 月 22 日下午 5 点 17 分才通知中城公司已组织好人员参加 2011 年 9 月 30 日的新马泰六日旅游团，要求中城公司办理旅游签证，中城公司已明确告知海之源公司快寄可能来不及，而海之源公司认为 9 月 26 日入签，28 日晚上出签可以来得及。中城公司表示如果 9 月 23 号全部护照到了，可以在 28 日晚上出签。但直到 2011 年 9 月 23 日下午 3 点 52 分才收到 50 本护照。在此期间中城公司已告知海之源公司时间比较紧，来不及出签，要求海之源公司作加急签证。海之源公司表示费用太高，只能作普通签证。中城公司又告知签证只能晚上 9、10 点钟才能到手，晚上快寄不入件，都是第二天受理，一天不能到海口。海之源公司表示没事，可以到机场取件。9 月 28 日双方交流时，中城公司又再次提醒这样做有风险，海之源公司认为没有问题，中城公司只好按海之源公司要求当晚将已办好签证的 50 本护照交给广州龙田运输服务有限公司快寄给海之源公司，但因 9 月 29 日台风过境，导致所有飞机不能起飞，直至 9 月 30 日才能起飞，而且在 9 月 30 日，中城公司一直义务为海之源公司联系快递公司和机场，但因航空公司安排运输导致护照未能及时送到海之源公司手中。中城公司已明确告知海之源公司签证办理时间比较紧急，如果办理加急签证比较保险，但海之源公司以费用过高予以拒绝，并表示 9 月 28 日取到签证递交快递不影响旅游团出行，中城公司已明确按照海之源公司的指示完成委托义务，因 9 月 29 日台风过境，导致海之源公司未能及时取得签证，系不可抗力因素导致，与中城公司无关。二、一审法院判决事实清楚，适用法律准确，海之源公司的诉请没有事实和法律依据。海之源公司认为双方是旅游委托法律关系，故海之源公司不能及时取得签证应由中城公司承担相应赔偿责任是错误的。依前所述，从递交快递以后，中城公司代办的签证已不再由中城公司掌控，其后由于台风原因导致9月29日飞机无法起飞，更不是中城公司所能保证的，海之源公司把签证不能及时送到的责任推托给中城公司，不向航空公司追责而是向已按照其指令完成委托事项的中城公司追责是错误的。因此，中城公司认为，一审法院判决事实清楚，适用法律准确，应予维持；海之源公司的诉请没有事实和法律依据，应依法驳回。

【判决与理由】

二审期间，双方当事人均未提交新证据。

本院二审经审理查明的事实与原审判决查明事实一致。

本院认为，本案中游客护照迟延到达是海之源公司过晚向中城公司交付护照且未办理加急签证、台风导致飞机停航、航班恢复后装有游客护照的包裹未及时发送三个原因共同作用的结果。中城公司受海之源公司委托，负责本案诉争的旅行团境外的行程安排并代办游客的护照、签证业务，双方经反复沟通，最终约定签证办好后中城公司将护照邮寄给海之源公司，海之源公司在机场取件。作为组团社和地接社，双方均知晓游客出团的具体时间，且应当知道护照最迟应于出团前到达机场，否则将不能实现合同目的。护照邮寄过程中，虽有不可抗力的影响，但2011年9月30日早上航班恢复后仍有若干航班可在游客出团前将护照带至机场。游客的护照系中城公司通过广州龙田运输服务有限公司寄出的，即与快递公司之间形成直接法律关系的为中城公司而非海之源公司。基于合同的相对性原则，在无其他特别约定的情况下，航班恢复后的查件、催发快件、采取其他补救措施送达护照的义务应由中城公司负担。故对于因游客护照迟延到达导致出团时间延误，给海之缘公司造成的损失，中城公司应当承担相应的违约赔偿责任。若中城公司的违约系因第三人的原因造成，中城公司可依据《中华人民共和国合同法》第一百二十一条以及相关的合同约定，向第三人主张权利。海之源公司向中城公司交付护照的时间过晚，且在中城公司的反复提醒下拒绝办理加急签证，也是导致游客护照迟延到达的原因之一，故海之源公司对自己的过错也应承担相应的责任。对于海之源公司因游客护照迟延到达导致的损失共计176 688元（机票137 096元；餐费6080元；交通费3660

元；住宿费 7500 元；13 名游客各赔偿 1000 元，共 13 000 元；两名游客共赔偿 1392 元；赔偿另两名游客价值相当 7960 元的境外游），海之源公司与中城公司应各承担一半的责任。综上，对于海之源公司的上诉请求，本院予以部分支持。依照《中华人民共和国民事诉讼法》第一百七十条第一款第（一）项、第（二）项之规定，判决如下：

一、维持海口市琼山区人民法院（2013）琼山民二初字第 259 号民事判决第一项，即"海南海之缘国际旅行社有限公司于本判决生效之日起十日内向中城国际旅行社有限责任公司广州分公司给付拖欠的旅游团境外费用 104 115 元及利息（以 104 115 元为本金，按中国人民银行同期同类贷款利率，从 2011 年 10 月 20 日起计至判决履行期限止）"；

二、撤销海口市琼山区人民法院（2013）琼山民二初字第 259 号民事判决第二项，即"驳回海南海之缘国际旅行社有限公司的反诉请求"；

三、中城国际旅行社有限责任公司广州分公司于本判决生效之日起十日内向海南海之缘国际旅行社有限公司给付赔偿款 88344 元；

四、驳回海南海之缘国际旅行社有限公司的其他反诉请求。

如果未按本判决指定的期间履行给付金钱义务，应当依照《中华人民共和国民事诉讼法》第二百五十三条之规定，加倍支付迟延履行期间的债务利息。

一审本诉案件受理费 1319.21 元，由海南海之缘国际旅行社有限公司负担；一审反诉案件受理费 1916.88 元，由海南海之缘国际旅行社有限公司负担 958.44 元，由中城国际旅行社有限责任公司广州分公司负担 958.44 元。二审案件受理费 3833.76 元，由海南海之缘国际旅行社有限公司负担 1916.88 元，由中城国际旅行社有限责任公司广州分公司负担 1916.88 元。

本判决为终审判决。

【本案中涉及的法律问题】

一、本案中，中城公司和海之源公司均未提交委托合同，一审法院认定两家公司之间存在境外游的委托关系，这样认定合理吗？为什么？

二、本案中，因护照未按期送达，导致出团延误和经济损失，一审法院仍判决海之源公司支付中城公司旅游团境外费用及利息，你认为这样判决合理吗？为什么？

三、在本案中，护照运送中遭遇台风天气，虽因不可抗力但中城公司仍未完全免责，二审法院判决中城公司和海之源公司分担责任，共同承担赔偿责任。这样认定合理吗？不可抗力与合同解除的关系是什么，风险负担规则如何确定？

四、本案对旅游经营者有什么启示？

【参考答案与法理分析】

一、本案中，中城公司和海之源公司均未提交委托合同，但是，一审法院认定两家公司之间实际上存在境外游的委托关系，这样认定合理，于法有据，并无不妥。理由是：

《旅游法》第六十九条第二款："经旅游者同意，旅行社将包价旅游合同中的接待业务委托给其他具有相应资质的地接社履行的，应当与地接社订立书面委托合同，约定双方的权利和义务，向地接社提供与旅游者订立的包价旅游合同的副本，并向地接社支付不低于接待和服务成本的费用。地接社应当按照包价旅游合同和委托合同提供服务。"而在本案中，涉案旅行社双方确实未能提供书面的委托合同，从表面上看，它们之间没有委托合同，但是法院却认定它们之间的委托关系在事实上成立。这样认定的依据在于如下两个方面：一是《合同法》第三十六条的规定："法律、行政法规规定或者当事人约定采用书面形式订立合同，当事人未采用书面形式但一方已经履行主要义务，对方接受的，该合同成立。"二是《合同法》第三十七条的规定："采用合同书形式订立合同，在签字或者盖章之前，当事人一方已经履行主要义务，对方接受的，该合同成立。"也就是说，一方当事人已经履行合同主要义务被规定为合同成立的要件之一。应当签订书面合同却未签，或合同签署程序尚未履行完毕时，如一方当时已履行了合同主要义务，且对方接受，合同就已成立。如果该"合同"未违反法律的强制性规定，就应当是有效的。这种情况中，各方当事人之间达成了一种"事实合同"。

在我国，现行法律虽然对事实合同未作规定，学术界对我国是否真正接受和承认事实合同，也存有争议，但是，在判断合同成立与否及合同效力时，实体优于形式，实质履行可以克服形式缺陷，此乃是学界和司法实务界普遍的共识。此外，合同自由是合同法的基本原则[①]。合同的订立、履行、中止、解除、终止等都应当遵循合同自由的原则，充分尊重合同主体的意愿。合同的本质乃是合同主体通过意思表示达成的合意。即使这种合意没能通过口头或书面的形式固定下来，法律也允许采用行为推定的方式确定合同是否成立。《最高人民

① 参见：《中华人民共和国合同法》（主席令第15号）第四条。

法院关于适用〈中华人民共和国合同法〉若干问题的解释（二）》第二条规定："当事人未以书面形式或者口头形式订立合同，但从双方从事的民事行为能够推定双方有订立合同意愿的，人民法院可以认定是以合同法第十条第一款中的'其他形式'订立的合同。但法律另有规定的除外。"

在本案中，中城公司事实上接受了海之源公司的委托，并履行了合同的主要义务之一，即为海之源公司组织的旅游团游客代办签证。对此海之源公司也表示认可和接受。只是因为后来遭遇极端天气，签证完成后的护照未能及时送达游客手中，导致最终旅游团出团延误。海之源公司委托的另一项主要合同义务：负责旅游团境外地接事宜，未能完成。但是，这并不影响两公司之间的委托法律关系事实上已经成立，如前述《合同法》第三十六条只要求合同一方当事人已经履行了合同主要义务，且对方接受，即可认为合同成立，并不要求一方当事人完全履行所有合同义务。且本案中城公司不是不履行地接义务，而是因为还未到履行地接义务的阶段，就出现了合同无法继续履行的情形。通过对本案中两公司实际行为的判断，不难看出，双方均有达成委托合同的意愿。因此，本案一审法院在没有书面合同的情况下，仍认定双方当事人之间委托合同成立，这是完全正确的。

二、本案中，因护照未按期送达，导致出团延误和经济损失，一审法院仍判决海之源公司支付中城公司旅游团境外费用及利息，我们认为，这一判决是合理的。理由是：

我们在上面第一个问题中已详细说明，虽然两家涉案公司未签订书面合同，但双方之间已成立委托合同关系。在此基础上，依据《合同法》第三百九十八条："委托人应当预付处理委托事务的费用。受托人为处理委托事务垫付的必要费用，委托人应当偿还该费用及其利息。"一审法院认为海之源公司作为委托人，委托中城公司办理地接及签证事务，应当预付相关费用。而实际上海之源公司未预付费用，中城公司为此而垫付了费用，且签证已办理完成，因此，海之源公司尚欠中城公司的费用应当支付。后来，因突发情况，合同无法继续履行，合同最终目的也未达成，这并不影响在此之前中城公司对本合同已经部分履行的效力。基于公平原则，中城公司已履行了部分合同义务，海之源公司也应当对等地履行相应的支付义务。综上，海之源公司应向中城公司支付其为了履行合同义务而垫付的费用。

三、在本案中，在护照运送时遭遇台风天气，虽然有不可抗力，但中城公司仍未完全免责，二审法院判决中城公司和海之源公司分担责任，共同承担赔偿责任，我们认为，这样认定非常合理。理由是：

不可抗力是指不能预见、不能避免并不能克服的客观情况。1999 年颁布实施的《中华人民共和国合同法》第一百一十七条第二款、2009 年颁布实施的《中华人民共和国民法通则》第一百五十三条以及 2017 年颁发实施的《中华人民共和国民法总则》第一百八十条第二款都对不可抗力采用了同样的定义。虽然经过了 18 年，但法律对不可抗力的定义却极其稳定，从未改变。

不可抗力通常被视为解除合同的条件之一。《合同法》第九十四条规定："有下列情形之一的，当事人可以解除合同：（一）因不可抗力致使不能实现合同目的……" 第一百一十八条规定："当事人一方因不可抗力不能履行合同的，应当及时通知对方，以减轻可能给对方造成的损失，并应当在合理期限内提供证明。"

但是，当我们进一步分析不可抗力与合同解除之间的关系时，问题就出现了：当出现不可抗力情形时，合同是否会自动解除呢？对此不能简单地回答是或否。《合同法》第一百一十八条规定了因不可抗力致使合同不能履行，一方当事人应当及时通知对方，这并不意味着因不可抗力合同不能履行时，合同就自动解除，此时当事人需要做的只是将这种情况及时通知对方当事人即可。有学者认为，即使因不可抗力致使合同履行不能，合同目的无法实现，在这种情况下，合同也不是自动解除。此时，合同当事人享受的权利只是"可以解除合同"，也就是说，当事人在此时可以选择解除合同，也可以选择不行使合同解除权，继续保持合同效力。是否选择解除合同，还需考虑风险负担的问题，即合同解除所带来的损失由谁来负担。但是，关于风险负担规则，我国法律却没有统一的规定，仅在买卖、租赁、技术开发等情形中作出了规定。如在买卖合同中，以标的物的转移确定风险负担，依据是《合同法》第一百四十二条的规定："标的物毁损、灭失的风险，在标的物交付之前由出卖人承担，交付之后由买受人承担，但法律另有规定或者当事人另有约定的除外。"在途货物的风险负担，合同成立后由买受人承担，依据是《合同法》第一百四十四条的规定："出卖人出卖交由承运人运输的在途标的物，除当事人另有约定的以外，毁损、灭失的风险自合同成立时起由买受人承担。"货物交付第一承运人之后，风险由买受人承担，依据是《合同法》第一百四十五条："当事人没有约定交付地点或者约定不明确，依照本法第一百四十一条第二款第一项的规定标的物需要运输的，出卖人将标的物交付给第一承运人后，标的物毁损、灭失的风险由买受人承担。"在租赁合同中，除承租人责任致使租赁物受损以外，风险均由出租人承担，依据是《合同法》第二百三十一条："因不可归责于承租人的事由，致使租赁物部分或者全部毁损、灭失的，承租人可以要求减少租金或者不支付租金；因租赁物部分或者全部毁损、灭失，致使不能实现合同目的的，承租人可以解除合同。”在技术开发合同中，风险负担要求按照合同约定、交易习惯予以确定，如仍无法确定，则当事人之间应当合理分担，依据是《合同法》第三百三十八条第一款：“在技术开发合同履行过程中，因出现无法克服的技术困难，致使研究开发失败或者部分失败的，该风险责任由当事人约定。没有约定或者约定不明确，依照本法第六十一条的规定仍不能确定的，风险责任由当事人合理分担。”《合同法》第六十一条：“合同生效后，当事人就质量、价款或者报酬、履行地点等内容没有约定或者约定不明确的，可以协议补充；不能达成补充协议的，按照合同有关条款或者交易习惯确定。”然而，其他常见合同，例如承揽、建设工程、技术转让、保管、行纪则缺少有关风险负担的规定。法律没有明确规定，当事人又未对风险负担进行约定或者约定不明时，如认定合同自动解除，而风险、损失却无法自动分配，这就必然会使合同当事人之间产生更大的争议。

因不可抗力导致合同无法履行，造成的风险应当如何分配呢？如上文所述，除了个别领域外，在大部分情况下，法律对风险分担均未做统一规定，在旅游领域迄今更是无章可循。我们认为，不可抗力并不导致合同自动解除，由此而产生的风险损失如何分担，应当根据不可抗力的影响程度、持续时间以及是否具有可补救性三个方面综合判断。在本案中，中城公司在向海之源公司递送护照时遭遇台风天气，航班全面停航，这无疑属于不可抗力。但是，台风仅造成了停航一天，第二天航班就恢复了。可见，本案里合同履行过程中不可抗力因素虽有介入，但影响程度有限，持续时间较短，且在不可抗力因素消除之后，中城公司仍有时间采取补救措施。如果在事发后，中城公司积极联络物流公司，及时了解邮件递送进程，并及时督促物流公司完成邮件发送，最终将护照按时送达，也不是没有可能。同时，中城公司作为专业的旅游经营企业，应知晓旅行团的出团时间，了解护照不能及时到达，将会带来严重的经济损失。但是，该公司选择了消极不作为，放任事态发展，对最终导致本案中合同履行不能，经济损失产生，负有不可推卸的责任。所以，二审法院判决中城公司与海之源公司各自承担一半的责任，是合理合法、十分正确的。

四、本案对旅游经营者的最大启示在于，在从事旅游经营活动时，旅游经营者应当有强烈的防范风险意识。不论是与游客签订旅游服务合同，还是与地接社签订旅游合同，或是与酒店、景区、车辆租赁公司等旅游辅助人签订旅游辅助合同，均应当事先考虑到不可抗力的风险，尤其应当在合同中约定因不可抗力导致的损失如何具体分担，以防事发之后，相互推诿。例如，如果明确约定，因不可抗力造成损失时，积极补救的一方少担责，消极不作为的一方多担责，那么一旦事发，合同当事各方则可以将更多的精力集中到积极采取补救措施方面，通常不会漠视不管，消极处置。如果双方都积极处置，无疑对降低实际损失、维护合同各方当事人权益是十分有益的。当然，即使合同对此未做约定，或约定不明，面对不可抗力时，旅游经营者也切不可消极处置，放任不管，认为不可抗力是当然的免责事由，即使自己不作为也不会承担责任。因为一旦损失分担出现争议、诉诸法律时，最终将由法官通过自由心证予以确定。本案就是很好的例子，充分说明即使出现不可抗力，合同当事人也不能当然免责。这就要求旅游经营者在遇到不可抗力时，应当有更高的自律意识，尊重契约精神，积极补救，努力减少经济损失。

判例3　村民免费入景区游泳溺亡，法院判半封闭景区担责20%

【案件索引】

重庆市第四中级人民法院民事判决书（2015）渝四中法民终字第00360号：黄某某、陈某与重庆乌江画廊旅游开发有限公司、重庆乌江画廊旅游开发有限公司阿依河分公司生命权二审民事判决书。

【基本案情】

上诉人黄某某、陈某因与被上诉人重庆乌江画廊旅游公司、重庆乌江画廊旅游公司阿依河分公司生命权纠纷一案，不服彭水苗族土家族自治县人民法院于2015年3月25日作出的（2015）彭法民初字第00035号民事判决，于2015年4月16日提起上诉。本院受理后依法组成合议庭公开开庭审理了本案，现已审理终结。

一审法院审理查明，黄某一生于1998年6月2日，系黄某某、陈某的女儿。阿依河分公司是彭水县阿依河景区的经营人。

2014年9月21日上午，黄某一与龚某某等3人在本村村民之女彭某某带领下，通过村民通道进入彭水县阿依河景区玩耍，在自行到景区河道嬉水过程中，被水流冲走溺亡。

2015年1月4日，黄某某、陈某以黄某一在阿依河景区内漂流河段玩水时不慎滑入河中，乌江旅游公司、阿依河分公司没有尽到安全保障义务致黄某某没有得到及时有效救助而死亡应承担赔偿责任为由起诉，请求乌江旅游公司、阿依河分公司赔偿因黄某一死亡产生的丧葬费25 000元、死亡赔偿金504 320元以及家属办理丧葬产生的交通费、住宿费、误工费5000元共计534 320元的50%即267 160元，及精神损害抚慰金30 000元，并承担本案诉讼费用。乌江旅游公司答辩称，乌江旅游公司与黄某某未形成旅游服务合同关系，无法定或约定的安全保障义务；黄某一的溺亡，与乌江旅游公司的经营行为无因果关系，乌江旅游公司于此事故中无违约或侵权行为。黄某某、陈某的请求应予驳回。阿依河分公司答辩称，阿依河分公司不具备独立法人资格，其他的同意乌江旅游公司的答辩意见。

一审法院认为，首先，阿依河分公司在景区村民通道入口处已设置了《村民入园告知书》，明确告知了禁止下河游泳、嬉水，尽到了安全警示、提示义务；其次，阿依河景区属于半封闭的景区，即除购票进入景区之外，当地村民亦可通过村民通道进入景区；再次，阿依河景区主要依托自然形成的河流提供漂流服务以及自然景观游览服务，景区河道均是自然形成，不能苛求经营者在漂流河道的两旁安装栏杆等防护设施；最后，本案导致黄某一死亡的原因是其下河嬉水被水流冲击溺亡，并非景区的设施设备导致黄某某溺水身亡。而本案发生在河水流动的河道中，溺水身亡时间本就比较短暂，黄某某、陈某亦未举示证据证明乌江旅游公司、阿依河分公司存在拒绝救助或者故意拖延救助的行为。由此，黄某某、陈某关于乌江旅游公司、阿依河分公司未尽到安全保障义务的理由不能成立。黄某一在溺水身亡时已16周岁，属于限制民事行为能力人，能够从事与其年龄、智力相适应的民事活动，具备了一定的分辨是非、保护自身安全的意识和能力，对下河嬉水的危险性亦有足够的辨识能力。而黄某一却无视下河嬉水可能存在的危险，仍然下河嬉水并因此而溺水身亡，应当对溺水死亡后果自行承担全部责任。乌江旅游公司、阿依河分公司作为景区经营者，对黄某一的溺水身亡不存在过错，不应承担赔偿责任。综上，依照《中华人民共和国侵权责任法》第六条及《最高人民法院关于民事诉讼证据的若干规定》第二条之规定，判决：驳回黄某某、陈某的诉讼请求。案件受理费1888元，减半收取为944元，由黄某某、陈某负担。

黄某某、陈某不服一审判决，向本院提起上诉，请求撤销原判，改判支持其一审全部诉讼请求，一、二审诉讼费均由被上诉人负担。理由为：1.政府相关主管部门多次发文要求被上诉人对阿依河景区进行整改，说明被上诉人对景区管理存在重大缺陷。2014年9月21日黄某一等人进入阿依河景区时未被询问，可见被上诉人的管理存在严重疏漏。2.黄某一不是当地村民，不能免票进入景区，被上诉人对黄某一等4人登记后放行，说明黄某一系经被上诉人同意进入景区，且黄某一已经进入核心景区，应视为游客，被上诉人应当对黄某一的溺亡承担相应责任。3.被上诉人未举示《村民入园安全告知书》，且即使有，被上诉人也应在核心景区沿途同时设置警示标志、相应的安全防范设施及救助管理人员，不能以阿依河景区为半封闭而减轻或免除其经营人的安全保障义务，原审以该告知书认定被上诉人尽到安全警示义务错误。4. 被上诉人是否履行及时救助义务不应由上诉人举证而应由被上诉人举证，原审认定被上诉人履行救助义务的事实和适用法律错误。

被上诉人乌江旅游公司、阿依河分公司答辩称：1. 被上诉人完全按照彭水县政府和相关职能部门的规定，以及法律法规对阿依河景区进行规范管理。2. 上诉人所谓核心景区不存在，阿依河景区河道有 13 公里，是依托自然景观形成，河道仅供购票漂流，步行游客走修建的路道。景区除游客购票从专门通道进入外，居住在景区内的村民则从村民通道登记进入，可自由进入河道。本案中彭某某是当地村民，所以当时登记为当地村民 4 人。黄某一的死亡原因是溺水，不是被上诉人的设施设备所致，黄某一未与被上诉人形成旅游服务合同关系，被上诉人对黄某一没有约定和法定的安全保障义务。3. 被上诉人在一审中举示了《村民入园安全告知书》照片并经质证，还提供了被上诉人设置于游览线上的游客须知及售票须知等警示标志证据。4. 被上诉人得知溺水事件发生后，立即组织赶赴救助，但为时已晚，上诉人无证据证明被上诉人存在过错，且政府对上诉人也给付了 10 万元的救助。综上，请求驳回上诉，维持原判。

本院二审查明，阿依河分公司经营的彭水阿依河景区，属于半封闭的景区，除通过游客通道进入景区之外，当地村民亦可通过村民通道进入景区。乌江旅游公司、阿依河分公司主要通过依托彭水阿依河景区自然形成的河道提供漂流服务以及通过景区自然景观提供游览服务的方式经营景区旅游，景区内零星立有“禁止下河游泳”的标语牌匾，配备了一定数量的安全员并予以公示，公示栏中有溺水救护知识的内容，并于 2014 年 9 月 1 日设置了《村民入园安全告知书》牌，载明：“为确保阿依河景区周边村民的安全出入，现就村民使用此专用通道作如下约定，请您在入园时仔细阅读本告知书并严格遵守……禁止下河捕鱼、嬉水和游泳……”本案事故发生于彭水阿依河景区封闭经营时间，事故段河道水位由浅到深且水流较急，距离阿依河分公司的办公区较近，与景区河道漂流起点相距 800 米左右。本案中无证据反映事故发生地有危险提示。

另查明，事故发生后，彭水苗族土家族自治县绍庆街道办对本案所涉事故中死者的亲属补助 10 万元救助金，包括死亡安葬费 2.5 万元，尸体打捞、亲属前往安慰产生的费用 3.5 万元，绍庆街道办慰问费 2 万元，彭水苗族土家族自治县信访办慰问费 2 万元。黄某某、陈某已经领取该款。

【判决与理由】

本院认为，本案系黄某某、陈某以乌江旅游公司、阿依河分公司未对黄某一进行及时有效救助、未尽到安全保障义务致其溺亡为由，请求乌江旅游公司、阿依河分公司承担相应赔偿责任而产生的公共场所管理人责任纠纷，原审将本案定性为生命权纠纷不当，本院予以纠正。本案审理中，双方当事人对黄某一从村民通道进入乌江旅游公司、阿依河分公司管理的彭水阿依河景区游玩、溺亡于景区河道的事实没有争议，争执的焦点在于半封闭的彭水阿依河景区的经营管理人乌江旅游公司、阿依河分公司对从村民通道进入景区的黄某一的死亡应否承担责任，即乌江旅游公司、阿依河分公司有无安全保障义务、是否尽到安全保障义务及应否承担责任。现就此分析认定如下：

一、乌江旅游公司、阿依河分公司有无安全保障义务

安全保障义务是法定义务，《中华人民共和国侵权责任法》第三十七条规定："宾馆、商场、银行、车站、娱乐场所等公共场所的管理人或者群众性活动的组织者，未尽到安全保障义务，造成他人损害的，应当承担侵权责任。"首先，尽管条文中列举了"宾馆、商场、银行、车站、娱乐场所"5类具体的公共场所，但是用"等公共场所"来概括未能列举的情形；而根据所列明5类场所特点，所谓"公共场所"，即具有区域特定性、能够控制具有可管理性、服务对象特定但进入人员不特定具有公共性、功能具有特定性等特点的场所。本案彭水阿依河景区符合前述特点，应属此范围。其次，安全保障义务的义务主体为公共场所的管理人或者群众性活动的组织者，即对"公共场所"有实际控制力的自然人、法人或其他组织。本案中对彭水阿依河景区有实际控制力的是乌江旅游公司和阿依河分公司。最后，法条明确规定履行安全保障义务的保护对象为"他人"，且未做任何限制，即"他人"应包括所有进入公共场所的人或者所有的群众性活动参加者。故本案中，黄某一无论是否游客身份，均不影响其属于规定中的"他人"。基于此，乌江旅游公司、阿依河分公司作为半封闭的彭水阿依河景区的经营管理者，对通过村民通道进入彭水阿依河景区游玩的黄某一具有法定的安全保障义务。

二、乌江旅游公司、阿依河分公司是否尽到了安全保障义务

安全保障义务包括"物"方面的保障义务和"人"方面的保障义务，物的保障义务要求义务人对其所能控制的场所的建筑物、运输工具、配套设施、设备等的安全性负有保障义务，人的保障义务体现在应配备适当的人员为参与活动的他人提供预防外界及第三人侵害的保障，具体包括警告、提示说明、通知和保护义务。违反安全保障义务是指未尽到合理限度范围内的安全保障义务，而合理限度的判断需要借助相应法律规定、理性人的判断标准并结合个案实际情况等综合确定。结合本案事实：因乌江旅游公司、阿依河分公司主要通过依托阿依河景区自然形成的河流提供漂流服务以及通过自然景观提供游览服务的方式经营景区旅游，而漂流项目本身具有的高风险，对提供该项目经营的经营者——乌江旅游公司、阿依河分公司的风险防控及应急处理的安全保障义务都有相对高的要求，这符合该行业特点和一般人判断的合理范围。而本案中，虽然乌江旅游公司、阿依河分公司在村民通道口及景区内零星设置了“不得嬉水”“禁止游泳”的警示内容，亦根据漂流需要配备了安全员，履行了一定的安全保障义务，但事发地点的水流由浅入深的情况，表明该地点是现实中最可能发生嬉水及游泳行为的地段，而此处水流较急，也是危险高发地段。乌江旅游公司、阿依河分公司作为彭水阿依河景区的经营者应当了解景区的情况，亦能够做到风险提示，而乌江旅游公司、阿依河分公司无证据证明在此处进行了危险提示，说明其管理上有疏漏。乌江旅游公司、阿依河分公司亦无证据证明其已按《中华人民共和国旅游法》第七十九条“旅游经营者应当严格执行安全生产管理和消防安全管理的法律、法规和国家标准、行业标准，具备相应的安全生产条件，制定旅游者安全保护制度和应急预案”之规定制定了相应应急预案。黄某一等人发生危险，游客听到呼救声赶往救助，而乌江旅游公司、阿依河分公司的相关人员经电话通知才到事发现场，可见，乌江旅游公司、阿依河分公司应急救援的实际情况未达到其作为漂流旅游项目经营者应具有的安全保障义务要求。由此，乌江旅游公司、阿依河分公司作为阿依河景区的经营者，未尽到合理限度内的安全保障义务，存在过错。原审将履行安全保障义务的举证责任分配给上诉人违反了《最高人民法院关于适用〈中华人民共和国民事诉讼法〉的解释》第九十一条第一款（一）项之规定，据此认定乌江旅游公司、阿依河分公司尽到及时救助的安全保障义务错误，本院予以纠正。上诉人的该部分上诉理由成立，本院予以支持。

三、乌江旅游公司、阿依河分公司应否承担损害赔偿责任

违反安全保障义务的责任是侵权责任，该责任的确定亦涉及不作为与损害之间因果关系的审查。因乌江旅游公司、阿依河分公司作为阿依河景区的经营者，未尽到合理限度内的安全保障义务，增大了致使黄某一或不特定的在景区内游玩人员发生损害的可能性，存在过错。且乌江旅游公司、阿依河分公司有能力也有可能通过提高安全保障意识尽到安全保障义务而降低类似损害的可能性，其未尽合理限度的安全保障义务与本案损害的发生有一定的因果关系，应当承担一定责任。本案受害人黄某一虽系未成年人，但事发时已年满16周岁，系中学在校学生，应当知晓于事故发生地段河道内嬉水存在危险，不听同行人员劝阻，仍然为之致被水冲走，系致其溺水死亡的主要原因，黄某一自身具有重大过错，应当对该损害后果的发生承担主要责任。上诉人关于与乌江旅游公司、阿依河分公司平分责任的请求不能成立，本院不予支持。鉴于此，本院在兼顾生命财产安全、环境资源保护与旅游业发展三者利益，且优先保护生命财产安全的基础上，以促进义务人发展、提高义务人的安全保障意识、督促义务人更好履行安全保障义务、尽到公司法赋予义务人的社会责任为目的，结合本案上诉人已经获得部分救助的事实，根据《中华人民共和国公司法》第十四条“分公司不具有法人资格，其民事责任由公司承担”之规定，酌情确定乌江旅游公司与黄某一的责任分担比例为2:8，即由乌江旅游公司承担20%的民事责任。

关于本案的赔偿范围：因黄某一系此次事故的主要责任承担者，黄某某、陈某关于精神损害抚慰金的主张缺乏依据，本院不予支持。黄某某、陈某已获得彭水苗族土家族自治县绍庆街道办补偿的黄某一死亡产生的丧葬费、亲属处理该事故的费用，于本案中再提出赔偿要求，于法无据，本院不予支持。黄某一、黄某某、陈某虽然是农村户籍，但是黄某某、陈某于2013年5月1日起在城镇居住已满一年以上且有正当收入来源，而黄某一与父母共同生活，符合《最高人民法院〈关于经常居住地在城镇的农村居民因交通事故伤亡计算赔偿费用的复函〉》按城镇标准计算赔偿费用之规定，本院对黄某某、陈某要求按城镇标准计算死亡赔偿金504 320元予以确认，

由此，乌江旅游公司应当按责任比例赔偿黄某某、陈某100 864元。

综上，本院认为半封闭景区经营管理者对进入景区的人负有安全保障义务，依法应当承担相应的责任。依照《中华人民共和国侵权责任法》第十六条、第二十二条、第三十七条，《中华人民共和国公司法》第十四条，《最高人民法院〈关于审理人身损害赔偿案件若干问题的解释〉》第十八条、第二十九条，《中华人民共和国民事诉讼法》第一百七十条第一款第（二）项之规定，判决如下：

一、撤销彭水苗族土家族自治县人民法院（2015）彭法民初字第00035号民事判决；

二、重庆乌江画廊旅游开发有限公司于本判决生效后十日内赔偿黄某某、陈某因黄某一死亡产生的死亡赔偿金等损失共计100 864元；

三、驳回黄某某、陈某的其他诉讼请求。

本判决为终审判决。

【本案涉及的法律问题】

一、在本案中，半封闭景区是否应当为以村民身份进入景区而擅自下水游泳溺亡者承担赔偿责任？为什么？

二、在本案中，二审为什么改判了一审的判决？改判的理由充分吗？为什么？

三、在本案中，涉案景区是否尽到了合理的安全保障义务？经营漂流之类的具有高度危险性旅游项目时，经营者应当尽到哪些安保义务？

四、在本案中，为什么法院没有支持死者家属提出的精神损害抚慰金的诉求？

五、本案对于高风险项目经营者有哪些重要警示？

【参考答案与法理分析】

一、在本案中，景区是否应当为以村民身份进入景区而擅自下水游泳溺亡者承担赔偿责任，应当具体问题具体分析，不能一概而论，笼统地回答。

我们认为，要回答本案中的景区是否应当为本案中溺水身亡的黄某一承担赔偿责任，首先需要厘清景区与黄某一之间的关系是属于什么性质的法律关系。从原则上说，本案中作为旅游经营者的景区与作为死者的黄某一只有具备特定的旅游法律关系，才需要对黄某一的死亡承担赔偿责任，否则，就不需要承担赔偿责任。

从旅游经营者的安全保障义务角度上说，旅游经营者通常需要对旅游者以及为旅游者服务的工作人员的安全保障负责。而在本案中，黄某一既不是该旅游景区的服务人员，也不是通过购票进入景区的旅游者，因此，黄某一与涉案景区没有形成事实上的旅游法律关系。尽管她确实是在该景区范围内游泳而溺水死亡的，但与该景区经营漂流业务没有直接的法律关系。所以，一审法院判决黄某一的溺水死亡原因，是其自身擅自下河游泳，被河水冲走致死，该景区对其死亡不负法律责任。我们认为，一审法院的判决是正确的。

一审法院作出以上判决，主要有四点理由：首先，涉案阿依河分公司在景区村民通道入口处已设置了《村民入园安全告知书》，明确告知了禁止下河游泳、嬉水，尽到了安全警示、提示义务；其次，阿依河景区属于半封闭的景区，即除购票进入景区之外，当地村民亦可通过村民通道进入景区；再次，阿依河景区主要依托自然形成的河流提供漂流服务以及自然景观游览服务，景区河道均是自然形成，不能苛求经营者在漂流河道的两旁安装栏杆等防护设施；最后，本案导致黄某一死亡的原因是其下河嬉水被水流冲击溺亡，并非景区的设施设备导致黄某一溺水身亡。而本案发生在河水流动的河道中，溺水身亡时间本就比较短暂，本案原告黄某某和陈某亦未举示证据证明乌江旅游公司、阿依河分公司存在拒绝救助或者故意拖延救助的行为。由此，原告黄某某、陈某关于乌江旅游公司、阿依河分公司未尽到安全保障义务的理由不能成立。而且，黄某一在溺水身亡时已满 16 周岁，属于限制民事行为能力人，能够从事与其年龄、智力相适应的民事活动，具备了一定的分辨是非、保护自身安全的意识和能力，对下河嬉水的危险性亦应有足够的辨识能力。而黄某一却无视下河嬉水可能存在的危险，仍然下河嬉水并因此而溺水身亡，因而其本人应当对溺水死亡后果自行承担全部责任。乌江旅游公司、阿依河分公司作为景区经营者，对黄某一的溺水身亡不存在过错，不应承担赔偿责任。综上，一审法院依照《中华人民共和国侵权责任法》第六条及《最高人民法院关于民事诉讼证据的若干规定》第二条之规定，判决驳回黄某某、陈某的诉讼请求，是完全正确的。

需要说明的是，本案案情表面上看似乎很简单，只是几个未成年女孩子进入半封闭景区玩耍，并擅自下河游泳而不幸导致溺亡，与景区发生了赔偿纠纷。但是，从旅游法律法规和旅游纠纷解决的角度看，实际上这一案件涉及到半封闭景区管理的责任边界、游客身份的界定及其权利和义务等多方面的关系和问题。因此，在本案中，一审和二审甚至对这一案件的性质如何定性，都持有不同的看法，相应地，对半封闭景区应当承担哪些责任和义务，也有不同的理解和认定，这一事实本身就很说明这些问题的复杂性所在。

毫无疑问，对于购票进入本案中涉案景区内参加漂流娱乐项目的游客，该景区负有法定的和约定的安全保障义务。对于购票进入涉案景区不参加漂流，而在栈道上行走和观赏景区的游客，景区也负有安全保障义务。而在本案中的特殊情况是，本景区是半封闭景区，本案中的村民可以通过村民通道免费进入景区。如果免费进入景区是做农活，或在栈道上游玩，无疑都不用买票，但是如果村民要参加景区内的漂流活动，按一般道理来说，他们就应当购票（这些情况，从案情中看，并没有明确提到）。一旦他们购票参加漂流活动，就同其他游客一样，享有法定的由景区给予的安全保障服务。

问题的争议点主要在于：免费进入半封闭景区的村民，并没有购票参加漂流活动，只是到景区内游玩，对于这部分村民，本案中的半封闭景区是否具有法定的安全保障义务？在我们看来，从原则上说，景区对这些村民并没有法定的安全保障义务，因为景区与这些村民之间并没有形成法定的旅游法律关系。

如果让半封闭景区对于进入半封闭景区的所有人都负严格的法定安全保障义务，这似乎对景区不公平，因为景区并没有对他们享有任何权利。只是由于他们是附近村庄的村民，景区对他们完全封闭在客观上做不到，只能对他们予以优惠和照顾，使他们可以免费进入景区内游玩。并且，景区为防止出现意外和危险，还专门在村民进入景区的入口处设置了安全提示牌。从这个意义上说，景区已经对村民进入景区进行了安全提示。同时，入口处还有专人把守，核实进入景区的是不是本村村民。如果不是本村村民，那就要按游客对待，需要购票进入景区。而在本案中，情况特殊的是，黄某一进入景区时，是在某村民之女带领下一同进入的，因为都是未成年的中学生一起到景区内去玩，于是就被允许以村民身份同其他三个女孩子一同进入景区内。如果不是以视同村民的身份进入景区，她本应该是购票进入的。从这个意义上说，黄某一尽管其本人的身份并不是本村村民，在本案中实际上是被当作村民对待的，否则，她就应当购票进入。其父母在诉讼中辩称，他们的女儿不是本村村民，不应当被当作村民对待，这一辩称是没有道理的。因为如果是以游客身份进入景区，是应当购买门票的。而黄某一等人进入景区实际上并没有购买门票。

综上，本村村民不用买票进入景区，主要目的不是参加漂流，而是到景区内玩耍，景区为此而专门设置了栈道。而本案中这几个未成年女孩子经不住景区内小河流水的诱惑，无视进入景区时的安全提示和景区内不时设置的安全提示牌的警示而擅自下河游泳，最后导致黄某一溺水身亡，公正地说，该责任应当由其自己来负，景区对此并没有法定的赔偿责任。

试想，假如这是一条无人管理的野河，未成年人出于好奇和贪玩而擅自下河游泳，最终导致溺亡，找谁负责？我国每年因溺水而死亡的人数非常之高，因而清华大学于 2017 年年初制定了新校规，规定清华学生“不会游泳不能毕业”（身体特殊情况等除外），新生入学后都要参加游泳测试。[①] 清华大学重启 90 多年前的这一老校规，让“旱鸭子”难毕业，虽疑似于一种“奇葩校规”，但说明游泳易导致意外死亡，确实是事实。这一规定最近在网上被人诟病。不能因为在景区内游泳溺亡，就一定要由景区来负赔偿责任。在法治社会中，应当坚持公平正义的基本原则，应当由谁承担的责任，就应当由谁来承担，不能公民个人一有损失，不问青红皂白和真正原因，非得要找一个人或者单位替自己埋单，这一思维习惯应当纠正和改变。试想，假如一个神经不正常的人，或者一个想自杀的人，到某半封闭景区内投河自尽，这也需要景区负赔偿责任吗？

---

① 参见《法治日报》2017年9月9日司马童：“清华游泳新规是善意难题。”

这里，关键是要划清景区的管理责任和权限，景区应当承担哪些义务。法律不能漫无边际地让景区尤其是这些半封闭景区，承担那些不应当由它们承担的无限责任。在本案中这种情况下，按公平正义的道理讲，就不应当让景区承担赔偿责任。但是，如果是出于道义原则，让地方政府和景区给死者以一定的经济补偿，这是政府和企业应当承担的某种社会责任，在道理上似乎还讲得过去。而法院判决其没有尽到合理的安全保障义务，需要赔偿死者 20% 的损失，这在法律上似乎有些勉强。

二、在本案中，二审改判了一审的判决。我们认为，二审改判的理由有一定道理，但并不充分。理由是：

首先，在本案中，一审法院把本案的纠纷性质定性为生命权纠纷。其原因主要是一审法院认为，该溺亡人员与该旅游景区之间并未形成合法有效的旅游服务合同关系，因此，本案中溺亡的黄某一不能作为旅游者对待。而事实上，死者黄某一的生命确实是在该景区范围内丧失的，其父母要求该景区予以赔偿，这样一审法院就把这一纠纷定性为生命权纠纷，而不是像通常那样，把发生在旅游景区内的游客死亡纠纷定性为旅游经营者与旅游者的合同纠纷，是有一定道理的。

这里的关键点在于：死者黄某一与涉案景区之间到底是什么样的法律关系。如果不是旅游经营者与旅游者的合同关系，那就只能是关于黄某一的死亡应当由谁负责的生命权纠纷了。所以本案一审法院把其定性为生命权纠纷，应当说是合理的。

其次，本案中的二审法院也没有把该景区与黄某一的关系定性为旅游经营者与旅游者的旅游合同关系，因而没有把本案中的纠纷性质定性为旅游合同纠纷。但是，二审法院不认同一审法院对这一纠纷的定性，认为把这一纠纷定性为“生命权纠纷”是错误的，而应当纠正为“公共场所管理人是否善尽管理义务纠纷”。

二审法院认为，双方当事人对黄某一从村民通道进入乌江旅游公司、阿依河分公司管理的彭水阿依河景区游玩、溺亡于景区河道的事实没有争议，争执的焦点在于半封闭的彭水阿依河景区的经营管理人乌江旅游公司、阿依河分公司对从村民通道进入景区的黄某一的死亡应否承担责任，即乌江旅游公司、阿依河分公司对此类免费进入景区的人员有无安全保障义务、是否尽到安全保障义务及应否承担责任。

我们认为，二审法院改判一审法院对本案中的纠纷性质的定性值得商榷，即二审法院把一审的生命权纠纷改判为“公共场所管理人是否善尽管理义务纠纷”，实际是为其改判涉案景区承担一定法律责任确定前提。理由是：

其一，二审法院在阐述裁判理由时说，经营漂流项目有风险，因此应当为此而承担法定的安全保障义务，这当然没有错。但是，据此应当合乎逻辑地说，只有同参加漂流项目有关的旅游者的安全保障义务，才是旅游经营者应当承担的法定安全保障义务。换言之，经营漂流项目的风险防范范围，只限于参加漂流项目的直接经营者和旅游者，而进入景区从事其他活动的人，并不属于经营漂流项目应当承担的安全保障义务范围内的人。据此，本案中黄某一以村民身份进入景区并擅自下河游泳，其安全保障义务，并不属于经营漂流项目的经营者的责任。本案中二审法院并不认定死者与景区经营者之间是旅游合同关系，实际上也承认了二者的法律关系不是旅游法律关系。

其二，二审在判决理由中说，景区经营者只是在听到呼救声时才赶往出事现场施救，因此，没有善尽安全救助义务，因此应当为此而承担一定的赔偿责任。我们认为，这一理由也值得商榷。因为如果景区经营者的法定安全保障义务主要是对参加漂流项目的旅游者和工作人员应当承担的法定义务，那么，经营者就没有必要在没有进行漂流项目的地方全天候配备安全员承担安保义务，正如在南京长江大桥上管理者没有义务全天候为那些从桥上跳江轻生者配备救生员是一个道理。当有人溺水求救时，景区经营者听到求救迅速赶往出事地点进行施救，这是其承担安全保障义务和社会责任的表现，不应当以此作为惩罚其未善尽安保义务的理由。正如动物园里的安全保障义务主要是防范动物及相关设施伤人，而不是防范有人擅自下河游泳。如果有人在动物园里不顾“不许下河游泳”的警示而擅自下河游泳溺水时呼救，动物园工作人员及时赶往现场施救，当然是其应当承担的救助义务，但不能以此说明其应当为游客擅自下河游泳承担赔偿责任。

其三，在二审判决理由中说，尽管在村民通道口及景区内零星设置了“不得嬉水”“禁止游泳”的警示内容，亦根据漂流需要配备了安全员，履行了一定的安全保障义务，但事发地点属于由浅入深的河段，此处最可能发生嬉水和游泳，而且此处水流较急，也是危险高发地段，而景区没有在此进行安全提示，说明其管理上存在疏漏。我们认为，这一理由也有些勉强。景区在村民通道入口处设置安全警示牌，在河道上不时设置安全警示牌，应当说实际上已经尽到了安全提示义务。至于水深流急的地方，正常人都应当知道，这里更不应当擅自下水。如果以此为由认定其尚未善尽安全提示义务，有些强人所难。这等于说应当在整个河道所有地方都连绵不断地设置安全提示牌，最好再配上语音提示。否则，有人可能会说没有看到提示牌。这是否会使人联想起“欲加之罪，何患无词”的说法呢？

当然，本案中二审法院并不认为死者与景区之间是旅游合同关系，也不同意和支持上诉人提出的死者与景区二者平均承担责任的诉求，并以景区没有善尽公共场所管理人的安保责任为由，判决景区承担一定的责任，这是应当肯定的正确做法。但我们认为，判决景区承担20%的赔偿责任有些偏高。如果以此为由判决景区承担10%的补偿责任，则是比较合理的。

三、在本案中，关于景区是否尽到了安全保障义务，在上面的说明中已经阐述。我们认为，如果从经营漂流旅游项目的角度说，景区已经尽到了安全保障义务。而如果从公共场所管理人的角度看，景区在履行安全保障义务方面还存在一定的瑕疵。

从一般意义上说，经营漂流之类的具有高度危险性旅游项目时，经营者应当尽到较高的安保义务，这确实是应当的。本案中，景区经营者应当在水深流急的河段设置警示标志，并在必要时配备安全员，也是应当引起注意的。

四、在本案中，法院之所以没有支持死者家属要求给予精神损害抚慰金的诉求，理由是：在本案中，黄某一系此次事故的主要责任承担者，二审法院终审判决其承担80%的责任，因此，黄某某和陈某关于精神损害抚慰金的主张缺乏法律依据，法院不予支持。如果法院判决景区经营者承担80%的责任，其主张的精神损害抚慰金有可能得到法院支持。

从这一判例来看，在旅游纠纷诉讼案件中，是否能得到精神损害抚慰金的赔偿，从法院方面来说，一是案件要以侵权之诉提起，通常提起合同违约之诉，法院不支持精神损害抚慰金的诉求；二是即使是提起侵权之诉，也必须是旅游经营者依法承担主要侵权责任时，法律才支持予以精神损害抚慰金的赔偿。

五、此判例对于漂流旅游项目经营者等高风险项目经营者具有的重要警示在于：第一，经营管理者应当牢固树立“安全第一，以人为本”的管理理念。进入景区的所有游客和其他人员，都应当是安全管理的相对人。没有安全，就没有企业的可持续发展。保障所有进入景区的人员的人身安全，是景区经营者安全保障工作的第一要务，不得有半点马虎松懈。

第二，经营管理者要配备相应的安保人员，并对所有员工和前来游览的游客等进行安全教育和提示，并在存在安全隐患的地方或者容易发生安全事故的地方设置完全提示标志，如有条件，可在景区内进行安全提示广播，安装安全求救电话或报警装置。

第三，要对所有经营管理人员进行定期的安全教育培训，并制订相应的安全救助预案。

总之，安全无小事。维护所有游客和工作人员的人身和财产安全，是景区经营者的法定义务。

判例4　游客在景区内溺亡，法院判景区担责10%

【案件索引】

宜宾市中级人民法院民事判决书（2016）川15民终1475号：邓某某与长宁县七洞沟旅游风景区有限公司旅游合同纠纷二审民事判决书。

【基本案情】

上诉人邓某某因与被上诉人长宁县七洞沟旅游风景区有限公司旅游合同纠纷一案，不服四川省长宁县人民法院（2015）长民初字第686号民事判决，向本院提起上诉。本院于2016年8月10日立案后，依法组成合议庭进行了审理，本案现已审理终结。

邓某某上诉请求：撤销原判，依法改判。事实和理由：邓世某居住、生活在城镇。根据旅游法、消费者权益保护法、侵权责任法等法律规定，被上诉人应承担事故的全部责任。

被上诉人长宁县七洞沟旅游风景区有限公司答辩称，原审判决正确，应予维持。

邓某某向一审法院起诉：请求人民法院按照城镇人口标准判决被告支付原告因邓世某死亡而产生的死亡赔偿金447 360元、丧葬费20 897.50元、误工费2000元、被扶养人邓某某（原告）生活费55 143元、停尸费8712元、精神损害抚慰金30 000元，案件诉讼费用由被告承担。

一审法院认定事实，原告邓某某与受害者邓世某系父子关系，原告邓某某共生育有子女二人，邓世某系其次子。2014年8月3日下午，受害者邓世某与他人一行四人到被告风景区购买门票后进入景区游玩，游玩中邓世某见许多游客在景区内水域游泳，于是便脱衣下河游泳，之后不慎溺水身亡。经长宁县信访局组织调解，由被告先行借款105 000元与原告用于安葬死者，停尸费暂由原告垫付，具体赔偿以人民法院判决为准。原告认为死者邓世某居住、生活在城镇，被告景区无安全设施，管理不善，救助不力，对原告的死亡应负主要责任，请求人民法院按照城镇人口标准判决被告支付原告因邓世某死亡而产生的死亡赔偿447 360元、丧葬费20 897.50元、误工费2000元、被扶养人邓某某（原告）生活费55 143元、停尸费8712元、精神损害抚慰金30 000元，案件诉讼费用由被告承担。

一审法院认为，受害者邓世某进入景区后无视景区内众多不得下河游泳的安全提示标志和自身水性不好的客观实际而下河游泳，对造成自身溺水身亡应负主要责任。但被告对景区安全管理不严，缺乏安全设施，对游客下河游泳不制止，且救助不力，对邓世某溺水身亡也应负一定责任。原告主张邓世某生前居住、生活在城镇缺乏充足证据，其提供的租房协议、房租收条均系伪造证据，故法院对原告要求按照城镇标准处理本案的请求不予支持。原告邓某某因其子邓世某死亡而产生的邓世某死亡赔偿金8803元×20年＝176 060元、丧葬费45 697元÷12月×6月＝22 848.50元、误工费1000元、被扶养人生活费8803元×18年÷2（子女人数）＝79 226元，上述金额共计279 134.50元，由被告长宁县七洞沟旅游风景区有限公司承担10%即27 913.45元。本院参照《最高人民法院关于审理人身损害赔偿案件适用法律若干问题的解释》第十七条、第二十七条、第二十八条、第二十九条之规定，判决:（一）被告长宁县七洞沟旅游风景区有限公司在本判决生效后十日内赔偿原告邓某某27913.45元。（二）驳回原告邓某某的其他诉讼请求。

二审经审理，对一审查明的事实予以确认。

【判决与理由】

本院认为，邓世某进入景区后无视景区内众多不得下河游泳的安全提示标志和自身水性不好的客观实际而下河游泳，对造成自身溺水身亡应负主要责任。但被上诉人对景区安全管理不严，缺乏安全设施，对游客下河游泳不制止，且救助不力，对邓世某溺水身亡也应负一定责任。邓某某提供的租房协议、房租收条虽系后补，但结合本案其他证据，应当认定邓世某生前居住、生活在城镇，故对邓某某要求按照城镇标准处理本案的请求本院依法予以支持。邓某某因邓世某死亡而产生的邓世某死亡赔偿金22 368元×20年＝447 360元、丧葬费45 697元÷12月×6月＝22 848.50元、误工费1000元、被扶养人生活费8803元×18年÷2（子女人数）＝79 226元，上述金额共计550 434.50元，由长宁县七洞沟旅游风景区有限公司承担10%即55 043.45元。依照《中华人民共和国民事诉讼法》第一百七十条第一款第二项之规定，判决如下：

一、撤销四川省长宁县人民法院（2015）长民初字第 686 号民事判决；

二、长宁县七洞沟旅游风景区有限公司在本判决生效后十日内赔偿邓某某 55 043.45 元；

三、驳回邓某某的其他诉讼请求。

本判决为终审判决。

【本案中涉及的法律问题】

一、游客在旅游景区内无视禁止下水的警示标志而擅自下水游泳溺亡，景区是否应当负责任？一、二审法院都以景区未善尽安保义务为由判决其担责 10% 是否合理？为什么？

二、在本案中，确定死亡者是农村常住人口还是城镇常住人口，有什么法律意义？

三、本案中为什么没有涉及精神损害抚慰金的问题？

四、本判例对旅游景区经营者有哪些警示？

【参考答案与法理分析】

一、在本案中，游客在旅游景区内无视禁止下水的警示标志而擅自下水游泳溺亡，景区是否应当负赔偿责任，一、二审法院都以景区未善尽安保义务为由判决其担责 10% 是否合理，实际上我们在上一问题中已有所涉及。

本案与上述判例不同的是，首先，死者是通过购票进入景区游玩的，因此死者与景区之间形成了合法有效的旅游合同关系，景区应对死者负有法定的安全保障义务。但是，由于死者邓世某进入景区后，无视景区内众多不得下河游泳的安全提示标志和自身水性不好的客观实际而贸然下河游泳，因此，他应当对造成自身溺水身亡的事故负主要责任。一审法院这样认定，并且受到二审法院的支持，显然在这一问题上，一、二审法院的认识都是相同的。

然而，判决死者对自己的溺亡负主要责任，并不是说作为被告的景区就完全没有责任。一、二审均认为，作为被告的景区对自身的安全管理不严，在相关水域缺乏必要的安全设施，对景区内游客擅自下河游泳不制止，或者制止措施不力，且在受害者溺水后救助不力，因此，景区方面对邓世某的溺水身亡也应当负有一定的责任。一、二审法院酌情判决其承担 10% 的责任，我们认为，这样判决也是比较合理的。

目前，在我国类似的死亡赔偿案件中，法院通常都会判决经济力量相对较强的组织机构或经营单位承担一定的赔偿或补偿责任。一方面，这是由于我国传统观念和文化中有“死者为大”的思想，对死者给予一定的经济赔偿或者补偿，体现了对死者的人文关怀；另一方面，也体现了我国当前建设社会主义法治国家努力追求公平正义和以人为本的原则，有利于安慰死者家属和相关人员，有利于整个社会稳定和谐。同时，更重要的是，使相关组织机构或者经营单位借此进一步提高安全生产意识，加强安全基础设施建设和安全教育与培训，努力防范类似事件的再次发生。

二、在本案中，确定死亡者是农村常住人口还是城镇常住人口，具有重要的法律意义，因为死者为农村户口和城镇户口，赔偿标准和数额是不一样的。本案中死者家属上诉的重要理由就是因一审中没有确认死者为城镇户口。二审认为，上诉人邓某某提供的租房协议、房租收条虽系后补，但结合本案其他证据，应当认定邓世某生前居住、生活在城镇，故对邓某某要求按照城镇标准处理本案的请求，二审法院依法予以支持。这是正确的。

在我国曾经发生过关于“同命不同价”的争论。但是，法律上这样规定，也是有必要性的。因为生活在不同地区甚至不同国家，其生活成本、经济收入是不同的，如果按相同的标准赔偿，实现的是形式上的平等和公正，而在实质上则可能是不公正的。理想的做法是，兼顾形式平等和实质平等。

三、本案中之所以没有涉及精神损害抚慰金的问题，虽然在判决书中没有提及，但据推测，也是因为精神损害抚慰金通常是在有严重侵权存在的前提下发生的。而在本案中，死者一行四人同去景区游玩，看到有人在嬉水时，死者自己不顾自身水性不好和多处禁止下水的安全标志，擅自贸然下水游泳，结果导致自身溺水身亡，其家属也知道造成这种意外身亡事故的主要责任不在景区，而是在死者本人，故没有提起精神损害赔偿的诉求。

可以设想，当时随行的家属可能劝阻过死者不要下水游泳，而死者不听劝告，执意要下水游泳，其死亡当然应当由其本人承担主要责任。这里，联想到前些年我国有一位游客到泰国旅游，在某景区看到有人在摆擂台，邀请会打拳的人上台参加拳击比赛，并且声明比赛中打死人不偿命。这位游客不听随团导游和随行妻子的强烈阻拦，执意上台参加比赛，结果被打致伤，回国后不久死亡。这一惨痛案例表明，有些人就是不顾生死和安全提示，不顾亲人和导游的阻拦，执意要从事高风险旅游项目。在这种情况下，如果出现安全事故甚至死亡事故，当然要由其本人负主要责任。

四、本判例对旅游景区经营者具有的警示主要有：第一，如果景区内有水域存在，游客有可能会贸然下水游泳，因此，经营者一定要在这些地方不仅设置安全警示标志，而且如有可能，要有人巡逻、劝阻或者看守，或者安装监控设施。一旦发现有人擅自下水，要及时予以警示、劝阻；一旦发现有人溺水，也可及时予以救助。我国每年溺水死亡的人数非常高，尤其是青少年爱嬉水和游泳，在夏季高温天气更要特别防范有人擅自下水游泳。所以，对景区内的水域安全一定要高度警惕，防止在自己管辖的景区范围内发生此类事故。俗话说，水火不留情。防火防盗防溺水，这些安全防范工作，景区经营管理者一定要放在特别重要的位置。

第二，景区安全管理一定要规范严格，既要事前有严格规范的防范规章制度和部署，也要在事中有妥善的应急救助预案，同时，在事后也要妥善做好善后处理工作。如何应对事故发生，如何解决可能出现的安全纠纷，都要设有专人负责，以妥善解决好不同的安全事故，这对旅游企业的健康可持续发展是必不可少的。

判例5　履行出境考察合同有瑕疵，法院判决承担相应责任

【案件索引】

西安市中级人民法院民事判决书（2016）陕01民终3012号：顾某某与西安德方投资有限公司合同纠纷二审民事判决书。

【基本案情】

上诉人西安德方投资有限公司（以下简称德方公司）因与被上诉人顾某某合同纠纷一案，不服西安市雁塔区人民法院（2015）雁民初字第07364号民事判决，向本院提起上诉。本院依法组成合议庭公开开庭审理了本案，现已审理终结。

原审法院经审理查明，德方公司组织以“赴日考察调研日本养老地产活动”为主题的商务考察调研活动（活动时间为2013年12月15日至2013年12月21日），德方公司于2013年11月12日向顾某某发出邮件，要求顾某某提供游学的相关材料，顾某某于2013年11月13日通过银行转账的方式向德方公司交纳了32 000元。在德方公司提供的《德方文创养老地产考察研修团》的材料中载明：“行程安排：1. 全程为日本市中心5星级及特色酒店（如希尔顿、王子、大谷或同级别）；2. 入住一晚日本真正的天然温泉酒店；3. 提供豪华特色餐饮，品尝正宗日式餐，品尝神户牛肉、帝王蟹等；4. 参观、考察3所日本成熟老年公寓，并与日本高龄者居住支援中心座谈交流，一起沟通养老型地产模式；5. 独家商务签证；6. 全程专业领队陪同讲解；7. 全程豪华巴士及专业导游陪同；8. 本次活动得到了日本厚生劳动省（等同于中国卫生部）的大力支持，日本厚生劳动省将派遣官员参与到本次活动中，为我中国代表团进行业务联系、技术交流、人员培训、技术设备的介绍。课程费用为32 000元，费用包含：商务签证费用；日本吃（正宗日式餐，品尝神户牛肉、帝王蟹等）、住（5星级标间）、

往返机票费用；入住一晚日本正宗高端温泉酒店；司机、全程专业领队陪同讲解、导游小费；参观考察、人员培训费用；景点门票费用。”嗣后，德方公司与西安德方文创企业管理有限公司（以下简称德方文创公司）签订《委托合同》，该合同约定：“德方文创公司协助德方公司处理养老地产研修团（2013 年 12 月 15 日至 2013 年 12 月 21 日）相关事宜，包括与第三方签订合作协议，委托第三方处理日本养老地产研修团的食宿行及公务安排等事宜，宣传推广日本养老地产研修团项目，与拟参团人员及已参团人员进行联系并发送相关资料，并对养老地产研修团的行程安排等具体操作事宜提供支持服务。报酬及费用结算另行协商确定，并约定了保密条款。”2013 年 11 月 14 日，德方文创公司（甲方）与北京城市明天文化交流有限公司（以下简称北京明天公司、乙方）签订《境外游学合作协议书》，约定：“1. 根据甲方要求，甲方一行 20 人（最终人数以具体出团人数为准）由西安至日本“养老地产研修团”的食宿及公务安排等旅行事宜，由乙方单位办理。2. 考察时间是 2013 年 12 月 15 日至 2013 年 12 月 21 日。3. 服务项目包含酒店住宿为当地 5 星级标准（含温泉酒店一晚），并含景点首道门票。4. 甲方此次每人团费为 25 000 元（含税）。5. 违约责任：甲方旅行团成员应根据自己的身体状况出行，如系个人身体原因而影响行程的（有疾病史需在出团前通知乙方）由甲方自行承担责任；如遇突发事件，领队负责关键性照顾工作。因乙方过错使团不能成行，乙方自行承担办理相关手续已经发生的费用，退还甲方已支付的全部代办费用，因此给甲方造成损失的，乙方应按照国家旅游局具体规定负责赔偿。”德方公司为顾某某及其他团员办理了商务签证，顾某某遂参加德方公司所组织的 2013 年 12 月 15 日至 2013 年 12 月 21 日的商务考察团。德方公司于 2013 年 12 月 17 日向陕西百乐实业发展有限责任公司开具发票。北京明天公司于 2014 年 10 月 17 日出具该团的《情况说明》，在该说明中载明该团的行程、团员在机场等候原因；及说明日本酒店不设星级，其从未承诺过 5 星标准，均以当地标准而定；行程以外的旅游项目，如歌舞伎表演不在约定范围内；其并未承诺有养老院相关负责人员进行接待。另查，顾某某提交德方公司、德方文创公司、北京明天公司证照及网络查询截图，证明上述三公司均未取得组织涉外旅游的资质。顾某某据此认为其与德方公司所履行的合同，因上述三公司未取得组织涉外旅游的资质及教育资质而导致合同无效；又认为其与德方公司所履行的合同已经生效，德方公司系虚假宣传、夸大事实、涉嫌欺诈来赚取高额利润，对其构成根本违约。

顾某某向原审法院起诉称，2013 年 11 月 23 日，其参加德方公司组织的赴日本“以养老地产为主题”的商务考察旅游，按照德方公司要求提供资料并支付费用32 000元。2013年12月15日，德方公司组织的商务考察团20人赴日进行为期七天的旅游，由于德方公司不是专业的旅游机构，在旅游产品设计、线路安排及宣传上有虚假成分，其从西安出发途经北京，再飞往日本大阪，与安排的线路有差异。德方公司没有旅游经营资格，将其所在的团层层委托给德方文创公司、北京明天公司。该团队组织混乱，飞机落地近3个小时无人接团，原因是青山社长兼导游未到。后住宿亦未达到合同承诺的5星级酒店标准，没有安排歌舞伎町表演等。德方公司不具备旅游及涉外旅游资质，擅自提高收费，未能提供与旅游项目收费相符的服务，故诉请判令：1. 确认其与德方公司签订的《服务合同》无效；2. 德方公司退还其旅游费32000元；3. 本案诉讼费由德方公司承担。

德方公司辩称，顾某某所述与事实不符，其公司与顾某某不存在合同关系，顾某某并非本案适格主体。本案合同纠纷的付款方为陕西百乐实业发展有限责任公司（以下简称百乐公司），并非顾某某。其公司与百乐公司之间的合同并非以旅游为目的的旅游合同，而是合法有效的服务合同，不存在导致合同无效的情形。本次赴日考察调研养老地产活动的线路安排及宣传并不存在缺陷及虚假成分，其公司履行了服务合同约定的义务，无须向顾某某退还任何活动费用。故请求驳回顾某某的诉讼请求。

原审法院认为，德方公司以组织“赴日考察调研日本养老地产活动”为由以电子邮件的方式与顾某某商谈相关流程，德方公司安排顾某某参与相关活动，德方公司虽向以顾某某为法定代表人的百乐公司出具发票，但并不影响顾某某为该合同相对人的属性。德方公司于2013年11月12日向顾某某发出邮件，要求顾某某提供游学的相关材料，顾某某于2013年11月13日通过银行转账的方式向德方公司交纳了32 000元，故该协议的订立时间为2013年11月13日。顾某某与德方公司达成协议后，经德方公司多次转委托，最终由北京明天公司实际履行相关义务，德方公司在转委托后从中赚取利润差价。德方文创公司与北京明天公司所签订《境外游学合作协议书》，所约定的违约责任中载明“乙方给甲方造成损失，应按照国家旅游局具体规定负责赔偿”。且德方公司向顾某某所提供的资料及上述协议均载明的服务项目包含安排出入境、签证、食宿、旅游巴士、导游及景点门票等相关内容。依据德方公司提供的行程安排与北京明天公司提供的实际日程情况说明，德方公司向顾某某宣传的赴日行程与赴日后实际的行程有所改变，也未有日本厚生劳动省派遣官员参与到活动中，且大部分时间以旅游观光为主。德方公司虽为顾某某办理的是商务签证，但顾某某与德方公司之间履行权利义务完全具有《旅游合同》性质，故对于德方公司所称该合同为服务合同的主张不予采信。申请设立旅行社，经营国内旅游业务和入境旅游业务，应向相关旅游行政管理部门申请颁发旅行社业务经营许可证，并持许可证向工商部门办理设立登记手续。申请经营出境业务的，应取得国内旅游业务和入境旅游业务经营许可满两年，且未侵害旅游者合法权益受到行政机关罚款以上处罚，并向国务院旅游行政主管部门或者其委托的省、自治区、直辖市旅游行政主管部门申请换发旅行社业务经营许可证，并持换发的许可证向工商部门办理变更登记手续。德方公司、德方文创公司、北京明天公司均未具有办理出境旅游的相关资质，明显违反了上述规定。《中华人民共和国合同法》第五十二条规定对合同无效情形进行了列举，其中第五项规定，违反法律、行政法规的强制性规定的合同无效。《最高人民法院关于适用〈中华人民共和国合同法〉若干问题的解释（二）》第十四条规定，合同法第五十二条第五项规定的“强制性规定”，是指效力性强制性规定。国务院第 354 号令《中国公民出国旅游管理办法》第四条第三款规定“未经国务院旅游行政部门批准取得出国旅游业务经营资格的，任何单位和个人不得擅自经营或者以商务、考察、培训等方式变相经营出国旅游业务”。该规定是与《旅行社条例》规定对于旅行社的设立和经营实行许可制度是相辅相成的，《旅行社条例》是由国务院发布的行政法规，对于旅行社的设立和经营实行许可制度，其立法目的是为了加强对旅行社的管理，保障旅游者和旅行社的合法权益，维护旅游市场秩序，促进旅游业的健康发展。为了保障旅游者的合法权益，从事国内旅游业务和入境旅游业务的旅行社，应当向国务院旅游行政主管部门指定的银行存入 20 万元质量保证金；申请经营出境旅游业务的，应当存入 120 万元质量保证金。因此，在违反《旅行社条例》关于旅行社的设立和经营实行许可制度的强制性规定的情况下，如果仍使诸如此类的旅游合同合法有效，将严重损害旅游者和合法经营的旅行社的权益，破坏我国的旅游市场秩序，使《旅行社条例》的立法目的落空，并进一步损害我国的社会公共利益，为此应当认定《旅行社条例》关于旅行社设立和经营实行许可制度的强制性规定为效力性强制性规定，故本案顾某某与德方公司所达成的旅游合同因违反效力性强制性规定而无效。合同无效或者被撤销后，因该合同取得的财产，应当予以返还；不能返还或者没有必要返还的，应当折价补偿。有过错一方应当赔偿对方因此造成的损失，双方都有过错的，应当各自承担相应的责任。现该协议已经履行完毕，德方公司完成此次协议也支出了必要费用，但德方公司对该协议签订、履行均具有过错，故对于顾某某要求德方公司退还旅游费 32 000 元的请求，酌情认定德方公司退还顾某某 17 000 元。原审法院遂依据《中华人民共和国合同法》第五十二条、第五十八条,《最高人民法院关于适用〈中华人民共和国合同法〉若干问题的解释(二)》第十四条,《旅行社条例》第七条、第八条、第九条、第十三条、第二十九条、第三十六条之规定,判决:一、原告顾某某与被告西安德方投资有限公司于2013年11月13日订立的合同无效。二、被告西安德方投资有限公司于本判决书生效之日起十日内一次性向原告顾某某退还17 000元。三、驳回原告顾某某其余的诉讼请求。如未按本判决指定的期间履行给付金钱义务,应当依据《中华人民共和国民事诉讼法》第二百五十三条之规定,加倍支付迟延履行期间的债务利息。本案案件受理费425元,由德方公司承担400元,顾某某承担25元。因顾某某已预交,德方公司应将所承担的受理费连同上述款项于本判决生效后十日内给付顾某某。

宣判后,德方公司不服,向本院提起上诉称,1. 顾某某并非涉案合同的相对人,不是本案适格的诉讼主体,本案的适格原告应为百乐公司,原审法院认定顾某某系涉案合同的相对人有误。2. 从合同的内容、参团主体以及签订主体和合同目的等分析,本案合同与旅游合同显著不同。原审法院认定本案合同为旅游合同,属认定事实和适用法律有误。3. 本案合同不存在法律规定的无效情形,原审法院依据《中国公民出国旅游管理办法》及《旅行社条例》,认定涉案合同无效,适用法律有误。4. 涉案合同双方已履行完毕,其公司已全面履行了合同义务,故无须返还合同款项,原审法院判决酌情返还17 000元,无事实和法律依据。请求:1. 撤销原判,裁定驳回顾某某的起诉;2. 如认定本案诉讼主体适格,请求撤销原判,改判驳回顾某某的诉讼请求;3. 一、二审案件受理费由顾某某负担。

顾某某答辩称,1. 其按照德方公司邮件上的要求提供了个人证件、填写了申请表格,并由其个人账户给德方公司付款32 000元,德方公司收到款项后如期安排赴日,其自己赴日履行了合同。其与德方公司之间存在合同关系,原审法院认定其是适格的原告正确。2. 德方公司没有教育培训的许可资质,但德方公司对外虚假宣传,称其公司是"西北地区首家高端教育培训专业机构",德方公司针对不特定的多数人为主体,使用"首家、高端、专业"等虚假信息诱使其作出错误选择,违反了广告法第九条、第二十四条之规定。从其提交的德方公司行程安排、北京明天公司情况说明、中旅日本豪华8日游行程对比表,能看出顾某某等团员赴日期间,除参观两所老年公寓外,其余时间均是自由活动或景点游玩。德方公司称为"游学",实际仅有"游"没有"学",且赴日之前,德方公司并未给其做有关老年公寓的课程管理辅导或日本设立老年公寓的理念、程序及先进性的课程内容安排,赴日后的"游"并非针对国内课程的实践或验证，即使参观两家老年公寓也不能证明就是“学”。故本案合同是名为商务考察实为旅游合同，原审法院认定涉案合同为旅游合同正确。3.我国行政法规对经营旅游业务的单位实行许可制度，德方公司未经许可就不得经营或者以商务、考察、培训等方式变相经营出国旅游业务。德方公司在未经其同意的情况下，把合同义务两次转委托给德方文创公司、北京明天公司，可以看出德方公司不具有组织涉外旅游业务的资质和能力。国务院颁布的《中国公民出国旅游管理办法》和《旅行社条例》，属于合同法第五十二条第（五）项规定应认定无效的效力性强制性规定。原审法院认定涉案合同无效，符合法律规定。综上，原判正确，请求驳回上诉，维持原判。

本院经审理查明的事实与原审查明的事实一致。二审中，德方公司提供在携程网站上下载的材料的公证书一份，以证明其公司安排参团人员入住酒店达到我国5星级酒店标准。顾某某对该证据不予认可，认为该证据形成时间是2016年1月28日，而本案所涉时间段为2013年12月，故该证据与本案无关，且该证据不属于二审新证据。另德方公司申请对顾某某出具的编号为00831827的陕西增值税普通发票来源进行调查取证，以证明顾某某并非本案适格的原告。顾某某不同意调取该证据，认为其与德方公司形成合同的经过均系其本人或其代理人实施完毕，款项亦是由其个人账户付给德方公司的，故德方公司以该发票为由认为其并非本案适格原告，不符合合同法的规定。

【判决与理由】

本院认为，综合诉辩双方意见，本案的焦点问题是：（一）顾某某是否系涉案合同的相对人和适格的诉讼主体；（二）涉案合同的性质和效力应如何认定；（三）德方公司应否酌情给顾某某赔偿费用17 000元。本案综合评判如下：

（一）关于顾某某是否系本案适格原告问题。本案中，德方公司上诉认为，涉案合同的发票，其公司是开具给陕西百乐实业发展有限责任公司的，顾某某并非涉案合同的相对人，不是本案适格的诉讼主体，本案的适格原告应为陕西百乐实业发展有限责任公司。并申请对涉案发票的来源进行调查取证。经审查，结合双方形成合同的过程、履行合同情况以及顾某某个人账户转账汇款给德方公司账户来看，顾某某系本案适格原告。至于陕西百乐实业发展有限责任公司是否涉及税务问题以及顾某某是否涉案职务侵占犯罪，与本案无关。故本院对德方公司调取证据的申请不予准许。

（二）关于涉案合同的性质和效力的认定问题。关于涉案合同的性质一节。

本案从双方合同目的、主体、内容等方面来看涉案合同均与我国法律所规定的旅游合同有显著差异，故双方合同不属于旅游合同，双方的纠纷也非旅游合同纠纷。理由：1. 本案合同的目的是为了使参团人员了解日本养老地产的相关情况，不是为了让参团人员到日本进行游览、度假、休闲等形式的旅游活动。无论是德方公司寄送给参团人员的介绍资料及出团须知，还是顾某某在起诉状中载明的“参加商务旅行团的人员基本都是民营企业主，希望看到和学到日本方面在私营养老地产实际操作上的经验”，都证明了本案合同与旅游合同的合同目的有着显著区别。2. 本案合同从内容上看是德方公司组织参团人员对日本养老地产及相关养老服务业的情况进行调研考察，整个行程围绕商务考察这一主题，对日本多个养老院及养老用品展场进行参观学习，这与一般旅游合同的内容和性质有着明显区别。在本次为期七天的赴日考察行程中，扣除第一天及最后一天的乘机往返时间，实质意义上的考察时间为五天，在该五天时间中花费两天半的时间组织了四次商务考察活动。其余时间则大多为乘坐交通工具的旅途时间，穿插其间的旅游景点参观或购物仅系为让参团人员了解日本社会风土人情和经济状况所做的安排，不能因在行程中穿插有旅游景点就认定本次赴日考察活动为旅游活动。3. 本案合同所涉及赴日考察活动的参团主体均为民营企业主或公司高级管理人员，与参加旅游团的游客存在明显不同。4. 本案合同涉及的赴日考察活动中，顾某某等所有团员持有的是日本驻北京大使馆签发的短期商用签证（商务签证），并非旅游签证。通过本案所办理短期商用签证的情况也可看出双方合同与一般旅游合同存在明显区别。5. 德方公司系依法成立的企业法人，并非旅游经营者，故不属于《中华人民共和国旅游法》《中国公民出国旅游管理办法》及《旅行社条例》的规制对象。综上，本案合同的性质并非旅游合同，原审法院将涉案双方的合同认定为旅游合同有误。德方公司关于双方合同系服务合同而非旅游合同的上诉主张，本院予以支持。

关于涉案合同的效力。鼓励交易是合同法的重要精神，人民法院审理合同纠纷案件不应产生阻碍合法交易的后果，故要谨慎地认定合同无效。人民法院只能依据全国人大及其常委会制定的法律和国务院制定的行政法规认定合同无效，而不能直接援引地方性法规和行政规章作为判断合同无效的依据。只有违反法律和行政法规的强制性规定才能确认合同无效。而强制性规定又包括管理性规范和效力性规范，只有违反了效力性的强制规范的，才应当认定合同无效。具体到本案，本案合同系服务合同。从涉案合同目的分析，顾某某等团员出团目的是为了考察日本的养老地产及相关养老服务业，并非为了旅游度假，整个行程围绕商务考察对日本多个养老院及养老用品展场进行参观学习，双方合同也已实际履行，合同目的应认定已基本实现。本案合同并不损害国家利益、社会公共利益及第三人利益，也不违反法律和行政法规的强制性规定，不存在法律规定的无效情形，故双方合同合法有效。德方公司关于双方合同有效的上诉主张，经查成立，本院予以支持。

（三）关于费用退还一节。本案中，在双方合同有效的前提下，德方公司在履行合同过程中存在违约情形。理由：1. 本案顾某某系与德方公司建立合同关系，德方公司在未告知也未征得顾某某等考察团成员同意的情况下，私自将涉案的境外游学项目事宜转委托给德方文创公司，再由德方文创公司转委托给北京城市明天文化交流有限公司。2. 德方公司提供给顾某某的“日本养老地产考察研修团”资料中，称全程住日本市中心 5 星级及特色酒店（如希尔顿、王子、大谷或同级别），合同约定的 32 000 元费用中包含住（5 星级标间）、人员培训费、景点门票等费用，但德方公司在诉讼中又称日本酒店不存在星级一说以及日本大多数景点均不收取门票费。顾某某等考察团成员在整个行程中并未入住 5 星级标间，未进入购买门票的景点。3. 德方公司提供给顾某某一方的《德方文创养老地产考察研修团》材料第 4、8 项存在未完全履行之情形等。故因德方公司存在违约，应酌情予以赔偿。鉴于双方合同已经履行完毕，德方公司为履行双方合同也支出了必要费用，本院认为德方公司应酌情赔偿顾某某 12 000 元为宜。德方公司关于无须退还任何费用的上诉主张，本院不予采纳。

综上，本案应予改判。依照《中华人民共和国民事诉讼法》第一百七十条第一款第（二）项之规定，判决如下：

一、维持西安市雁塔区人民法院（2015）雁民初字第 07364 号民事判决第三项；

二、撤销西安市雁塔区人民法院（2015）雁民初字第 07364 号民事判决第一项；

三、变更西安市雁塔区人民法院（2015）雁民初字第 07364 号民事判决第二项为：西安德方投资有限公司在本判决书生效之日起十日内一次性赔偿顾某某 12000 元。

本判决为终审判决。

【本案涉及的法律问题】

一、在本案中，涉案公司称其与对方签订的合同是服务合同，而不是旅游合同，那么，服务合同与旅游合同的主要区别是什么？区分旅游合同与服务合同的意义何在？

二、在本案中，为什么原审法院没有采信涉案公司所称该合同是服务合同，而不是旅游服务合同的辩称？其法律依据是什么？

三、在本案中，为什么原审法院认为涉案公司与相对人签订的合同属于无效合同？在判决合同无效或者被撤销后，涉案公司应当承担什么样的法律后果？

四、在本案中，涉案公司以向以顾某某为法定代表人的百乐公司出具发票为由，辩称顾某某不是合同的相对人和适格的诉讼主体，未得到一审法院的采用，为什么？法院这样认定有法律依据吗？

五、本案中涉案合同的性质和效力应当如何认定？为什么？

【参考答案和法理分析】

一、在本案中，涉案公司称其与对方签订的合同是服务合同，而不是旅游合同，这表明涉案公司认为服务合同与旅游合同的性质不同。

根据我国《合同法》，服务合同属于无名合同，是以服务为标的的合同。

所谓无名合同，又称“非典型合同”，是指法律上尚未确定一定的名称与规则的合同。根据合同自由原则，合同当事人可以自由决定合同的内容，因此即使当事人订立的合同属于无名合同的范围，只要不违背法律的禁止性规定和社会公共利益，也仍然是有效的合同。[①] 从实践中看，无名合同大量存在，一般地说可以将其分为三类：一是纯无名合同，即以法律纯无规定的事项为内容的合同，或者说，合同的内容不属于任何有名合同的事项；二是混合合同，即在一个有名合同中规定其他有名合同事项的合同，如在租赁房屋时，承租人以提供劳务代替交付租金的合同；三是准混合合同，即在一个有名合同中规定其他无名合同事项的合同。由于交易关系与当事人合意内容的复杂性，出现无名合同是在所难免的，无名合同产生以后，经过一定的发展阶段，其基本内容和特点已经成形，则可以由合同法予以规范，使之成为有名合同。

《合同法》第一百二十四条规定：“本法分则或者其他法律没有明文规定的合同，适用本法总则的规定，并可以参照本法分则或者其他法律最相类似的规定。”这里所说的“本法分则或者其他法律没有明文规定的合同”，实际上就是指无名合同。

---

① 参见中国社会科学院法学研究所法律辞典编委会编《法律辞典》，法律出版社2003年版，第1508页。

在我国《合同法》中，囿于当时旅游业发展的客观情况和旅游法学研究的不足，“旅游合同”并没有成为有名合同。但是，在 2013 年颁布并实施的《中华人民共和国旅游法》中，“旅游合同”已成为有名合同，在其第五章中的法定概念是“旅游服务合同”。这一概念应当包括包价旅游合同、单项委托旅游合同（例如，组团社委托地接社的旅游服务委托合同）、旅游运输合同、旅游住宿合同等。因为旅游活动的特殊性，《旅游法》对旅游合同的订立、形式和内容，对地接社的合同要求，对人身意外伤害保险的提示义务，旅游经营者的告知义务，对不能成团时的告知与合同解除，对旅游者替换与合同解除，对旅游者无条件的任意解除权和旅游经营者有条件的合同解除权，对不可抗力情形的处理以及旅游合同的变更、转让、解除以及解除后的法定责任等，都作了详细规定。

从以上说明可知，旅游服务合同与一般的服务合同具有很多不同。所谓“服务合同”，并不是严格的法律用语。在《合同法》规定的十五个有名合同中，并没有“服务合同”。《合同法》明确划分的十五类有名合同包括：（1）买卖合同。指出卖人转移标的物的所有权于买受人、买受人支付价款的合同。（2）供用电、水、气、热力合同。供用电合同是指供电人向用电人供电、用电人支付电费的合同。供用水、供用气、供用热力合同，则参照供用电合同的有关规定。（3）赠与合同。指赠与人将自己的财产无偿给予受赠人、受赠人表示接受与赠与的合同。（4）借款合同。指借款人向贷款人借款、到期返还借款并支付利息的合同。（5）租赁合同。指出租人将租赁物交付承租人使用、收益，承租人支付租金的合同。（6）融资租赁合同。指出租人根据承租人对出卖人、租赁物的选择，向出卖人购买租赁物，提供给承租人使用，承租人支付租金的合同。（7）承揽合同。指承揽人按照定做人的要求完成工作，交付工作成果，定做人给付报酬的合同。（8）建筑施工合同。指承包人进行工程建设、发包人支付价款的合同。（9）运输合同。指承运人将旅客或者货物从起运地点运输到约定地点，旅客、托运人或者收货人支付票款或者运输费的合同。（10）技术合同。指当事人就技术开发、转让、咨询或者服务订立的确立相互之间权利和义务的合同。（11）保管合同。指保管人保管寄存人交付的保管物，并返还该物的合同。（12）仓储合同。指保管人储存存货人交付的仓储物、存货人支付仓储费的合同。（13）委托合同。指委托人和受托人约定，由受托人处理委托人事务的合同。（14）行纪合同。指行纪人以自己的名义为委托人从事贸易活动、委托人支付报酬的合同。（15）居间合同。指居间人向委托人报告订立合同的机会或者提供订立合同的媒介服务、委托人支付报酬的合同。如果再加上《旅游法》确立的“旅游服务合同”，依据我国法律，现有的有名合同为16种。其中，只有“旅游服务合同”的名称中有“服务”二字。在日常实践中，也有人经常使用“技术服务合同”一词，尽管在《合同法》中并没有这样的法定概念。

从本案来看，涉案公司之所以不愿意承认自己签订的合同为旅游合同，主要是想规避《旅游法》对“旅游服务合同”所确定的相对比较严格的规定。因为如果承认该合同为旅游合同，那么，由于该公司并不具备经营旅游业务的资质，更不具有经营出境旅游业务的资质，就会涉嫌合同欺诈，并因而要承担严重的法律后果。同时，还要受到旅游行政主管部门的行政处罚。而如果是一般的服务合同，该公司的行为就不存在合同欺诈的问题，其在宣传上也不存在缺陷和虚假成分，至多是在服务上存在某些瑕疵，由此而需要承担的法律责任与合同欺诈相比要小得多。但是，本案中涉案公司的辩称并没有得到法院的认可。

二、在本案中，原审法院并没有采信涉案公司所称该合同是服务合同，而不是旅游服务合同的辩称。其理由是：第一，涉案德方公司与顾某某签订了赴日考察合同，顾某某向德方公司交纳了相关旅游考察费用，合同合法有效；第二，德方公司将赴日的服务工作转交北京明天公司实际履行，属于合同转让；第三，德方公司与顾某某签订的合同内容包括出入境、签证、食宿、旅游巴士、导游及景点门票等相关事宜，明显属于旅游观光行为；第四，顾某某赴日后的行程未有日本厚生劳动省派遣官员参加活动，且大部分时间以旅游观光为主。因此，在名义上德方公司给顾某某办理的是商务签证，而实际履行的权利义务则完全具有“旅游合同”的性质。德方辩称其合同不是旅游服务合同，完全是为了逃避旅游合同的相关规范。因此，一审法院以经营旅游业务、出境旅游业务需要特许为由，判定其签订的旅游合同无效，并以此为依据判决其退还顾某某旅游费用17000元（其交纳的旅游费用为32000元）。

我们认为，一审法院这样判决是有可商榷之处的。如果认定德方公司签订的是旅游合同，那么，德方公司就涉嫌非法经营、履行违约和合同欺诈，应当按非法经营、履行违约和合同欺诈来判决。

一是根据《旅游法》第九十五条的规定，未经许可经营旅行社业务的，由旅游主管部门或者工商行政管理部门责令改正，没收违法所得，并处一万元以上十万元以下罚款；违法所得十万元以上的，并处违法所得一倍以上五倍以下罚款。

二是根据《旅游法》第九十七条的规定，旅行社违反本法规定，进行虚假宣传、误导旅游者的，或者向不合格的供应商订购产品服务的，由旅游主管部门或者有关部门责令改正，没收违法所得，并处五千元以上五万元以下罚款；

违法所得五万元以上的，并处违法所得一倍以上五倍以下的罚款。在本案中，德方公司委托北京明天公司进行出境旅游服务，而该公司也没有经营出境旅游业务的资质，显然属于不合格的供应商，因此，应当受到相应处分。

三是根据《旅游法》第七十条的规定，旅行社不履行包价旅游合同义务或者履行合同义务不符合约定的，应当依法承担继续履行、采取补救措施或者赔偿损失等违约责任。在本案中，实际履行合同的北京某公司擅自改变行程和活动内容，显然应当承担赔偿责任。因此，仅仅判决组团社德方公司退还部分费用，显然是适用法律不当。

同时，如果涉案公司自称签订的是出国考察服务合同，实际签订的是旅游合同，则属于合同欺诈。根据《欺诈消费者行为处罚办法》（1996 年 3 月 15 日，国家工商行政管理局令第 50 号）第二条之规定，欺诈消费行为是指经营者在提供商品或者服务中，采取虚假或者其他不正当手段欺骗、误导消费者，使消费者的合法权益受到损害的行为。其第六条规定，经营者提供商品或者服务有欺诈行为的，应当按照消费者的要求增加赔偿其受到的损失，增加赔偿的金额为消费者购买商品的价款或者接受服务的费用的 1 倍。《消费者权益保护法》第四十九条作了同样的规定。在本案中，如果认定德方公司签订的是旅游合同，则应当按欺诈消费者来处理。

三、在本案中，原审法院认为涉案公司与相对人签订的合同属于无效合同，其主要依据是认定德方公司与顾某某签订的是旅游合同，而涉案公司没有经营旅游业务的资质，不是适格的合同签订主体，因此该合同违背国家法律的明确规定，属于无效合同。如果认定该合同无效或者被撤销，那么，涉案公司就应当承担相应的法律后果。

根据《合同法》第五十八条的规定，合同无效或者被撤销后，因该合同取得的财产，应当予以返还；有过错的一方应当赔偿对方因此所受到的损失，双方都有过错的，应当各自承担相应的责任。在本案中，由于涉案合同被一审法院认定为无效合同，这就应当根据本条规定，因该合同取得的财产，全额予以返还。但是，一审法院认为，该合同已经履行完毕，德方公司完成此协议也支出了必要费用，因此酌情认定德方公司返还顾某某 17000 元。

四、在本案中，顾某某系涉案合同的相对人和适格的诉讼主体。理由是：关于合同当事人和诉讼主体资格，我国法律有明确规定。一、二审法院对此都作了明确的认定，是完全正确的。

从理论上说，只有在有诉讼主体资格的当事人之间进行诉讼才有实际意义。民事诉讼的当事人是指将纠纷提交给行使审判权的法院予以解决的双方，即起诉的原告和应诉的被告。当事人是构成诉讼所不可或缺的要件，没有当事人就没有诉讼。诉权理论、当事人理论和举证责任理论是民事诉讼法学理论的三大基石。

（一）当事人理论的变迁

随着人们对实体法和程序法的关系的认识不断深化，当事人理论也经历了从实体法概念到独立的诉讼法概念的变迁。

1. 实体法意义的当事人。在这方面，主要有两种学说：一是利害关系当事人说。我国民事诉讼法学界的传统观点认为："民事诉讼中的当事人，是指因民事上的权利义务关系发生纠纷，以自己的名义进行诉讼，并受人民法院裁判拘束的直接利害关系人。"根据该观点，当事人具有三个特征：一是以自己的名义进行诉讼；二是与案件有直接的利害关系；三是受人民法院的拘束。

此说的基本特点是要求当事人与案件有"直接利害关系"，也就是说，只有争议民事法律关系的主体才能成为具有案件的当事人。

二是权利保护当事人说。权利保护当事人说是我国民事诉讼法学界对传统当事人理论修正所迈出的第一步。此说扩大了传统理论中利害关系人的范围，即民事诉讼中无论是保护自己的权利还是保护他人的权利的人，只要以自己的名义进行诉讼，并能引起民事诉讼程序发生、变更或消灭的人，都是民事诉讼的当事人。这一认识与传统当事人概念最根本的区别，是承认民事诉讼当事人可以不是直接利害关系人，而只是纯粹的诉讼当事人。① 这种观念下的当事人具有以下三个特征：一是以自己的名义进行诉讼；二是旨在保护民事权益；三是能使民事诉讼程序发生、变更或消灭。为保护自己的民事权益而进行诉讼的人，是案件的直接利害关系人；为保护他人的民事权益而进行诉讼的人，主要是指对争议的民事权益享有管理权和支配权的人，他们并非案件的直接利害关系人。这种修正虽然在一定意义上拓宽了我国民事诉讼当事人的范围，有助于对公民合法民事权益的保障，但是，这种修正仍然没有摆脱"实体利害关系人"的束缚，仍不能保障诉讼当事人作为程序主体自由发起诉讼程序和实现诉权。②

2. 程序法意义上的当事人。日本学者兼子一、竹下守夫认为，确定当事人应基于诉状的记载，究竟何人起诉、何人被诉，只能从提起诉讼行为的内容来看，因此，当事人是指"接受法院解决案件而行使的审判权的人，是在审判程

① 柴发邦主编：《民事诉讼法学新编》，法律出版社1992年版，第148页。
② 肖建华著：《民事诉讼当事人研究》，中国政法大学出版社2002年版，第23页。

序中作为起诉的人（原告）及被诉的人（被告）、接受判决的人”。[①] 诉权的概念包括程序意义上的诉权和实体意义上的诉权。程序意义上的诉权，是一切实体权利进入诉讼程序的基础；实体意义上的诉权，是通过判决获得有利于自己的事实认定和权利的落实。与此相应，在民事诉讼中，认可一切符合起诉程序要件的人和应诉的人为当事人，不论他是否与所主张的利益有关，也不论他所主张的利益是否能得到法律的承认，是为保障程序意义诉权实现的需要。[②]

3. 适格当事人。适格当事人亦称正当当事人，是指对作为诉讼标的的法律关系有管理权和处分权的人。实际诉讼当事人不一定是适格当事人，如果当事人不适格，法院将以诉无理由予以驳回。所以，只有与案件实体争议有关的当事人即适格当事人起诉、应诉，这个诉讼才有实质意义，解决纠纷的目的才能达到。

（二）诉讼担当

所谓诉讼担当，即实体法上的权利主体或法律关系以外的第三人，以自己的名义，为了他人的利益或代表他人的利益，以正当当事人的地位提起诉讼，主张一项他人享有的权利或他人法律关系所发生的争议，法院判决的效力及涵盖原来的权利主体。[③] 诉讼担当人就诉讼标的有完全的处分权，并且被担当人因此而丧失诉讼实施权。

诉讼担当有两类：一类是任意诉讼担当，另一类是法定诉讼担当。法定诉讼担当，是基于实体法或诉讼法上的规定，第三人对他人的权利可以以自己的名义进行诉讼。例如，遗嘱执行人和破产管理人可以在发生与遗产或破产财产有关的诉讼中，以自己的名义起诉、应诉。

任意的诉讼担当是权利主体通过自己的意思表示，赋予他人诉讼实施权，可分为法律规定的任意诉讼担当和扩大适用的任意诉讼担当两种情况。法律规定的任意诉讼担当，是指依法律规定，对某些特定类型的诉讼可由实体的利害关系人授权他人实施诉讼，也就是法律明确允许一定类型案件可以由他人进行诉讼担当。法律规定的任意诉讼担当最典型的形式是日本的选定当事人、美国的集团诉讼、我国的代表人诉讼等群体诉讼形式。扩大适用的任意诉讼担当是指民事诉讼法规定的任意诉讼担当这一诉讼担当形式以外的其他形式的任意诉讼担当。

---

① 【日】兼子一、竹下守夫著，白绿铉译：《民事诉讼法》，法律出版社1995年版，第29页。

② 肖建华著：《民事诉讼当事人研究》，中国政法大学出版社2002年版，第27页。

③ 王甲乙：《当事人适格之扩张与界限》，载《法学丛刊》1995年第1期，第128页。

广泛地承认任意诉讼担当，容易导致诉讼实施权被滥用。为防止这种情况的发生，有必要对担当人作一限定，即诉讼担当人必须就所实施的诉讼有法律上的利益。日本学者将任意的诉讼担当区别为两种情形：一是为诉讼担当人自己的利益进行的任意诉讼担当，即诉讼担当者对于所进行的诉讼有自己固有的利益；二是为权利主体的利益而进行的任意诉讼担当，即权利主体通过意思表示，授予诉讼担当人实体法上的利益，不过，诉讼担当人应当就该权利关系有实际参与。因此，只要担当者有自己固有的利益，并被授予诉讼实施权，就可以为他人的利益担当诉讼。如果没有参与某一法律关系，仅仅被授予诉讼实施权，则不允许。

（三）结论

在本案中，首先，法院受理此案的做法是值得肯定的。根据程序意义的当事人说，当事人就是程序当事人，或者说实际诉讼当事人。凡是在诉状内明确表示的争议主体就是当事人。任何向法院主张自己利益的人、有权以自己的名义实施诉讼的人，都可以成为民事诉讼的当事人。本案中，顾某某以自己的名义提起诉讼，要求法院行使审判权保护其自己的利益，就具有程序当事人的地位。至于其是否是适格当事人则需要法院在诉讼过程中予以确定。本案中，法院根据顾某某系与德方公司签订合同的相对方当事人，因此，法院认定顾某某是适格的诉讼主体是正确的。其次，顾某某是根据本合同具体支付合同价款的当事人，同时又是相对方公司的法定代表人。即使德方公司开具发票时写的不是顾某某本人的名字，而是顾某某所代表的公司，也不能排除顾某某是适格的诉讼主体。至于顾某某是否因此而涉嫌所代表公司的偷税漏税，这是不同的法律关系，不属于本案审理的民事诉讼法律关系的内容。①

在本案中，德方公司向一、二审法院都辩称，顾某某不是涉案合同的相对人，因此不是本案的适格诉讼主体，未得到法院的认可。其主要原因是：顾某某是实际签订本合同的当事人，并且其本人支付了本合同涉及的相关费用，又亲自参与了本合同的履行活动。因此，顾某某是涉案合同的相对人和适格的诉讼主体。至于顾某某要求德方公司给其开具的发票抬头写的不是其本人，而是顾某某所代表的公司——陕西百乐实业发展有限责任公司，是否涉嫌该公司的偷税漏税问题，或者顾某某本人是否涉嫌职务侵占犯罪，属于不同的法律关系，这与本案无关。

---

① 以上内容参见柳经纬总主编，张榕、张如曦主编：《诉讼法案例精解》，厦门大学出版社2004年版，第32~35页。

五、本案中，关于涉案合同的性质，一、二审法院有不同的认定。相应地，对本案中的合同效力也有不同的理解。现分述如下：

首先，关于本案中的涉案合同效力的性质。一审法院认定为是旅游合同，据此认定该合同无效，撤销该合同，并据此判定涉案公司依法退还顾某某相应的合同费用。而二审法院则有不同的看法。关于涉案合同的性质一节，二审法院认为，从双方合同的目的、主体、内容等方面看，涉案合同均与我国法律所规定的旅游合同有显著差异。根据主要在于：一是本案合同的目的是为了使参团人员了解日本养老地产的相关情况，而不是为了让参团人员到日本进行游览、度假、休闲等旅游活动。这从德方公司送给参团人员的介绍资料和出团须知上可以确证，从顾某某在起诉状中载明的“参加商务旅行团的人员基本都是民营企业主，希望看到和学到日本在私营养老地产（方面）实际操作的经验”中也可以确证。这表明本案中涉案合同的目的与旅游合同的目的有明显区别。二是本案合同内容是德方公司组织参团人员调研考察日本养老地产及相关养老服务业，整个行程都是围绕这一主题开展，这与一般的旅游合同内容有明显区别。三是涉案考察活动的参加主体均为民营企业主或者公司高级管理人员，这与参加普通旅游团的游客身份多种多样有明显不同。四是本案中赴日参加考察的人员所持护照为短期商用签证，而不是旅游签证，这与旅游合同所要求的旅游签证有明显的不同。五是德方公司系依法成立的企业法人，其性质和经营范围中并不包含旅游经营，因此，涉案经营活动并不属于《旅游法》《旅行社条例》和《中国公民出国旅游管理办法》等相关旅游法律法规的规制对象。综上，二审法院判定本案的合同性质并非旅游合同，是完全正确的，于法有据。而一审法院将涉案双方的合同认定为旅游合同，则于法无据，实属认定事实有误，据此而适用旅游法律法规的相关规定则属于适用法律不当，二审予以改判是正确的。

关于本案合同的效力问题。二审法院认为，在市场经济条件下，鼓励交易是合同法的重要精神，人民法院审理合同纠纷案件不应产生阻碍合法交易的后果，故要谨慎地认定合同无效。人民法院只能依据全国人大及其常委会制定的法律和国务院制定的行政法规认定合同无效，而不能直接援引地方性法规和行政规章作为判断合同无效的依据。只有违反法律和行政法规的强制性规定才能确认合同无效。而强制性规定又包括管理性规范和效力性规范，只有违反了效力性的强制规范的，才应当认定合同无效。具体到本案来看，本案合同系服务合同，不是旅游合同。从涉案合同目的来分析，顾某某等团员出国的目的是为了考察日本的养老地产及相关养老服务业，并非为了旅游度假，且整个行程围绕商务考察对日本多个养老院及养老用品展场进行参观学习。双方合同也已实际履行，合同目的应认定为已经基本实现。此外，本案合同并不损害国家利益、社会公共利益及第三人利益，也不违反法律和行政法规的强制性规定，不存在法律规定的无效情形，故双方签订的合同合法有效。德方公司关于双方合同有效的上诉主张，经查成立，故二审法院予以支持是完全正确的。

本案判决表明，关于合同无效的认定，无论司法部门还是旅游行政主管部门，都要慎重对待，不要轻易认定其无效。只要是双方自愿签订，且不违背国家法律的强制性规定、不损害社会公共利益和其他第三人的利益，就应认定其为有效合同。

判例6　擅自转让合同后出交通事故，两家旅游公司被判承担连带责任

【案件索引】

驻马店市中级人民法院民事判决书（2015）驻民四终字第464号：关某与西藏平顺旅游汽车服务有限公司生命权纠纷二审民事判决书。

【基本案情】

上诉人关某、中国人民财产保险股份有限公司郑州市分公司（以下简称人财保险郑州分公司）因健康权纠纷一案，不服驻马店市驿城区人民法院（2013）驿民初字第3251号民事判决，向本院提起上诉。本院依法组成合议庭审理了本案，现已审理终结。

原审法院判决认定，2013年6月8日，关某等六人报名参加河南省中国国际旅行社有限责任公司驻马店分社（以下简称河南国旅驻马店分社）组织的“西藏、日喀则、林芝十一日游”活动，并由关某与河南国旅驻马店分社签订团队国内旅游合同，合同主要内容为：“旅游者：关某等六人，旅行社：河南国旅驻马店分社……第十九条：旅游时间：出发时间2013年6月9日，结束时间6月19日，共11天9夜；第二十条：旅游费用及支付，成人：2400元/人；第二十一条：个人旅游保险，旅游者同意委托旅行社办理旅游者投保的个人旅游保险，保险产品名称：太平洋人寿保险……；第二十二条：1. 同意转至协议社旅行社出团……；第二十六条：1. 保险埋赔按照保险公司的有关规定办理……”2013年6月9日，河南国旅驻马店分社组织关某等人前往西藏按照合同约定的地点进行旅游活动。2013年6月12日，关某等人乘坐藏AL1832号客车从拉萨前往林芝，途经国道318线4329km+300m下坡转弯路段处，由于车速过快、驾驶员操作不当，导致车辆与路边的山体刮擦之后车辆往左侧驶离路基，车辆前身掉入河中，造成关某等十三人不同程度受伤、车辆受损的交通事

故。后经交警部门认定，事故车辆的驾驶员曹建国负事故的全部责任。关某受伤当日被送往林芝地区人民医院治疗，后转至四川成都华西医院治疗。2013 年 6 月 14 日，关某转入驻马店市中心医院治疗，诊断为：1. 右肱骨干骨折；2. 右侧多发肋骨骨折；3. 双肺挫伤并胸腔积液；4. 全身多处皮肤挫裂伤；5. 全身多处皮肤擦伤。2013 年 7 月 10 日，关某出院，共住院 26 天，出院医嘱：1. 建议继续休息，逐步加强功能锻炼；2. 定期复查；3. 不适随诊。2013 年 9 月 24 日，关某委托驻马店申正法医临床司法鉴定所对其伤残等级、后期医疗费及误工时间进行鉴定。2013 年 10 月 10 日，驻马店申正法医临床司法鉴定所出具了两份鉴定意见书。伤残等级鉴定意见为：被鉴定人关某的伤残等级分别为：Ⅵ级及X 级（一处六级及两处十级）。后期医疗费及误工时间的鉴定意见为：1. 被鉴定人关某的后期医疗费用约需捌仟圆人民币；2. 被鉴定人关某的误工时间为伤后壹佰贰拾天。后关某与河南国旅驻马店分社就赔偿问题未能协商一致而提起诉讼。诉讼中，河南省中国国际旅行社有限责任公司（以下简称河南国旅）对关某伤残等级申请重新鉴定。经原审法院委托，由漯河冠东临床司法鉴定所重新对关某的伤残等级进行司法鉴定。2014 年 4 月 21 日，漯河冠东临床司法鉴定所出具漯冠东司鉴所（2014）临鉴字第 60 号鉴定意见书，鉴定意见为：被鉴定人关某的伤残程度等级分别为 VII（七级）、X（十）级和 X（十）级。另查明，河南国旅驻马店分社与关某签订合同后，将关某六人的行程确认单发送给西藏蓝天假日旅行社有限公司（以下简称西藏蓝天旅行社）。2013 年 6 月 9 日，西藏蓝天旅行社与拉萨平顺旅游汽车服务有限公司（以下简称拉萨平顺汽车公司）藏 AL1832 号车辆方刘果平签订汽车客运包车协议并出具派车单，约定关某等 53 人乘坐该车进行 2013 年 6 月 10 日至 6 月 17 日的旅游行程。庭审中，关某认可收到西藏转来在林芝、成都的医疗费及在驻马店中心医院医疗费 30 000 元。同时查明，河南国旅在人财保险郑州分公司投保有旅行社责任险，保险单中基本险责任限额为：每次事故每人人身伤亡责任限额 200 000 元，每人精神损害限额 10 000 元，每次事故每人财产损失责任限额 20 000 元，法律费用责任限额为每次事故责任限额的 30%，保险期间自 2013 年 1 月 1 日至 2013 年 12 月 31 日。西藏蓝天旅行社在人财保险西藏分公司投有旅行社责任保险，保险单中基本险责任限额为：每人人身伤亡责任限额 300 000 元，每人财产损失责任限额 50 000 元，每人医疗费限额 40 000 元，保险期间自 2013 年 5 月 15 日至 2014 年 5 月 14 日止。同时，河南国旅驻马店分社于 2013 年 6 月 10 日在太平洋保险驻马店支公司投有旅游安全人身意外伤害保险，保险单中载明旅游团人数 14 人，其中旅游路线驻马店至西藏 6 人，每人保额为：意外伤害保额 100 000 元，意外伤害医疗保额 8000 元，保险期间自 2013 年 6 月 10 日至 2013 年 6 月 19 日。另外，旅行社责任保险统保示范项目保险条款规定，法律费用包括仲裁费、诉讼费、鉴定费等。又查明，关某的女儿关玺骊、关宝骊均为 2005 年 7 月 28 日出生。关某提交的陕西省勉县镇川镇新春村委会出具的证明上显示谢秀芳只有一子关某，目前谢秀芳随关某生活。谢秀芳的户籍登记簿显示其出生日期为 1950 年 3 月 21 日，为农业家庭户口。驻马店市检察院财务科出具的证明上显示关某月工资为 2495.5 元、检察津贴每月为 200 元、文明奖每月为 500 元，请假 4 个月，合计 12 790 元的工资等已上缴单位。驻马店市社会经济调查队出具的证明上显示毛泽慧月工资 2202 元、文明奖每月 300 元，因照顾关某请假 4 个月，工资及奖金 10 008 元已扣发。

原审法院认为，旅游者与旅行社签订旅游合同后，双方形成旅游服务合同关系，旅行社提供的服务应当符合保障旅游者人身、财产安全的要求，旅游者人身、财产受到侵害的，有依法获得赔偿的权利。根据《最高人民法院关于审理旅游纠纷案件适用法律若干问题的规定》第三条的规定，因旅游经营方面的同一原因造成旅游者人身损害、财产损失，旅游者选择要求旅游经营者承担违约责任或者侵权责任的，人民法院应当根据当事人选择的案由进行审理。本案中，关某在参加河南国旅驻马店分社组织的西藏游活动中，发生交通事故遭受人身损害，其请求该旅行社承担侵权责任符合法律规定，应予支持。关于本案责任主体的问题，河南国旅驻马店分社与关某等人签订旅游合同后，将旅游业务委托给西藏蓝天旅行社，西藏蓝天旅行社作为实际提供旅游服务的旅行社，根据河南国旅驻马店分社与关某签订的旅游合同，负有保障旅游者人身、财产安全的义务。拉萨平顺汽车公司受西藏蓝天旅行社的指派，为关某提供交通服务的行为系代表西藏蓝天旅行社履行合同义务，但其在运输过程中未尽到安全驾驶义务，造成事故发生，西藏蓝天旅行社应对拉萨平顺汽车公司的行为负责，对关某的损失应承担民事赔偿责任。西藏蓝天假日旅行社有限公司第二分社在本案中并不是旅游合同的接受委托方，不承担责任。河南国旅驻马店分社作为组团社，系旅游合同的相对人，其将旅游业务委托给西藏蓝天旅行社，根据《中华人民共和国旅游法》第六十条的规定，其应当在包价旅游合同中载明地接社的基本信息。本案中，虽然旅游合同中双方约定了“同意转至协议社旅行社出团”，但合同中没有向关某等人告知地接社西藏蓝天旅行社的基本信息，应视为擅自转让旅游业务。《最高人民法院关于审理旅游纠纷案件适用法律若干问题的规定》第十条规定，旅游经营者擅自将其旅游业务转让给其他旅游经营者，旅游者在旅游过程中遭受损害，请求与其签订旅游合同的经营者和实际提供旅游服务的旅游经营者承担连带责任的，人民法院应予支持。因此，虽然关某的损害是地接社造成，但组团社的侵权责任不能免除。河南国旅驻马店分社为河南国旅的分公司，根据《中华人民共和国公司法》的相关规定，分公司不具备法人资格，其民事责任由公司承担，故河南国旅与西藏蓝天旅行社应对关某的损失承担连带赔偿责任。至于拉萨平顺汽车公司的责任问题，因关某所请求的是旅游经营者对其造成的损害赔偿，拉萨平顺汽车公司因交通事故产生的损害责任与本案不是同一法律关系，故拉萨平顺汽车公司在本案中不应当承担责任。关某请求的赔偿项目：一，关于医疗费，驻马店市中心医院 2013 年 6 月 14 日的医疗票据金额为 39 392.63 元；2013 年 9 月 2 日的票据为 1200 元，该费用应为出院后检查治疗的费用；根据司法鉴定意见关某的后期医疗费约需 8000 元；关某提交的同济医学院附属同济医院的 4 份门诊收据，共计 1799 元；关某提交的驿城区宏济堂大药房的票据，应为出院后购药用于治疗伤情，共计 1000 元。以上关某的医疗费共计 51 391.63 元，关某认可已收到医疗费 30 000 元，扣减后医疗费为 21 391.63 元。二，从关某住院时 2013 年 6 月 14 日起，至其伤情定残日前一天 2013 年 10 月 9 日，关某的误工时间为 117 天，根据关某提交的其单位工资扣发证明，误工费计算为 12 469.86 元 =12 790 元 ÷120 天 ×117 天。三，关某住院期间按一人护理认定，护理期限根据住院时间为 26 天，根据其提交的其妻毛泽慧单位工资扣发证明，护理费计算为 2168.4 元 =10 008 元 ÷120 天 ×26 天。四，关某住院 26 天，按每天 20 元的标准，住院伙食补助费计算为 520 元。五，关某住院 26 天，按每天 10 元的标准，营养费计算为 260 元。六，关某的伤残程度等级分别为 VII（七级）、X（十）级和 X（十）级，伤残赔偿系数为 44%，按照河南省公布的上年度城镇居民可支配收入为 22 398.03 元的标准，其残疾赔偿金计算为 197 102.66 元 =22 398.03 元 ×20 年 ×44%。残疾赔偿金项目中亦包括被抚养人生活费，关某定残时，关某所生育两个女儿关玺骊、关宝骊均已满 8 岁，被抚养人生活费计至 18 周岁为 10 年，按照河南省上年度城镇居民人均消费支出 14 821.98 元，关玺骊、关宝骊的被抚养人生活费计算为 65 216.71 元 =14 821.98 元 ×10 年 ×2 人 ÷2 人 ×44%。关某的母亲谢秀芳系农业户口，根据谢秀芳户籍所在地村委会证明，其无生活来源、体弱多病，现随关某生活，应为关某的被抚养对象。因关某定残时谢秀芳已满 63 周岁，被抚养人生活费的计算年限为 17 年，按照河南省上年度农村居民人均消费支出 5627.73 元标准计算为：5627.73 元 ×17 年 ×44%=42 095.42 元。七，关某因伤造成残疾，根据其伤残程度，精神损害抚慰金确定为 22 000 元。八，根据驻马店市中心医院出具的鉴定费票据，关某为鉴定其伤情实际支出的鉴定费为 2400

元。关某请求的交通费，其未提交相关票据，不予支持。关某请求的手机、眼镜、衣物等财产损失，其提交的证据不能证明财产损失的价值，不予支持。关某请求的邮寄费、复印费等费用并不是必要支出，不予支持。综上，关某损失共计为 365 624.68 元。根据《中华人民共和国保险法》第六十五条的规定，保险人对责任保险的被保险人给第三者造成的损害，可以依照法律的规定或者合同的约定，直接向该第三者赔偿保险金。本案中，西藏蓝天旅行社和河南国旅分别在保险公司投保有旅行社责任险，故保险公司应在保险合同约定的责任限额内按法律规定承担赔偿责任。在赔偿责任的分配上，人财保险郑州分公司与人财保险西藏分公司作为旅行社所承保的保险公司，对关某的损失数额应按照责任限额分担。在具体的承担数额上，关某损失共为 365 624.68 元，其中精神损失及鉴定费，因人财保险西藏分公司在保单中并没有对该两项的约定，扣除该两项 24 400 元后为 341 224.68 元。对人身伤亡责任限额及医疗费责任限额两保险公司均有约定，两公司应等额负担，各负担 170 612.34 元。人财保险郑州分公司的保险单约定精神损失责任限额为 10 000 元，法律费用责任限额为每次责任限额的 30%，鉴定费 2400 元按比例为 720 元，两项为 10 720 元，故该公司应承担的数额为 181 332.34 元。对保险合同责任限额外的 13 680 元，由西藏蓝天旅行社与河南国旅承担连带赔偿责任。关于太平洋保险驻马店支公司与河南国旅驻马店分社签订的旅游安全人身意外伤害险，河南国旅驻马店分社的民事责任已由河南国旅承担，而太平洋保险驻马店支公司与河南国旅并无保险合同关系，对河南国旅所承担的责任太平洋保险驻马店支公司无义务赔偿。综上，对关某的损失，人财保险西藏分公司承担的数额为 170 612.34 元，人财保险郑州分公司承担的数额为 181 332.34 元，西藏蓝天旅行社与河南国旅连带承担 13 680 元。依照《中华人民共和国侵权责任法》第八条、第十六条、第二十二条，《中华人民共和国保险法》第六十五条，《中华人民共和国旅游法》第六十条，《中华人民共和国公司法》第十四条第一款，《最高人民法院关于审理旅游纠纷案件适用法律若干问题的规定》第三条、第四条、第五条、第十条和《中华人民共和国民事诉讼法》第六十四条、第一百四十四条的规定，原审法院判决：一，中国人民财产保险股份有限公司西藏自治区分公司于本判决生效后十日内赔偿关某 170 612.34 元；二，中国人民财产保险股份有限公司郑州市分公司于本判决生效后十日内赔偿关某 181 332.34 元；三，西藏蓝天假日旅行社有限公司、河南省中国国际旅行社有限责任公司于本判决生效后十日内连带赔偿关某 13 680 元；四，驳回关某的其他诉讼请求。如未在判决指定的期间履行给付金钱义务，应当依照《中华人民共和国民事诉讼法》第二百五十三条的规定，加倍支付迟延履行期间的债务利息。案件受理费9610元，由关某负担2800元，由中国人民财产保险股份有限公司郑州市分公司按30%的责任限额负担2043元，由河南省中国国际旅行社有限责任公司、西藏蓝天旅行社有限公司连带负担4767元。

宣判后，关某、人财保险郑州分公司不服，向本院提起上诉。

关某上诉称：1.太平洋保险驻马店支公司应依法承担给付保险金的责任。2.其母亲谢秀芳的被扶养人生活费计算错误。3.原审法院不采信驻马店申正临床法医司法鉴定所的鉴定意见，于法无据。4.交通费应当支持。5.手机、眼镜、衣物、邮寄费、复印费的损失应当赔偿。6.住院伙食补助费、营养费、误工费、护理费计算的标准错误。7.原审法院认定精神损害抚慰金为22 000元过低。8.原审法院漏判住宿费、旅行费。9.应按河南省2015年人身损害赔偿标准计算损失。请求撤销原判，依法改判，并判决由人财保险郑州分公司、河南国旅驻马店分社、河南国旅、太平洋保险驻马店支公司、人财保险西藏分公司、西藏蓝天旅行社、西藏蓝天旅行社二分社、拉萨平顺汽车公司负担本案一、二审诉讼费。

人财保险郑州分公司上诉称：1.原审法院未让拉萨平顺汽车公司及其投保的保险公司承担赔偿责任属认定事实及适用法律错误。2.太平洋保险驻马店支公司应承担赔偿责任。3.关某提供的诊疗卡充值收据不能认定为消费金额，并且宏济堂大药房的票据无付款单位及日期并且未附需外购药证明，同时关某提供的门诊费票据没有加盖医院的印章，均不能作为认定医疗费数额的依据。4.关某一处七级、两处十级伤残，其赔偿指数应为42%，而非原审法院认定的44%。5.关某提供的与谢秀芳系母子关系的证明，没有当地公安机关户籍部门确认，不能作为认定案件事实的依据。请求撤销原判，依法改判，并判决由关某、河南国旅驻马店分社、河南国旅、太平洋保险驻马店支公司、人财保险西藏分公司、西藏蓝天旅行社、西藏蓝天旅行社二分社、拉萨平顺汽车公司负担本案一、二审诉讼费。

二审审理查明，河南国旅投保旅行社责任险的保险公司名称为“中国人民财产保险股份有限公司郑州市分公司”，而非原审法院认定的“中国人民财产保险股份有限公司郑州分公司”。事故车辆藏AL1832号客车所属运输公司名称为“拉萨平顺旅游汽车服务有限公司”，而非原审法院认定的“西藏平顺旅游汽车服务有限公司”。关某在二审期间提供的驻马店市驿城区西园街道办事处文明路社区居民委员会出具的并由驻马店市公安局西园派出所加盖公章予以确认的居住证明上显示关某的母亲谢秀芳自离开陕西老家后一直跟随关某生活。二审审理查明的其他事实与原审法院判决认定的事实一致。

【判决与理由】

本院认为，漯河冠东临床司法鉴定所出具的漯冠东司鉴所（2014）临鉴字第60号鉴定结论系原审法院委托漯河冠东法医临床司法鉴定所作出，而关某没有证据证明鉴定过程中存在鉴定机构及鉴定人员不具备相关鉴定资质、鉴定程序严重违法或者鉴定结论明显依据不足的情况，原审法院对该鉴定结论予以采信并无不当。《最高人民法院关于审理人身损害赔偿案件适用法律若干问题的解释》第二十二条规定，交通费应当以正式票据为凭。因关某不能提供交通费正式票据，根据上述法律规定，原审法院对其交通费用的诉讼请求不予支持并无不当。一审期间，关某所在单位出具的证明及其所提供的发票，不能证实手机、眼镜、衣物等财物损坏的事实及损失时的实际价值，原审法院对其财产损失的诉讼请求不予支持并无不当。根据关某的伤残程度及受诉法院所在地生活水平，原审法院确定精神慰抚金为22 000元并无不当。关某一审期间所主张的邮寄费、复印费不是必要及合理的费用，原审法院对该两项诉讼请求不予支持并无不当。原审法院根据关某住院天数、误工时间及法定的赔偿标准计算其住院伙食补助费、营养费、护理费及误工费并无不当。因关某在一审期间并未就住宿费及旅行费提出诉讼请求，该两项费用其可以另行主张。由于本案在2014年6月开庭审理，根据《最高人民法院关于审理人身损害赔偿案件适用法律若干问题的解释》第二十五条、第二十八条的规定，原审法院按照2013年度河南省人身损害赔偿标准计算相关赔偿费用并无不当。根据关某二审期间提交的驻马店市驿城区西园街道办事处文明路社区居民委员会出具的并由驻马店市公安局西园派出所加盖公章予以确认的居住证明，结合谢秀芳户籍所在地村委会出具的证明，能够认定谢秀芳跟随关某在城镇连续居住一年以上，谢秀芳的扶养费应按照城镇标准计算。按照河南省2013年城镇居民消费性支出14 821.98元/年的标准，谢秀芳的被扶养人生活费计算为14 821.98元/年 ×17年 ×44%=110 868.41元。拉萨平顺汽车公司代替西藏蓝天旅行社为关某提供交通服务，该公司的侵权行为应视为西藏蓝天旅行社的侵权行为，根据《最高人民法院关于审理旅游纠纷案件适用法律若干问题的规定》第十条的规定，原审法院未认定拉萨平顺汽车公司为本案侵权责任主体并无不当。关某提供的4张华中科技大学同济医学院附属同济医院门诊诊疗卡临时收据显示充值金额共计1799元，余额为917.32元，故关某在该医院门诊实际支出费用为881.68元=1799元−917.32元。关某提交的10张驻马店市驿城区宏济堂大药房开具的共计1000元发票上未显示所购药品名称，并且无医院出具的需外购药证明，不能认定该笔费用是关某本人的实际支出。原审法院对上述两笔医疗费认定错误，应予纠正。关某提供的驻马店市中心医院1200元门诊费收据虽然没有加盖该院的印章，但票据上有驻马店市中心医院的字样，并有交款人名字、交款数额、项目名称等信息，能够据此确认该票据的真实性，该笔费用应认定为关某的实际支出。因事故给关某造成一处七级、两处十级伤残，原审法院据此认定其伤残赔偿指数为44%并未违反法律规定。因勉县镇川镇新春村委会出具的家庭关系证明涉及其日常管理事务，原审法院据此确认关某与谢秀芳系母子关系并无不当。关某各项损失共计432 480.35元，因人财保险西藏分公司在保单中并没有约定赔偿精神损害抚慰金及鉴定费，扣除24 400元精神损害抚慰金及鉴定费后损失数额为408 080.35元，由人财保险郑州分公司、人财保险西藏分公司分别负担204 040.18元。人财保险郑州分公司的保险单约定精神损害责任限额为10 000元，法律费用责任限额为每次责任限额的30%，故该公司应负担的精神损害抚慰金及鉴定费共计10 720元。由于河南国旅提供的投保单上显示其在人财保险郑州分公司投保的旅行社责任险每次事故每人人身伤亡责任限额为200 000元，故人财保险郑州分公司应负担的赔偿费用共计210 720元=200 000元+10 720元。剩余精神损害抚慰金及鉴定费13 680元及人财保险郑州分公司保险限额外的4040.18元，共计17 720.18元，应由西藏蓝天旅行社与河南国旅连带负担。以上，人财保险郑州分公司应负担的赔偿数额为210 720元，人财保险西藏分公司应负担的赔偿数额为204 040.18元，西藏蓝天旅行社与河南国旅连带负担17 720.18元。综上，人财保险郑州分公司、关某的部分上诉理由成立，予以支持。依照《中华人民共和国民事诉讼法》第一百四十三条、第一百七十四条、第一百七十条第一款第（二）项的规定，判决如下：

一、维持驻马店市驿城区人民法院（2013）驿民初字第3251号民事判决第（四）项；

二、撤销驻马店市驿城区人民法院（2013）驿民初字第3251号民事判决第（一）、（二）、（三）项；

三、限中国人民财产保险股份有限公司郑州市分公司于本判决生效后十日内赔偿关某损失210 720元；

四、限中国人民财产保险股份有限公司西藏自治区分公司于本判决生效后十日内赔偿关某损失204 040.18元；

五、限西藏蓝天假日旅行社有限公司、河南省中国国际旅行社有限责任公司于本判决生效后十日内连带赔偿关某17 720.18元。

本判决为终审判决。

【本案涉及的法律问题】

一、在本案中，组团社未经旅游者同意擅自转让旅游合同，应当承担什么法律责任？

二、在本案中，因地接社租用的旅游车辆的责任而导致旅游者受伤，应当由谁承担法律责任？为什么？

三、在本案中，一、二审法院均认定拉萨平顺汽车公司不是本案的侵权责任主体，为什么？为什么本案中旅游者乘坐的汽车公司的汽车不能视为公共交通工具？

四、为什么在本案中一、二审法院均认可本案中给予关某一定数额的精神损害抚慰金？

五、本案中二审为什么判决西藏和郑州两家保险公司分别承担相应的赔偿责任？

六、本案中二审为什么判决西藏某旅游公司、河南某旅行社承担连带责任？

七、从本案来看，旅行社投保旅行社责任险有什么意义？这对旅行社经营有哪些启示？

【参考答案与法理分析】

一、在本案中，组团社未经旅游者同意擅自转让旅游合同，应当承担如下法律责任：

根据《旅游法》第一百条第三项的规定，旅行社违反本法规定，未征得旅游者书面同意，委托其他旅行社履行包价旅游合同的，由旅游主管管理部门责令改正，处三万元以上三十万元以下罚款，并责令停业整顿；造成旅游者滞留等严重后果的，吊销旅行社业务经营许可证；对直接责任的主管人员和其他直接责任人员，处二千元以上二万元以下罚款，并暂扣或者吊销导游证、领队证。

需要说明的是，首先，《旅游法》本条第三项是对本法第六十九条第二款的呼应。本法第六十九条第二款规定："经旅游者同意，旅行社将包价旅游合同中的接待业务委托给其他具有相应资质的地接社履行的，应当与地接社订立书面委托合同，约定双方的权利和义务，向地接社提供与旅游者订立的包价旅游合同的副本，并向地接社支付不低于接待和服务成本的费用。地接社应当按照包价旅游合同和委托合同提供服务。”通俗地说，本条第三项要求，组团社不得未经旅游者同意而擅自转团或拼团，地接社也不得再次转团和拼团。

其次，本条第三项进一步明确了，旅游者同意委托其他旅行社履行接待和服务，必须以书面形式做出。

再次，根据国家旅游局、国家工商行政管理总局发布的2014年版《团队境内旅游合同（示范文本）》（GF-2014-2401）第六章“违约责任”中的第四条规定，“未经旅游者同意，旅行社转团、拼团的，旅行社应当向旅游者支付旅游费用总额25%的违约金；旅游者解除合同的，旅行社还应向未随团出行的旅游者退还全部旅游费用，向已随团出行的旅游者退还尚未发生的旅游费用。如违约金不足以赔偿旅游者的实际损失，旅行社应当按照实际损失对旅游者予以赔偿。”

最后，需要说明的是，第一，“转团”和“拼团”是旅游业内的行业用语，不是法律概念。在实际经营活动中，转团和拼团现象是普遍存在的，也是旅游经营所需要的，法律并不一概禁止旅行社之间进行转团或拼团。法律禁止的是旅行社未经旅游者同意而擅自转团、拼团。

第二，转团和拼团的性质并不属于合同转让的范畴，因为在征得旅游者书面同意后转团或拼团时，旅游者并没有同让与社解除合同，也没有同受让社重新签订旅游合同，而只是旅游者同意接受受让社的接待和服务。一旦在接受接待和服务的过程中发生纠纷，旅游者仍然可以要求让与社承担责任，法律也支持旅游者的这一诉求。因为旅游者与让与社签订旅游合同，是因为认可和信任该旅行社的服务质量和水平及其社会声誉，同时该旅行社通常是本地旅行社，解决纠纷也比较方便。而受让社通常是异地旅行社，旅游者与其协商解决纠纷，或者通过投诉、诉讼解决纠纷，都不太方便。

第三，实际提供接待和服务的旅行社，其法律角色比较特殊。它是直接提供接待和服务的旅行社，但是，它又不是同旅游者签订旅游合同的旅行社，没有直接收到旅游者交纳的旅游费用。因此，一方面，它要按照旅游合同为旅游者做好接待和服务工作，另一方面，还有可能得不到合适的报酬。组团社通常不会如数把旅游者交纳的旅游团费全部给予地接社，而是要扣留一定的费用作为自己组团的成本和利润。有些热门地区的组团社甚至有可能会以低于接待和服务成本的费用支付地接社，而地接社通常也不愿得罪组团社，为的是能得到组团社长期的业务。因此，《旅游法》第六十九条第二款才明确规定组团社向地接社支付不低于接待和服务成本的费用。

以上是《旅游法》规定的擅自转团应当承担的法律责任。而具体到本案中，河南国旅驻马店分社与关某等人签订旅游合同后，未经关某等同意而擅自把旅游业务委托给西藏蓝天旅行社，属于典型的擅自转团行为。而西藏蓝天旅行社又雇用了拉萨平顺汽车公司为其运送旅游者，平顺汽车公司未尽到安全驾驶义务，造成事故发生，其责任应由西藏蓝天旅行社承担。而蓝天旅行社是河南国旅驻马店分社委托的旅行社，因此，驻马店分社也应当承担责任。但是，驻马店分社不是独立的法人，其法人是河南国旅，因此，最后对此擅自转团行为和交通事故承担法律责任的应是西藏蓝天旅行社和河南国旅。二审法院最终判决这两家旅行社赔偿关某 17 720 余元是完全正确的。

二、在本案中，因地接社租用的旅游车辆的责任而导致旅游者受伤，应当由谁承担法律责任，在上述问题最后已经说明，即应当由实际组织本次旅游接待和服务的地接社——西藏蓝天旅行社以及组团社驻马店分社所属的总社——河南国旅承担法律责任。

三、在本案中，一、二审法院均认定拉萨平顺汽车公司不是本案的侵权责任主体，其理由是：拉萨平顺汽车公司是受西藏蓝天旅行社指派而从事运送旅游者的，该汽车公司不是直接与旅游者发生合同关系的主体，而是代表蓝天旅行社履行合同义务。至于蓝天旅行社赔偿旅游者后是否向拉萨平顺汽车公司追偿，这是由蓝天旅行社自己决定的事情，与本案无关。

此外，本案中旅游者乘坐的汽车公司的汽车不能视为公共交通工具，理由是该汽车公司的汽车不是以公共交通工具参与本案中旅游者的营运，而是代表蓝天旅行社运送游客。根据现行法律规定，若是由于公共交通工具造成旅客人身损害的，应当由公共交通部门直接予以赔偿。本案中的拉萨平顺汽车公司即使是公共交通部门，在本案中也不是以公共交通部门的身份进行营运的，故本案中没有把其认定为公共交通部门。

四、在本案中，一、二审法院均认可本案中应给予关某一定数额的精神损害抚慰金，这是基于本案中发生了较为严重的人身损害事故，对旅游者造成了严重的精神损害，故这样判决。

在本案中，受害人关某参加河南国旅驻马店分社组织的西藏旅游活动，在地接社组织的旅游活动中因发生交通事故而遭受人身损害，因而其提出请求，要求该组团社和地接社承担侵权责任，符合法律规定。同时，因为其遭受了比较严重的人身损害，故请求给予其精神损害抚慰金也符合法律相关规定。一审法院酌情给予关某精神损害抚慰金 22000 元，二审法院认为从原则上并无不当。这是法官综合各种情况的自由裁量。但二审法院又查明，人财保险郑州分公司的保险单约定精神损害赔偿限额为 10 000 元，故仅仅支持了给予关某精神损害抚慰金 10 000 元。

五、在本案中，二审法院之所以判决西藏和郑州两家保险公司分别承担相应的赔偿责任，是因为经审查，西藏蓝天旅行社和河南国旅分别应当为此次交通事故承担责任，而这两家旅行社分别在西藏和郑州两家保险公司投了相关的旅行社责任保险，故判决两家保险公司为此承担赔偿责任。两家保险公司应当按照保险合同的约定，在其责任限额内依法承担赔偿责任。

六、在本案中，二审法院之所以判决西藏蓝天旅行社和河南国旅承担连带责任，是因为河南国旅是组团社，而西藏蓝天旅行社是地接社，直接判决这两家旅行社承担连带责任符合法律规定，也可减轻当事人的诉累。因为从法律上说，单独判决组团社河南国旅承担赔偿，也是符合法律规定的。但是，判决后组团社一定会向西藏蓝天旅行社追偿，这便会增加河南国旅重新进行协商解决或者诉讼的负担。

七、从本案来看，旅行社投保旅行社责任险有重要意义：一是可以在出现安全事故时能给予旅游者较高的赔偿。本案中两家保险公司最后分别赔偿 21 万余元和 20 万余元，合计 41 万元左右。这对受害旅游者是极大的安慰，也能解决其治疗和康复的费用。二是可以由此减轻旅行社的赔偿压力。如果让一家旅行社或两家旅行社承担如此高额的赔偿，通常是会使相关旅行社破产的。

本案对旅行社经营的重要启示在于，旅游经营者一定要有强烈的风险意识和投保意识。通过投保旅行社责任险化解旅游经营的风险，是旅游经营者的明智选择。在安全问题上，不要有任何侥幸心理和投机心理。“不怕一万，就怕万一”，这一中国古训，在旅游风险防范领域绝对是真理。

判例7　挂靠车辆出事故，赔偿责任如何分担？

【案件索引】

丽江市中级人民法院民事判决书（2017）云07民终75号：郝某某、宁蒗彝族自治县农村客运有限公司生命权、健康权、身体权纠纷二审民事判决书。

【基本案情】

上诉人郝某某、上诉人宁蒗彝族自治县农村客运有限公司、上诉人丽江市古城区滇马旅游咨询服务有限公司因与被上诉人卢某某、余某某、何某某生命权、健康权、身体权纠纷一案，不服古城区人民法院（2016）云0702民初450号民事判决，向本院提起上诉。本院受理后，依法组成合议庭于2017年4月14日公开开庭进行了审理，现已审理终结。

一审法院查明的事实，2015年7月24日，原告郝某某及其妻子隋毅入住被告何某某经营的客栈，2015年7月27日，二人乘坐被告卢某某驾驶的云P×××××号中型普通客车前往泸沽湖时发生交通事故，造成包括原告在内的十六位乘车人不同程度受伤，四人死亡。事故原因经丽江市古城区公安局交通警察大队分析为被告卢某某醉酒后驾驶机动车上道路行驶，超过限速标志标明的最高时速，事故发生前卢某某未充分休息，且载人超过核定人数，事故全部责任由被告卢某某承担，原告郝某某及其他乘车人无责任。事故发生当天原告被送往丽江市人民医院住院治疗，2015年8月4日出院，出院医嘱转上级医院治疗；2015年8月4日，原告至昆明医科大学第一附属医院住院治疗，2015年9月10日出院，出院医嘱转院继续康复治疗，其间共支出医疗费10 824.30元；2015年9月10日原告在北京市××十字会紧急救援中心检查治疗，支出费用110元；2015年9月11日原告至北京博爱医院住院治疗，于2015年11月6日出院，其间共支出费用60 264.59元；2016年3月11日，原告至北京博爱医院门诊治疗，支出费用533.96元；2016年3月21日，原告至北京博爱医院门诊治疗，支出费用7元；2016年3月31日，原告至北京博爱医院门诊治疗，支出费用14元；2016年4月5日，原告至北京博爱医院门诊治疗，支出费用21.94元；2016年4月12日，原告至北京博爱医院门诊治疗，支出费用52.48元。2016年3月31日，原告伤残等级经中天司法鉴定中心鉴定为智力缺损伤残等级为八级，右下肢活动受限的等级为十级，伤残等级赔偿指数为35%。原告误工期约为220日，营养期约为180日，护理期约为150日。2015年10月12日，原告因购买腋拐支出136元。事故发生时云P ××××× 号车辆所有人登记为被告宁蒗彝族自治县农村客运有限公司，该车实际所有人是被告余某某，云P ××××× 号车辆挂靠于被告宁蒗彝族自治县农村客运有限公司，事故发生时该车GPS失效，且该车合法经营范围是宁蒗至永宁内客运班车。2015年5月16日，被告卢某某与被告余某某签订了书面聘用合同，工钱按出车一天200元计算，被告余某某知晓被告卢某某未取得客运从业资格证。另查明原告郝某某及其妻子隋毅在客栈居住期间将杨国伟电话提供给客栈员工要求帮忙联系前往泸沽湖车辆，并将100元车费交由客栈员工转交杨国伟，杨国伟系被告丽江市古城区滇马旅游咨询服务有限公司职员，于2015年12月离职。后和玉龙将包括原告郝某某及其妻子隋毅在内的十二位游客信息发给被告余某某，被告余某某指派被告卢某某将原告等人送至泸沽湖，和玉龙系被告丽江市古城区滇马旅游咨询服务有限公司职员，其工作系计调，主要为派车、派导游、整理客人资料等。和玉龙及被告余某某确认被告丽江市古城区滇马旅游咨询服务有限公司收取游客丽江至泸沽湖的车费单程为100元，往返为180元，被告余某某单程车费拿55元，往返车费拿115元，剩余部分由被告丽江市古城滇马旅游咨询服务有限公司与客栈分配，被告余某某与被告丽江市古城区滇马旅游咨询服务有限公司之间回扣按月结算。被告余某某同为丽江云游人旅游咨询有限责任公司法定代表人，该公司经营范围为代订酒店、代订租车、票务代订，旅游产品、艺术品销售，会议会展服务、摄影服务，组织民族风情文化交流服务。被告丽江市古城区滇马旅游咨询服务有限公司经营范围为旅游产品销售、服务。2016年6月15日，被告宁蒗彝族自治县农村客运有限公司被相关部门取缔，但至今尚未被注销登记。

原审法院认为，原告郝某某主张的各项费用合计335 450.88元。被告余某某系云P ××××× 号车辆实际所有人，其与被告丽江市古城区滇马旅游咨询服务有限公司职员及被告卢某某之间涉及本案的行为均以个人名义实施，且以上行为均不属于其作为丽江云游人旅游咨询有限责任公司法定代表人履行职务的行为，其与被告卢某某签订的书面聘用合同也未加盖丽江云游人旅游咨询有限责任公司公章，故以上行为系被告余某某个人行为。被告卢某某受雇于被告余某某在从事雇佣活动中因其重大过失造成原告损害，其应当与雇主被告余某某承担连带赔偿责任。云P ××××× 号车系挂靠于被告宁蒗彝族自治县农村客运有限公司从事道路运输经营活动，且事故责任属于该机动车一方，故原告请求由挂靠人被告余某某与被挂靠人被告宁蒗彝族自治县农村客运有限公司承担连带责任的主张应予支持。被告卢某某受被告余某某雇佣驾驶云P ××××× 号车，其醉酒后驾车、超过限速标志标明的最高时速、事故发生前未充分休息的行为系造成原告人身损害的直接原因，按过错程度其应当对原告的损害承担50%的赔偿责任，即167 725.44元。被告余某某明知被告卢某某未取得相应客运从业资格而雇佣其驾驶需要取得相应客运从业资格才能驾驶的营运车辆，且擅自改变车辆营运路线的行为对原告损害的发生也存在过错，按过错程度其应对原告的损害承担25%的赔偿责任，即83 862.72元。被告宁蒗彝族自治县农村客运有限公司作为被挂靠人其对挂靠车辆擅自改变营运路线，车辆GPS失效未尽到相应的监管义务，对原告损害的发生也具有过错，按过错程度其应对原告损害承担15%的赔偿责任，即50 317.63元。因被告卢某某、被告余某某、被告宁蒗彝族自治县农村客运有限公司对原告损害互负连带赔偿责任，故三被告应对赔偿总额301 905.79元承担连带赔偿责任，支付超出自己赔偿数额的连带责任人，有权向其他连带责任人追偿。被告丽江市古城区滇马旅游咨询服务有限公司主张为原告提供旅游服务系其职员和玉龙个人行为，其不应承担赔偿责任，和玉龙作为被告丽江市古城区滇马旅游咨询服务有限公司职员，其将原告信息提供给被告余某某，并确认被告余某某与被告丽江市古城区滇马旅游咨询服务有限公司之间回扣按月结算，其行为系以被告丽江市古城区滇马旅游咨询服务有限公司名义从事经营活动，由此产生的损害后果应由被告丽江市古城区滇马旅游咨询服务有限公司承担。被告丽江市古城区滇马旅游咨询服务有限公司作为旅游经营者应当保证其提供的服务符合保障人身、财产安全的要求，其职员为原告提供旅游服务时，所选定的提供交通服务的车辆系违规跨境营运、驾驶员未取得客运从业资格证且醉酒驾车，不符合保障人身、财产安全的要求，故被告丽江市古城区滇马旅游咨询服务有限公司根据其过错应当对原告的损害承担10%的赔偿责任，即33 545.09元。综上，依据《中华人民共和国民法通则》第四十三条、第一百零六条、第一百一十九条，《中华人民共和国侵权责任法》第六条、第十二条、第十四条、第十六条，《中华人民共和国旅游法》第五十条，《最高人民法院关于审理道路交通事故损害赔偿案件适用法律若干问题的解释》第三条，《最高人民法院关于审理人身损害赔偿案件适用法律若干问题的解释》第八条、第九条、第十七条、第十九条、第二十条、第二十一条、第二十二条、第二十三条、第二十四条、第二十五条、第二十六条，《中华人民共和国民事诉讼法》第六十四条之规定，判决：一、被告卢某某自本判决生效之日起十日内赔偿给原告郝某某人身损害赔偿款167 725.44元；二、被告余某某自本判决生效之日起十日内赔偿给原告郝某某人身损害赔偿款83 862.72元；三、被告宁蒗彝族自治县农村客运有限公司自本判决生效之日起十日内赔偿给原告郝某某人身损害赔偿款50 317.63元；四、被告卢某某、被告余某某、被告宁蒗彝族自治县农村客运有限公司对本判决判项一、二、三的赔偿总额301 905.79元承担连带赔偿责任；五、被告丽江市古城区滇马旅游咨询服务有限公司自本判决生效之日起十日内赔偿给原告郝某某人身损害赔偿款33 545.09元；六、驳回原告郝某某的其他诉讼请求。

经二审审理查明，原判认定的事实属实。

【判决与理由】

本院认为，因故意或过失使他人身体遭受伤害，造成损害后果的，侵权行为人应按其行为与受害人损害后果之间的因果关系、过错程度承担与其侵权行为相适应的民事赔偿责任。一、关于本案的法律适用及归责原则。本案因机动车交通事故引发，上诉人郝某某选择以健康权提起诉讼符合法律规定。故本案应适用一般侵权行为的过错责任。二、关于本案各方当事人之间的责任问题。第一，旅游经营者提供旅游服务时，应履行基本的注意义务，确保服务对象的安全。本案因上诉人丽江市古城区滇马旅游咨询服务有限公司怠于行使审查义务，选定的车辆系违规跨境营运、驾驶员未取得客运从业资格证且醉酒驾车，不符合保障游客人身与财产安全的要求，该行为虽不必然导致事故发生，但却是事故发生的隐患，因此，丽江市古城区滇马旅游咨询服务有限公司应根据其过错对郝某某的损失承担10%的赔偿责任。第二，余某某作为此次交通事故车辆的实际所有人，应当对郝某某的剩余损失即90%承担民事赔偿责任。卢某某作为余某某雇请的驾驶员，既没有取得客运人员从业资格，又醉酒后超速行驶，导致交通事故发生并造成郝某某受伤，存在重大过失，应与其雇主余某某承担连带责任。宁蒗彝族自治县农村客运有限公司同意余某某将其所有的云P×××××号机动车挂靠在公司名下开展客运经营，并对余某某及其驾驶员卢某某擅自变更车辆营运线路、跨境经营的行为及车辆安全性能疏于监管，应依照《最高人民法院关于审理道路交通事故损害赔偿案件适用法律若干问题的解释》第四条的规定，与挂靠人余某某承担连带责任。综上所述，余某某、卢某某、宁蒗彝族自治县农村客运有限公司三者之间属不分主次、份额的连带责任。原判划分三者的份额，适用法律不当，应予纠正。三、关于郝某某的损失，原判认定的医疗费、住院伙食补助费等共计 335 450.88 元，有事实及证据支撑，符合法律规定，本院予以确认。上诉人郝某某因此次事故造成八级伤残，对其身心均造成了不同程度的伤害，对其提出精神损害抚慰的金请求，本院酌情支持 5000.00 元。综上所述，上诉人郝某某的损失合计 340 450.00 元。上诉人郝某某的各项损失 340 450.00 元，应由上诉人丽江市古城区滇马旅游咨询服务有限公司赔偿 10% 即 34 045.00 元，其余损失 306 405.00 元，由卢某某、余某某、宁蒗彝族自治县农村客运有限公司承担连带赔偿责任。原判认定事实清楚，但对赔偿项目及连带责任的认定不当，本院予以纠正。据此，本院依照《中华人民共和国民事诉讼法》第一百七十条第一款第二项的规定，判决如下：

一、撤销古城区人民法院（2016）云 0702 民初 450 号民事判决；

二、上诉人宁蒗彝族自治县农村客运有限公司、被上诉人卢某某、被上诉人余某某在本判决生效后十日内连带赔偿上诉人郝某某各项损失的 90% 即 306 405.00 元；

三、上诉人丽江市古城区滇马旅游咨询服务有限公司在本判决生效后十日内赔偿上诉人郝某某各项损失的 10% 即 34 045.00 元；

四、驳回上诉人郝某某及上诉人丽江市古城区滇马旅游咨询服务有限公司、上诉人宁蒗彝族自治县农村客运有限公司的其他上诉请求。

本判决为终审判决。

【本案涉及的法律问题】

一、本案因机动车交通事故引发，受害人选择以健康权提起诉讼，是否符合法律规定？为什么？

二、本案中，一、二审法院均判决旅游经营者即滇马旅游咨询公司承担相应的法律责任 10%，是否合适？为什么？

三、本案中，二审法院判决此次交通事故车辆的实际所有人余某某承担 90% 的赔偿责任是否合适？为什么？

四、本案中，二审法院判决此次交通事故的司机、交通事故车辆的挂靠单位某农村客运有限公司承担连带责任是否合适？为什么？

五、本案中，二审法院判决支持给予受害人 5000 元精神损害抚慰金，这样判决是否合适？为什么？

六、本案终审判决对旅游车辆的所有人和经营者有哪些警示？对车辆挂靠单位有哪些警示？

【参考答案与法理分析】

一、本案因机动车交通事故引发，受害人选择以健康权提起诉讼，符合法律规定。一、二审均对此予以支持，认为本案应适用一般侵权行为的过错责任。

根据《中华人民共和国侵权责任法》第六条规定："行为人因过错侵害他人民事权益，应当承担侵权责任。"所谓过错责任，是指造成损害并不必然承担赔偿责任，必须要看行为人是否有过错，有过错有责任，无过错无责任。

我国于1986年在《民法通则》第一百零六条第二款中规定，公民、法人由于过错侵害国家的、集体的财产，侵害他人财产、人身的，应当承担民事责任。该规定确认了过错责任原则在我国的法律地位。《侵权责任法》第六条继承《民法通则》的规定，重申过错责任原则是侵权责任法的基本归责原则。这是我国社会经济文化发展的需要，同时也是为更有效地保护公民、法人的合法权益，教育公民、法人和其他非法人组织遵守法律和公共道德，预防和减少损害的发生，化解社会纠纷，促进社会和谐稳定。

二、本案中，一、二审法院均判决滇马旅游咨询公司承担10%的法律责任是正确的。因为该旅游公司作为为旅游者提供服务的旅游公司，在为旅游者服务时应当履行基本的注意义务，包括法定的安全保障义务和约定的安全保障义务，确保旅游者人身和财产的安全。但是，在本案中，该公司怠于行使审查义务，没有选定合格的履行辅助人，而是选定了违规跨境营运的车辆，且是GPS失效的车辆，该车驾驶员也未取得客运从业资格，还在酒后驾车，这些都不符合保障旅游者人身与财产安全的基本要求。这些行为虽然并不必然地导致事故发生，但却是发生安全事故的重大隐患。因此，法院判决其承担相应的赔偿责任是完全正确的。同时，毕竟直接责任人不是该旅游公司，所以酌情判决其承担10%的赔偿责任是相对合理的。

三、本案中，二审法院判决此次交通事故车辆的实际所有人余某某承担90%的赔偿责任，我们认为，是完全合适的。因为余某某是本案中交通事故车辆的实际所有人，驾驶员也是他雇用的。他明知道驾驶员卢某某没有取得客运从业资格，仍然雇用此人，因而他在管理上有重大过失，应当概括承担本案中除上述旅游公司承担的 10% 赔偿责任以外的所有责任。

至于驾驶员卢某某个人对此事故应当承担多大的连带责任，作为公司法定代表人的余某某如何向他追偿，这是其公司内部的问题，与本案无关。

四、本案中，二审法院判决此次交通事故车辆的挂靠单位某客运有限公司承担连带责任，我们认为，是非常正确的。因为作为被挂靠单位，疏于对挂靠车辆的管理，使车辆带病上路运送游客，本身就存在重大隐患。同时，二审法院判决余某某、驾驶员卢某某和该客运公司之间的连带责任不分主次、不分份额大小，也是正确的，因为在此次安全事故发生的原因方面，三方都有责任。所以，一审法院判决卢某某承担本次事故的 50% 责任，余某某承担 25% 的责任，客运公司承担 15% 的责任，二审法院认为属于适用法律不当，并予以纠正，是完全正确的。

五、本案中，二审法院判决支持给予受害人 5000 元精神损害抚慰金，我们认为，这样判决非常合适。因为在本次交通事故中，给受害人造成八级伤残，对其身心造成了严重的伤害，应当在精神上予以安慰。同时，受害人提起的是侵权之诉，根据法律规定，也应当给予精神损害赔偿。在本案中，一审法院判决不支持给予受害人精神损害赔偿，显然是不妥的，属于适用法律不当。

六、本案终审判决对旅游车辆的所有人和经营者具有的警示在于：第一，旅游车辆的所有人要对旅游车辆的安全性高度重视，绝对不能让车况有问题和存在安全隐患的车辆上路运营。平时要对旅游车辆勤于保养和维护，确保车辆没有安全隐患存在。第二，在选择旅游车驾驶员时，一定要选择有高度责任心、有客运从业资格的驾驶员。旅游车辆不同于一般的货物运输，旅游者都是活生生的人，人命重于天。一旦发生安全事故，尤其是发生伤残和死亡事故，所有人一定会承担责任和赔偿损失，这些赔偿数额通常会非常巨大。第三，要注意通过保险减轻本单位的赔偿负担和风险。

本判决对车辆挂靠单位具有的重要警示在于：第一，既然同意车辆挂靠本单位，就要对这些挂靠车辆负起严格的管理责任，否则，一旦发生安全事故，挂靠单位难逃承担连带责任的风险。第二，对于不能及时予以管理的车辆，或者对于车况不好、不符合旅游运营要求的车辆，坚决不让挂靠本单位。不要贪图小额的挂靠费，一旦发生安全事故，在经济收益上肯定会得不偿失。

判例8　因游客原因未出境旅游，旅行社应如何退还相关费用

【案件索引】

西安市中级人民法院民事判决书（2014）西中民一终字第01248号：胡某某、赵某与西安中国国际旅行社集团有限责任公司旅游合同纠纷二审民事判决书。

【基本案情】

上诉人西安中国国际旅行社集团有限责任公司（以下简称西安国旅公司）因与被上诉人胡某某、赵某以及原审第三人北京凤凰假期国际旅行社有限公司（以下简称北京国旅公司）旅游合同纠纷一案，不服西安市碑林区人民法院（2014）碑民初字第01367号民事判决，向本院提起上诉。本院依法组成合议庭，公开开庭审理了本案，现已审理终结。

胡某某、赵某向原审法院起诉称，2014年1月10日其与西安国旅公司签订《团队出境旅游合同》并向西安国旅公司支付旅游费用61 000元。约定的旅游行程为澳大利亚、新西兰凯恩斯、墨尔本12日游，2014年2月1日早上由西安出发乘坐联运航班飞往上海，下午由上海搭乘国际航班飞往悉尼。后因其记错出发时间，西安国旅公司在西安约定的出发时间内亦未及时提醒，直至上海登机时才与其联系是否到达，致使其最终未能随团出行，经协商仅同意退还其11880元。西安国旅公司与其签订的旅游合同条款与《旅游法》等相关法律规定冲突，西安国旅公司隐瞒法律规定变化的真实情况，继续使用与法律冲突的合同条款，企图使其承担超出法律规定的责任，属欺诈行为。西安国旅公司擅自转团由北京国旅公司提供出境服务，且未履行安排领队、导游全程陪同的义务，致其错过出发时间，行为亦构成欺诈。因西安国旅公司存在上述欺诈行为，请求：依法撤销《团队出境旅游合同》第十五条第一款、第十七条第一款；

西安国旅公司双倍返还其支付的旅游费用共计 122 000 元；本案诉讼费由西安国旅公司承担。

西安国旅公司辩称，其与胡某某、赵某签订的《团队出境旅游合同》是双方当事人的真实意思表示，合法有效，对双方均有法律约束力。胡某某、赵某因自身原因与其解除了双方签订的旅游合同，根据合同约定，其应退还胡某某、赵某二人共计 6100 元团费，后经其积极协调，最终为胡某某、赵某争取到共计 11 880 元的退费。《旅游法》等相关法律规定是由国家向社会公布的，不存在其隐瞒法律规定变化的情形，双方合同约定不违反法律、行政法规的强制性规定，其对胡某某、赵某不存在欺诈行为，要求驳回胡某某、赵某诉讼请求。

北京国旅公司述称，其接受西安国旅公司委托提供团队出境旅游服务，西安国旅公司为组团社，其为地接社，双方系委托服务关系。本案旅游合同系胡某某、赵某、西安国旅公司直接签订，合同相关责任和义务应由西安国旅公司承担。胡某某、赵某因自身原因错过出发时间致合同不能履行，造成自身损失。西安国旅公司虽未根据相关法律的出台及时修改相应的合同条款，但是未修改条款并未用于执行胡某某、赵某自身失误造成的违约责任，西安国旅公司退还 11880 元是扣除实际发生费用后的剩余团款，不存在欺诈行为，要求驳回胡某某、赵某诉讼请求。

原审法院经审理查明，胡某某、赵某系夫妻关系。2014 年 1 月 10 日胡某某、赵某（旅游者）与西安国旅公司（出境社）签订《团队出境旅游合同》，参加西安国旅公司组织的澳新凯墨 12 日游，出发时间为 2014 年 2 月 1 日，结束时间为 2014 年 2 月 12 日，共 12 天 10 夜。旅游费用每人 30 500 元，合计 61 000 元。合同第十五条第一款载明：“旅游者未按约定时间到达约定集合出发地点，也未能在出发中途加入旅游团队的，视为旅游者解除合同，按照本合同第十七条第一款相关规定处理。”合同第十七条第一款载明：“旅游者在出发前 30 日内（含 30 日）提出解除合同的，应当按下列标准向出境社支付业务损失费：出发前 30 日至 15 日，按旅游费用总额的 5%；出发前 14 日至 7 日，按旅游费用总额的 15%；出发前 6 日至 4 日，按旅游费用总额的 70%；出发前 3 日至 1 日，按旅游费用总额的 85%；出发当日，按旅游费用总额的 90%。如按上述比例支付的业务损失费不足以赔偿出境社的实际损失，旅游者应当按实际损失对出境社予以赔偿，但最高额不应当超过旅游费用总额。出境社在扣除上述业务损失费后，应当在旅游者退团通知到达起 5 个工作日内向旅游者退还剩余旅游费用。”合同其他约定事项载明：“《出团通知》及所附《行程单》《健康证明》《孕妇出游须知及健康申明》作为本合同附件。”《出团通知》载明：“西安联运时间：2014 年

2月1日6：00前到达咸阳机场T3航站楼办理登机手续，务必携带身份证原件及护照复印件，请提前一天联系领队；上海集合时间和地点：2014年2月1日下午5：20于上海浦东机场1号航站楼三层7号门内集合。”合同签订当日，胡某某、赵某向西安国旅公司支付全部旅游费用61 000元。2014年2月1日，因胡某某、赵某记错出发时间，西安国旅公司亦未尽到相应提醒义务，致胡某某、赵某未按《出团通知》所列行程时间从咸阳机场出发，亦未在上海集合时间内到达指定集合地点，最终未能成行。

审理中，西安国旅公司提交由北京国旅公司出具的《成本说明》，载明胡某某参团成本为：国际段机票费用10 648元、内路段机票费用8240元、澳洲段地接费用5128.55元、新西兰段地接费用1620.42元、签证费用1400元、均摊领队费用914元、当地导游工资333元，共计28 283.97元；赵某参团成本为：国际段机票费用10 648元、内路段机票费用8701元、澳洲段地接费用5128.55元、新西兰段地接费用1620.42元、签证费用1400元、均摊领队费用914元、当地导游工资333元，共计28 744.97元。关于实际发生的费用，西安国旅公司主张机票退税每人2448元，澳洲段地接费用每人退回3086.63元，新西兰段地接费用每人退回405.11元，胡某某、赵某共计退费11 880元，其余款项均不可退回。

原审法院经审理认为，依法成立的合同，对当事人具有法律约束力。胡某某、赵某与西安国旅公司签订《团队出境旅游合同》，系双方真实意思表示，合同内容不违反法律、法规强制性规定，应为有效，双方应依照合同的约定履行各自的义务。《团队出境旅游合同》第十五条第一款、第十七条第一款系西安国旅公司方提供合同的格式条款，该条款单方加重胡某某、赵某责任且与《旅游法》等相关规定不一致，显失公平，现胡某某、赵某要求撤销，予以支持。胡某某、赵某未成行致合同解除，西安国旅公司应按法律规定向胡某某、赵某退还尚未实际发生的费用。结合审理中查明的事实，机票未退款33 341元，澳洲段地接费用未退款4083.84元，新西兰段地接费用未退款2430.62元，共计39 855.46元为本案实际发生费用。考虑到胡某某、赵某未能成行系因其自身记错出发时间，西安国旅公司亦未尽到相应提醒义务，综合考虑胡某某、赵某、西安国旅公司双方过错程度，上述损失应由西安国旅公司负担20%，即7971.09元。综上，西安国旅公司应向胡某某、赵某返还旅游费用共计29 115.63元。胡某某、赵某主张西安国旅公司存在欺诈行为，要求西安国旅公司双倍返还旅游费用共计122 000元，因未能提供西安国旅公司欺诈行为成立的充分证据，不予支持。依据《中华人民共和国合同法》第八条、第五十四条、第一百零七条，

《中华人民共和国旅游法》第六十五条，《最高人民法院关于审理旅游纠纷案件适用法律若干问题的规定》第十二条，《最高人民法院关于民事诉讼证据的若干规定》第二条之规定，判决：一、胡某某、赵某与西安中国国际旅行社集团有限责任公司签订的《团队出境旅游合同》（编号：L-SNX-CJ00O01-0003984）第十五条第一款、第十七条第一款撤销；二、本判决生效之日起十五日内西安中国国际旅行社集团有限责任公司返还胡某某、赵某旅游费用共计29 115.63元；三、驳回胡某某、赵某其余诉讼请求。

宣判后，西安国旅公司不服，向本院提起上诉称，一、原审判决违反法定程序。《最高人民法院关于审理旅游纠纷案件适用法律若干问题的规定》第五条规定“旅游经营者已投保责任险，旅游者因保险责任事故仅起诉旅游经营者的，人民法院可以应当事人的请求将保险公司列为第三人。”西安国旅公司及北京国旅公司依法向保险公司投保了旅行社责任保险。西安国旅公司申请将投保的旅行社责任保险公司列为第三人参加诉讼，但原审法院未予追加，违反法定程序。二、原审判决认定事实错误。《团队出境旅游合同》是经国家旅游局和国家工商行政管理总局共同制定、解释的示范文本，具有指导性、规范性、公平性和可操作性的特点，并经过备案，在全国范围内供出境社与旅游者之间签订团队出境旅游（不含赴中国台湾地区旅游）合同时使用。除协议条款外，其余条款均应严格按照该示范文本内容执行。具有出境资质的旅行社与旅游者签订《团队出境旅游合同》时必须从西安市旅游局领取已备案登记的《团队出境旅游合同》后方能与旅游者签订，否则即为违规，应受到行业主管部门的处罚。原审法院不了解国家旅游局行业规定及操作规范，擅自认定备案登记的《团队出境旅游合同》第十五条第一款、第十七条第一款为单方加重胡某某、赵某责任且与《旅游法》等相关规定不一致，显失公平，从而撤销是极其错误的。该认定必将扰乱全国旅游行业出境业务的管理及经营秩序，完全与国家旅游局的行政管理相悖，必将造成全国出境旅游市场及业务的混乱，后果不堪设想，应予撤销。《中华人民共和国旅游法》第六十五条规定“旅游行程结束前，旅游者解除合同的，组团社应当在扣除必要的费用后，将余款退还旅游者。”《最高人民法院关于审理旅游纠纷案件适用法律若干问题的规定》第十二条规定“旅游行程开始前或者进行中，因旅游者单方解除合同，旅游者请求旅游经营者退还尚未实际发生的费用，或者旅游经营者请求旅游者支付合理费用的，人民法院应予支持。”西安国旅公司与胡某某、赵某签订的《团队出境旅游合同》第十七条旅游者的违约责任载明“1. 旅游者在出发前30日内（含第30日，下同）提出解除合同的，应当按下列标准向出境社支付业务损失费：出发当日，按旅游费用总额的90%。如按上述比例支付的业务损失费不足以赔偿出境社的实际损失，旅游者应当按实际损失对出境社予以赔偿，但最高额不应当超过旅游费用总额。”与上述法律规定不冲突，而是完善与细化。私法强调当事人意思自治，即使出现冲突，只要该约定不违反法律、行政法规的强制性规定，效力也高于法定的效力。胡某某、赵某作为完全民事行为能力人，其是在完全了解《团队出境旅游合同》全部内容情况下签订的该合同，对双方具有约束力。西安国旅公司将出团通知发到胡某某、赵某指定邮箱，已尽到提示通知义务，不存在过错。其错过出团时间是由于自身原因，对此事实胡某某、赵某也予以承认。后虽经西安国旅公司积极想办法补救，但最终胡某某、赵某选择放弃出行，与西安国旅公司解除了合同，西安国旅公司不存在任何过错。原审法院认定实际发生费用为39 855.46元，西安国旅公司应负担该费用的20%系错误。《团队出境旅游合同》第十七条旅游者的违约责任约定，胡某某、赵某共支付西安国旅公司61 000元团费（每人30 500元），西安国旅公司应退还给胡某某、赵某共计6100元团费（每人3050元）。但考虑到胡某某、赵某的实际情况，积极与境外地接社等沟通协调，最终争取到共计11 880元的退费（每人5939.74元）。本案实际发生费用应为49 120元，而非39 855.46元，西安国旅公司不予退还。故上诉请求：依法撤销原判决第一、二项，改判为：自本判决生效之日起十五日内西安中国国际旅行社集团有限责任公司返还胡某某、赵某旅游费用共计11 880元；一、二审诉讼费由胡某某、赵某负担。

胡某某、赵某辩称，原审判决程序合法。胡某某、赵某与西安国旅公司签订的《团队出境旅游合同》第二十一条约定，西安国旅公司为胡某某、赵某购买旅游人身意外险。但本案为旅游合同纠纷，而非保险责任事故纠纷，原审未追加保险公司是正确的。原审判决认定事实正确。原审判决认定《团队出境旅游合同》第十五条第一款、第十七条第一款单方加重胡某某、赵某责任且与《旅游法》等相关规定不一致，显失公平，从而撤销上述条款适用法律正确，并无不当。国家旅游局关于印发2014年版《团队境内旅游合同（示范文本）》、《团队出境旅游合同（示范文本）》和《大陆居民赴台湾地区旅游合同（示范文本）》简化版本的通知中规定：“在示范文本推行过程中，各地旅游主管部门应以完整版本为准，引导旅游企业和旅游者在旅游活动中根据实际需要使用简化版本。各级旅游主管部门应在其官方网站权威发布旅游合同完整版本，旅行社企业采取店堂公告、纸质单行册、电子版本等方式使签约旅游者阅读到旅游合同完整版本。旅游企业在引导旅游者阅读完整版本的旅游合同后，打印简化版本的旅游合同供旅游者签署。选择使用完整版本或者简化版本的旅游合同，由旅游企业和旅游者自主决定。”据此，《团队出境旅游合同》属于示范文本，仅具有指导性的特点，西安国旅公司称“须从西安市旅游局领取已备案登记的《团队出境旅游合同》后方能与旅游者签订《团队出境旅游合同》，否则视为违规，应受到行业主管部门的处罚”的说法不能成立。双方签订的《团队出境旅游合同》第十七条第一款的约定，单方加重了胡某某、赵某的责任，且与《旅游法》规定相冲突，显失公平。根据《合同法》第五十四条第一款第二项的规定：“下列合同，当事人一方有权请求人民法院或者仲裁机构变更或者撤销：（二）在订立合同时显失公平的。”胡某某、赵某作为弱势群体，不具备相应的专业知识和识别能力，西安国旅公司作为专业的旅游经营者，应对此有清楚的认识，不能因胡某某、赵某属于完全民事行为能力人，而得出其完全了解合同全部内容的必然结论。原审判决认定西安国旅公司未尽到相应提醒义务，存在过错是正确的。西安国旅公司按照胡某某、赵某指定的邮箱地址将《出团通知》发送到胡某某、赵某指定的邮箱，仅能说明《出团通知》已向胡某某、赵某送达，并不能说明西安国旅公司已经尽到了提醒通知义务。《出团通知》中记载：2014 年 2 月 1 日 6：00 前到达咸阳机场 T3 航站楼办理登机手续，2014 年 2 月 1 日下午 5：20 于浦东机场 1 号航站楼三层 7 号门内集合。事实上，胡某某、赵某直到 2014 年 2 月 1 日晚上 6：00 左右方才接到电话通知，此时胡某某、赵某尚在西安，无法赶赴上海浦东机场。胡某某、赵某与西安国旅公司之间的旅游服务合同应当自 2014 年 2 月 1 日 6：00 开始履行，而在长达近 12 个小时的时间内，西安国旅公司没有及时通知胡某某、赵某前往集合地点，过错明显。西安国旅公司称“最终胡某某、赵某决定选择放弃出行，与西安国旅公司解除了合同”的说法也不能成立，胡某某、赵某不是放弃出行，是因西安国旅公司怠于提醒、通知而导致胡某某、赵某根本无法随团出行，没有选择的余地。原审判决认定本案实际发生费用为 39 855.46 元缺乏事实依据。西安国旅公司及第三人出具的费用清单，均为支付费用的单据，并非结算费用的单据，不足以证明是因胡某某、赵某未能出行而产生的必要费用，不符合证据的形式要件。原审判决程序合法，适用法律正确，认定本案实际发生费用为 39 855.46 元缺乏事实依据。请求在查清事实的基础上，依法改判，维护胡某某、赵某的合法权益。

北京国旅公司辩称，原审判决认定《团队出境旅游合同》第十五条第一款、第十七条第一款系西安国旅公司提供合同的格式条款，该条款单方加重胡某某、赵某责任与《旅游法》等相关规定不一致，显示公平，予以撤销是错误的，应予纠正。西安国旅公司与胡某某、赵某出团前在协商一致的前提下签订了《团队出境旅游合同》，该旅游合同虽由西安国旅公司提供，但是该旅游合同为由国家旅游局和国家工商行政管理总局共同制定解释，供全国范围内经营出境旅游业务的旅行社与出境旅游者签订使用，具有指导性、规范险及公平性。因此西安国旅公司并不存在强迫、欺诈等情形，使胡某某、赵某在违背真实意思的情况下签订该旅游合同。该旅游合同第十五条第一款、第十七条第一款即非西安国旅公司为减轻或免除应当由出境社承担的责任或单方面加重胡某某、赵某责任而进行的不公平约定，该约定应当是合法有效公平的。原审判决认定本案实际发生费用 39 855.46 元错误，应予纠正。依据双方签订的《团队出境旅游合同》第十七条的约定，胡某某、赵某共支付西安国旅公司 61 000 元团费（每人 30 500 元），西安国旅公司退还给胡某某、赵某共计 6100 元团费（每人 3050 元）。后经西安国旅公司、第三人与境外地接社的积极沟通协调，最终为胡某某、赵某争取退费共计 11 880 元（每人 5939.74 元）。本案实际发生的费用共计应为 49 120 元，而非原审判决认定的 39 855.46 元。根据《中华人民共和国旅游法》第六十五条及《最高人民法院关于审理旅游纠纷案件适用法律若干问题的规定》第十二条的规定，胡某某、赵某由于自身原因记错出团时间从而导致与西安国旅公司解除旅游合同，西安国旅公司有权扣除实际已经发生且不可退还的费用后将余款退还旅游者。原审判决认定西安国旅公司未尽到相应提醒义务，应当承担实际发生费用的 20% 的责任错误，应予纠正。出团前西安国旅公司积极联系胡某某、赵某进行行前说明，由于胡某某、赵某时间不充裕，要求西安国旅公司将《出团通知》发送到其指定邮箱。由此可知，西安国旅公司已经尽到了相应的提醒通知义务，不存在任何过错。胡某某、赵某均认可是由于其自身记错了出团时间导致未随团出行，西安国旅公司及第三人积极协调补救，但由于机票、签证、边防等多种因素制约，最终胡某某、赵某决定放弃出行，与西安国旅公司解除旅游合同，原审法院认定西安国旅公司未尽到相应的提醒义务，认定事实错误。

本院经审理查明，原审判决书第五页第二段第九行："关于实际发生的费用，被告主张机票退费每人 2448 元，……"其中"关于实际发生的费用"为笔误，应为"关于未实际发生的费用"。其余事实原审判决查明属实。

【判决与理由】

本院认为，依据《中华人民共和国合同法》第三十九条"采用格式条款订立合同的，提供格式条款的一方应当遵循公平原则确定当事人之间的权利和义务，并采取合理的方式提请对方注意免除或者限制其责任的条款，按照对方的要求，对该条款予以说明。格式条款是当事人为了重复使用而预先拟定，并在订立合同时未与对方协商的条款”、第四十条“格式条款具有本法第五十二条和第五十三条规定情形的，或者提供格式条款一方免除其责任、加重对方责任、排除对方主要权利的，该条款无效”、第五十二条“有下列情形之一的，合同无效。第（五）项违反法律、行政法规的强制性规定”、第五十四条第一款第二项“下列合同，当事人一方有权请求人民法院或者仲裁机构变更或者撤销：（二）在订立合同时显失公平的”之规定，胡某某、赵某与西安国旅公司签订的《团队出境旅游合同》第十五条第一款、第十七条第一款系西安国旅公司单方提供合同的格式条款，依据《中华人民共和国旅游法》第六十五条“旅游行程结束前，旅游者解除合同的，组团社应当在扣除必要的费用后，将余款退还旅游者”、《最高人民法院关于审理旅游纠纷案件适用法律若干问题的规定》第十二条“旅游行程开始前或者进行中，因旅游者单方解除合同，旅游者请求旅游经营者退还尚未实际发生的费用，或者旅游经营者请求旅游者支付合理费用的，人民法院应予支持”之规定，在胡某某、赵某与西安国旅公司签订的《团队出境旅游合同》第十五条第一款、第十七条第一款与上述法律规定及司法解释的内容不相一致的情况下，应特别提醒胡某某、赵某是否对本格式合同内容进行变更或者补充，如果有异议，可通过充分协商予以修改，且变更或者补充的内容也不得减轻或者免除应当由西安国旅公司承担的责任。而西安国旅公司未尽提醒义务，现胡某某、赵某要求撤销，原审判决予以支持是正确的。西安国旅公司上诉称，依据《最高人民法院关于审理旅游纠纷案件适用法律若干问题的规定》第五条“旅游经营者已投保责任险，旅游者因保险责任事故仅起诉旅游经营者的，人民法院可以应当事人的请求将保险公司列为第三人”之规定，西安国旅公司及北京国旅公司均向保险公司投保了旅行社责任保险，西安国旅公司申请将投保的旅行社责任保险公司列为第三人参加诉讼理由成立。因胡某某与赵某系因履行《团队出境旅游合同》而非因保险责任事故起诉西安国旅公司，故西安国旅公司请求列保险公司为本案第三人无法律依据，原审判决对此不予支持并无不当。西安国旅公司上诉称《团队出境旅游合同》是经国家旅游局和国家工商行政管理总局共同制定、解释的示范文本，具有指导性、规范性、公平性和可操作性的特点，并经过备案，在全国范围内供出境社与旅游者之间签订团队出境旅游（不含赴中国台湾地区旅游）合同时使用，除协议条款外，其余条款均应严格按照该示范文本内容执行，否则将与国家旅游局行政管理相悖。鉴于《团队出境旅游合同》仅是合同双方之间的一种合意，如前所述，该合同第十五条第一款、第十七条第一款因违反了法律的强制性规定而无效，故原审判决对此予以撤销并无不妥。西安国旅公司认为将《出团通知》发送到胡某某、赵某指定的邮箱，已尽到了提醒通知义务，不存在过错之理由不能成立。双方并未约定通知胡某某、赵某成行时间以发到胡某某、赵某指定的邮箱地址为准，事后不必再提醒，故原审判决认为西安国旅公司未尽到相应提醒义务致胡某某、赵某未按《出团通知》所列行程时间从咸阳机场出发、亦未在上海集合时间内到达指定集合地点，最终未能成行是正确的。胡某某、赵某未成行致双方合同解除，西安国旅公司应按法律规定向胡某某、赵某退还尚未实际发生的费用。原审判决认定本案实际发生费用机票未退款 33 341 元，澳洲段地接费用未退款 4083.84 元，新西兰段地接费用未退款 2430.62 元，共计 39 855.46 元。依据本案二审查明的事实，胡某某、赵某因此次出境游所发生的实际费用，还应包括其二人的签证费即每人 1400 元，故胡某某、赵某实际发生费用应为 42 655.46 元，据此未发生费用为 18 344.54 元。原审判决对此事实查明有误，应予纠正。原审法院结合查明的事实，考虑到胡某某、赵某未能成行系因其自身记错出发时间，西安国旅公司亦未尽到相应提醒义务，综合考虑胡某某、赵某、西安国旅公司双方过错程度，上述损失由西安国旅公司负担 20% 并无不当。据此，西安国旅公司应向胡某某、赵某返还未实际发生费用 18 344.54 元及实际发生费用 42 655.46 元的 20% 即 8531.09 元共计 26 875.63 元，原审该项判决应予变更。依照《中华人民共和国民事诉讼法》第一百七十条第一款第（三）项之规定，判决如下：

一、维持西安市碑林区人民法院（2014）碑民初字第 01367 号民事判决第一项、第三项即“一、胡某某、赵某与西安中国国际旅行社集团有限责任公司签订的《团队出境旅游合同》（编号：L-SNX-CJ00O01-0003984）第十五条第一款、第十七条第一款撤销；三、驳回胡某某、赵某其余诉讼请求”；

二、变更西安市碑林区人民法院（2014）碑民初字第 01367 号民事判决第二项即“二、本判决生效之日起十五日内西安中国国际旅行社集团有限责任公司返还胡某某、赵某旅游费用共计 29 115.63 元”为：本判决生效之日起十五日内，西安中国国际旅行社集团有限责任公司返还胡某某、赵某旅游费用共计 26 875.63 元。

本判决为终审判决。

【本案涉及的法律问题】

一、从本案案情来看，因旅游者自身原因而导致未能参加出境旅游，旅游经营者是否可以扣除旅游者一定的违约金？为什么？

二、从本案一审和二审判决来看，法院判决旅游经营者与旅游者签订的相关条款因违背法律的明确规定而无效，这是否合理？为什么？

三、从本案判决来看，究竟如何正确理解《旅游法》第六十五条明确规定的旅游者对旅游合同的任意解除权？

四、《旅游法》第六十五条规定，在旅游行程结束之前旅游者提出解除旅游合同的，旅游经营者在扣除必要的费用后，应当把余款退还旅游者。从本案来看，究竟如何理解这里所说的“必要的费用”？

【参考答案与法理分析】

一、从本案案情来看，因旅游者自身原因而导致未能参加出境旅游，旅游经营者不可以扣除旅游者一定数额的违约金。理由如下：

违约金的产生需要符合法定或约定的事由。从本案案情来看，首先旅游经营者主张违约金缺少法律依据。根据《中华人民共和国旅游法》第六十五条“旅游行程结束前，旅游者解除合同的，组团社应当在扣除必要的费用后，将余款退还旅游者”，以及《最高人民法院关于审理旅游纠纷案件适用法律若干问题的规定》第十二条“旅游行程开始前或者进行中，因旅游者单方解除合同，旅游者请求旅游经营者退还尚未实际发生的费用，或者旅游经营者请求旅游者支付合理费用的，人民法院应予支持”，法律赋予了旅游者对旅游合同的任意解除权，旅游者行使任意解除权解除旅游合同并不属于违约行为。《旅游法》中规定的旅游者在解除合同后，旅游经营者可以“扣除必要的费用”，这里的“必要费用”在性质上不属于违约金。根据《合同法》第一百一十四条：“当事人可以约定一方违约时应当根据违约情况向对方支付一定数额的违约金，也可以约定因违约产生的损失赔偿额的计算方法。约定的违约金低于造成的损失的，当事人可以请求人民法院或者仲裁机构予以增加；约定的违约金过分高于造成的损失的，当事人可以请求人民法院或者仲裁机构予以适当减少。当事人迟延履行约定违约金的，违约方支付违约金后，还应当履行债务。”

违约金主要分为惩罚性违约金和赔偿性违约金两种。惩罚性违约金是指合同（或法律）规定的不履行或不适当履行时支付的作为惩罚的一笔金额。赔偿性违约金是指合同当事人双方预先估计的损害赔偿的总额。[①]

---

① 梁慧星：“论合同责任”，载《学习与探索》1982年第1期，第60页。

违约金责任的成立通常需要考虑以下几个因素：

首先，合同效力因素。违约金责任具有从属性，成立的条件之一是合同法律关系的存续，如果主合同不成立、无效或被撤销、未被追认时，违约金债务也就不成立或无效。但是，需要特别注意的是，在合同因违约而解除的场合，皮之不存，毛将焉附，违约金条款是否还可以被援用呢？根据《合同法》第九十八条的规定："合同的权利义务终止，不影响合同中结算和清理条款的效力。"违约金条款就属于合同中的结算和清理条款，其效力不受合同被解除的影响。

其次，违约行为因素。存在违约行为是违约金责任成立的必须要件之一。没有违约行为，就没有违约金责任。判断违约行为存在与否，需要从当事人约定和法律规定两方面来考虑。首先，如果当事人已在合同内容中就违约行为或违约情形进行了明确的约定，或在事前对违约行为达成了共识，约定的内容只要不违反法律的强制性规定，不违背公序良俗，即可视为有效。当违约情形出现时，可以直接依据当事人的约定认定违约行为的存在。其次，如果当事人在合同中未对违约行为进行约定，事后又未能达成共识，但是法律上对某些违约行为作出了规定，一旦违约情形出现，即使合同中未做任何约定，依然可以援用法律的规定，认定违约行为的存在。

再次，违约人过错因素。对此应当区分类型，具体分析。（1）如果当事人约定违约金责任的成立以一方当事人有过错为条件的，应当从其约定。（2）法律法规中明确规定违约责任为过错责任的情形，违约金责任的成立应当要求过错要件。（3）惩罚性违约金，其目的主要是对过错的惩罚，因而，合同一方的过错应当作为其承担惩罚性违约金的要件。（4）赔偿性违约金，强调的是对因违约造成的损害的补偿，不应当以合同一方的过错为成立要件。

最后，损害结果因素。违约金的成立是否要将存在损害结果作为要件，需要区分违约金的类型，分别对待。惩罚性违约金，其目的在于惩戒，而非赔偿，其成立不以损害结果的存在为必要条件。通常当事人在合同中约定惩罚性违约金的目的之一就在于避免证明损害存在的麻烦。赔偿性违约金顾名思义是以损害赔偿为目的，因此存在损害结果是其成立的必备要件。需要注意的是，当事人意思自治是合同法的基本原则，如果当事人对损害结果有特别的约定，应当从其约定，这里不再赘述。①

违约金的产生是以存在违约行为为基础的，然而旅游者通过任意解除权解

① 韩世远："违约金的理论问题——以合同法第114条为中心的解释论"，载《法学研究》2003年第4期，第20页。

除旅游合同，是行使法律所赋予的正当权利，并不存在违约行为，在这种情况下，就更无所谓违约金可言了。

必要费用扣除的制度是基于合同解除后应当恢复原状的基本原则，对必要费用的界定，只局限于已经发生的费用，并且只能是直接费用，对于旅游经营者损失的预期收益则不在其列，不能作为必要费用予以扣除。实务中旅游经营者常常主张的服务费、介绍费等费用也大多得不到法律的支持。此外，关于证明必要费用的举证责任，在司法审判实务中，法院通常是按照“谁主张，谁举证”的原则，旅游经营者主张扣除必要的费用，就应当由其承担这一举证责任。

具体到本案，涉案合同的解除应视为旅游者行使合同任意解除权的结果，因此不存在违约行为，旅游经营者也无权要求违约金。此外，本案中虽然旅游者与旅行社在合同中约定，旅游者未按时到达集合地点即视为解除合同，应当向旅行社支付业务损失费，该损失费的性质属于违约金。但是，法院认定该约定显失公平，且违背法律的强制性规定，故予以撤销，这是完全正确的。

二、从本案一审和二审判决来看，法院判决旅游经营者与旅游者签订的相关条款因违背法律的明确规定予以撤销，这是合理的。理由如下：

本案中旅游经营者称其与旅游者所签订的旅游服务合同是国家旅游局印发的“示范文本”。2014 年 4 月 14 日，国家旅游局、国家工商行政管理总局关于印发 2014 年版《团队境内旅游合同（示范文本）》《团队出境旅游合同（示范文本）》《大陆居民赴台湾地区旅游合同（示范文本）》和《境内旅游组团社与地接社合同（示范文本）》下发了通知（旅发〔2014〕72 号）。经对比发现，《团队出境旅游合同（示范文本）》第十三条第三款规定：“旅游者未按约定时间到达约定集合出发地点，也未能在出发中途加入旅游团队的，视为旅游者解除合同，按照本合同第十五条相关约定处理。”第十五条规定：“必要的费用扣除

1. 旅游者在行程开始前 30 日以内提出解除合同或者按照本合同第十二条第二款约定由出境社在行程开始前解除合同的，按下列标准扣除必要的费用：

行程开始前 29 日至 15 日，按旅游费用总额的 5%；

行程开始前 14 日至 7 日，按旅游费用总额的 20%；

行程开始前 6 日至 4 日，按旅游费用总额的 50%；

行程开始前 3 日至 1 日，按旅游费用总额的 60%；

行程开始当日，按旅游费用总额的 70%。

2. 在行程中解除合同的，必要的费用扣除标准为：

旅游费用 × 行程开始当日扣除比例 +（旅游费用 – 旅游费用 × 行程开始当日扣除比例）÷ 旅游天数 × 已经出游的天数。

如按上述第 1 款或者第 2 款约定比例扣除的必要的费用低于实际发生的费用，旅游者按照实际发生的费用支付，但最高额不应当超过旅游费用总额。

解除合同的，出境社扣除必要的费用后，应当在解除合同通知到达日起 5 个工作日内为旅游者办结退款手续。”

具体到本案，旅游经营者与旅游者所签合同中第十五条第一款载明：“旅游者未按约定时间到达约定集合出发地点，也未能在出发中途加入旅游团队的，视为旅游者解除合同，按照本合同第十七条第一款相关规定处理。”对应《团队出境旅游合同（示范文本）》第十三条第三款，两相对比，可以看出涉案旅游合同第十五条第一款的内容是对《团队出境旅游合同（示范文本）》原文的未加修改的直接引用。笔者认为该条款可以视为旅游者任意解除权的一种实施方式。法律赋予了旅游者在旅游活动开始以及进行中的合同任意解除权，行使该权利时旅游者需要作出解除合同的意思表示，可以是口头主张，或是书面表达，当然也可以是通过具体行动的方式做出意思表示。行动意思表示又可以分为作为的行动和不作为的行动。涉案合同条款所表述的旅游者未按时到达约定地点和中途未能加入旅游团队，就是一种不作为的行动意思表示。旅游者上述不作为的行动，可以充分表达出旅游者希望解除合同的意愿。同时，如上述情形发生，也必将导致旅游合同事实上无法继续履行。我们认为，该条款不存在明显加重旅游者合同义务或明显削弱旅游者合同权利的现象，因而并不构成显失公平，从这个意义上说，本案中该合同条款被法院判决撤销，这样的处理方式值得商榷。

涉案合同第十七条第一款载明：“旅游者在出发前 30 日内（含 30 日）提出解除合同的，应当按下列标准向出境社支付业务损失费：出发前 30 日至 15 日，按旅游费用总额的 5%；出发前 14 日至 7 日，按旅游费用总额的 15%；出发前 6 日至 4 日，按旅游费用总额的 70%；出发前 3 日至 1 日，按旅游费用总额的 85%；出发当日，按旅游费用总额的 90%。如按上述比例支付的业务损失费不足以赔偿出境社的实际损失，旅游者应当按实际损失对出境社予以赔偿，但最高额不应当超过旅游费用总额。出境社在扣除上述业务损失费后，应当在旅游者退团通知到达起 5 个工作日内向旅游者退还剩余旅游费用。”与国家旅游局发布的示范文本相比，涉案合同中将合同解除后可以“扣除必要费用”改为了“支付业务损失费”，并在时间期间和费用比例上做了相应的修改。这样的改动看似稀松平常，并无稀奇，但是这却改变了合同解除后应当履行的附随义务的根本性质。示范文本中“扣除必要费用”仅仅是基于解除合同后未履行的合同义务，终止履行，已经履行的，应当恢复原状，不存在惩罚性或赔偿性的意味。其中，所述必要费用，也仅是指已经发生的直接费用，费用的产生来源于合同解除前，合同当事人对合同义务的履行。然而，修改后的合同条款变为“支付业务损失费”，属于赔偿性违约金，明显有弥补一方损失的意味。如果按此约定履行，则会导致旅游者虽然行使了法律赋予的任意解除权，但却给自己带来了违约金的法律后果，有违立法本意，明显加重了旅游者一方的义务。法院认为涉案合同第十七条第一款属于显失公平，按照法律规定，应旅游者的诉求，予以撤销，并无不妥。

三、从本案判决来看，究竟如何正确理解《旅游法》第六十五条明确规定的旅游者对旅游合同的任意解除权？我们认为，《旅游法》第六十五条赋予了旅游者对旅游合同的任意解除权，看似破坏了契约必守的原则，导致合同主体之间的权利义务不对等，有违合同法倡导的自由平等的理念，但是，这样的制度设计确有其产生的原因和存在价值。理解旅游者的任意解除权可以从以下几个方面综合考虑。

首先，旅游者享有对合同的任意解除权，是符合旅游者人身自由不受限制的基本原则。旅游者参与旅游活动是出于休闲娱乐、放松身心的需求，旅游者本身没有必须参与旅游活动的义务，如因为与旅游经营者的一纸合同就限定了其人身自由权利，则有悖于公平正义的法治理念。此外，旅游者与旅游经营者的法律关系，从《合同法》上说，属于委托与被委托的关系，被委托人是接受委托人的指示处理委托事务。《合同法》中也明确规定了委托人享有合同任意解除权[①]，《旅游法》第六十五条再次明确旅游者享有对旅游合同的任意解除权，这与《合同法》立法精神一脉相承，是《合同法》中任意解除权制度在旅游领域的具体应用。

其次，旅游服务合同中旅游者与旅游经营者分工不同，各有各的权利义务。旅游经营者的主要义务是为旅游者提供旅游服务，该义务的履行通常起始于旅游服务合同签订之后，甚至是旅游行程开始之后。旅游者的主要义务是支付旅游费用，该义务通常是伴随旅游服务合同签订的同时就履行完毕，最晚一般也不会晚于旅游行程开始时。旅游服务合同虽然双方均负有合同义务，属于双务合同，但是，从义务履行的先后来看，旅游者通常必须先于旅游经营者履行合同义务。在实务中，旅游者全额支付旅游费用，却得不到旅游服务，或是旅游服务明显不符合要求的情况屡见不鲜。鉴于旅游者已完成了其支付旅游费用的主要合同义务，其对旅游经营者是否能履行提供合格的旅游服务通常缺乏有效的制约。如没有法律的保护，旅游者提前解除合同，将被视为违约行为，还需

① 参见：《中华人民共和国合同法》第四百一十条。

要承担相应的违约责任，甚至违约金。正是鉴于此种情况，《旅游法》特别规定了旅游者享受合同任意解除权，从而达到保护旅游者合法权益、督促旅游经营者有效履行合同义务的目的。当然，如果在某些特殊情况下，旅游者没有全额付款，例如只是预付了80%团款，在旅游行程结束后，旅游经营者要求旅游者支付剩余团款，旅游者必须支付，因为这是其应尽的义务。如果旅游者拒绝支付，经营者可以诉讼解决。法院应当支持旅行社的这一诉求。本书中就有这方面的相关判例。

最后，法律赋予旅游者合同任意解除权，有利于明确权责、化解纠纷、息诉止争，有利于旅游行业的健康有序的发展。出现旅游者行使任意解除权解除旅游合同的情形，旅游者与旅游经营者之间无须在合同效力和违约责任上过多纠结，因为法律有明确规定，此类情形不能做违约处理。因为旅游者的任意解除权属于形成权，仅凭旅游者单方的意思表示即可改变既有的合同法律关系，无须合同另一方的同意或确认，所以这种情况下的合同解除不存在法律障碍。在旅游合同解除后，经营者只需按照法律规定，把必要费用予以扣除即可。本案中二审法院的判决是对旅游者享有合同任意解除权的司法认可。虽然法院在撤销合同条款时尚存值得商榷之处，但不可否认的是，其裁判出发点和法律依据是正确无误的。

四、《旅游法》第六十五条规定，在旅游行程结束之前旅游者提出解除旅游合同的，旅游经营者在扣除必要的费用后，应当把余款退还旅游者。从本案来看，这里所说的“必要的费用”应作如下理解：

参照《团队出境旅游合同（示范文本）》（GF-2014-2402）中的定义，“必要的费用”是指出境社履行合同已经发生的费用以及向地接社或者履行辅助人支付且不可退还的费用，包括乘坐飞机（车、船）等交通工作的费用（含预订金）、旅游签证/签注费用、饭店住宿费用（含预订金）、旅游观光车的人均车租等。[1]

① 参见中华人民共和国旅游局编：《中国旅游法律法规汇编》，中国旅游出版社2016年版，第283页。

判例9　游客在军事管制海域溺亡，路过的景区被判担责20%

【案件索引】

三亚市中级人民法院民事判决书（2016）琼02民终581号：上诉人孙尚某、易碧某与被上诉人三亚大东海经营管理有限公司违反安全保障义务责任纠纷一案二审民事判决书。

【基本案情】

上诉人孙尚某、易碧某因与被上诉人三亚大东海经营管理有限公司（以下简称大东海公司）违反安全保障义务责任纠纷一案，不服三亚市城郊人民法院（2015）城民一初字第4899号民事判决，向本院提起上诉。本院依法组成合议庭，公开开庭审理了本案，现已审理终结。

一审法院查明，2015年8月15日，易勇某一家七口从重庆来到三亚旅游，入住榆亚路海天酒店。17时许，易勇某一家七口来到大东海景区游玩，易勇某的母亲赵某某留在大东海广场阶梯附近处乘凉，其余六人从大东海广场进入景区，向东沿海边绕过军事管理区隔离带，走到海军度假村前面沙滩。易勇某侄儿鞠易坤等三人下海游泳，被海浪卷下海。易勇某下水后拉住侄女李某心的手拼命往岸上游，但后来两人被大浪冲开。约17时40分，大东海公司救生员在瞭望台发现海军度假村区域海中有4人溺水，立即赶往现场救援。救生员将易勇某和李某心救起，鞠易坤、孙某失踪。易勇某经抢救无效死亡。事发后，大东海公司和三亚海上搜救中心派出搜救船搜救，至22时许，将失踪的鞠易坤尸体打捞上岸；8月16日10时41分，在事发海域附近将孙某的尸体打捞上岸。2015年10月22日，三亚市安全生产监督管理局作出《关于“8·15”大东海海军度假村前海域游客溺水死亡事故情况的报告》，报告认为从事故性质看，此次事故为一起游客自行下海游泳而导致死亡的非责任事故（或称意外事件），而非生产安全责任事故。

一审中，孙尚某、易碧某提交《调查取证申请书》，申请向三亚市红沙边防派出所调取2015年8月15日易勇某、鞠易坤、孙某溺水死亡报案记录及相关调查资料。2015年11月12日，孙尚某、易碧某提交《中止审理申请书》，认为涉及本案的关键证据已在行政诉讼审理中，本案应中止诉讼。

2015年9月24日，孙尚某、易碧某以大东海公司在此次事故中存在重大过错，未尽到合理范围内的安全保障义务，构成侵权，应承担相应的法律责任为由诉至一审法院，请求判令大东海公司赔偿孙尚某、易碧某各种损失399 483.7元，大东海公司承担本案诉讼费用。

一审法院认为，《中华人民共和国侵权责任法》第三十七条规定，宾馆、商场、银行、车站、娱乐场所等公共场所的管理人或者群众性活动的组织者，未尽到安全保障义务，造成他人损害的，应当承担侵权责任。孙某作为一个具有完全民事行为能力的成年人，其应当意识到军事管理区并非游客旅游之处，且有铁栅栏隔开，但其无视“军事管理区”的警示牌，依然绕过栅栏，走出大东海公司管理区域范围，进入军事管理区游玩，发生溺水事故。大东海景区系免费的、全封闭式的景区，大东海公司在其经营管理的范围内，也没有权利制止游客的合法活动。91458部队用栅栏将大东海公司管理区与军事管理区隔开，并在栅栏边上竖立了军事管理区的牌子。大东海景区有多处出入口，游客可自由进出，大东海公司也在栅栏上用横幅提醒游客“此处危险，禁止下海”。孙某溺水之处并非在大东海管理区域范围，大东海公司不应依照《中华人民共和国侵权责任法》第三十七条之规定承担侵权责任。故对孙尚某、易碧某关于大东海公司没有人在栅栏处对易勇某一行绕过栅栏进入军事管理区的行为进行制止，未尽到安全保障义务的主张，不予支持。孙尚某、易碧某以此要求大东海公司承担侵权责任，诉求大东海公司赔偿死亡赔偿金489 740元、丧葬费24 951元、精神损害抚慰金50 000元、交通费6000元，共计570 691元，按70%责任赔偿计399 483.7元，于法无据，不予支持。

孙尚某、易碧某申请向三亚市红沙边防派出所调取2015年8月15日易勇某、鞠易坤、孙某溺水死亡报案记录及相关调查资料，因本案事实清楚，双方对案件事实并无争议，故该证据材料已没有必要调取，对该申请不予同意。孙尚某、易碧某认为本案关键性证据即《关于“8·15”大东海海军度假村前海域游客溺水死亡事故情况的报告》正在行政诉讼中，本案应中止诉讼。经审查认为，本案关键性问题并不在于孙某溺水是责任事故还是非责任事故，而在于孙某溺水地点是否在大东海公司管理范围内、大东海公司是否有义务制止孙某绕过栅栏进入军事管理区范围，即大东海公司是否应当承担本案事故的侵权责任。因此，对于孙尚某、易碧某的中止审理申请不予同意。依照《中华人民共和国民法通则》第五条、《中华人民共和国侵权责任法》第三十七条之规定，判决驳回孙尚某、易碧某的诉讼请求。一审案件受理费 7292 元（孙尚某、易碧某已预交 3646 元），减半收取 3646 元，由孙尚某、易碧某负担。

上诉人孙尚某、易碧某不服一审判决，上诉称，大东海公司作为公共场所的管理人，保障旅游者的安全是必须的义务，但事实证明大东海公司没有尽到安全保障义务。一，孙某等人进入大东海公司管理区后，大东海公司就有路线指引的义务，当孙某等人进入所谓的军事管理区时，大东海公司有义务警示孙某等人，但大东海公司没有明确告知。根据当时现场情况，栅栏既没有完全封闭，也没有专人看守管理，这足以说明大东海公司没有尽到安全保障义务。二，本案中，孙某等人去的不是出口，进入的是所谓的军事管理区，大东海公司应该明确告知其后果。况且，根据大东海公司陈述，事发区域风高浪急，事故多发。大东海公司明知风险的存在，而没有采取禁止通过的措施，却持放任的态度，只是用横幅来提醒游客，此行为更能证明其没有完全尽到安全保障义务。事故发生后，虽然大东海公司推脱责任，但在行为上他们还是承认自己有过错，没有完全尽到安全保障义务，于是把栅栏延长封闭，完全阻止游客通行，这足以说明大东海公司明显存在过错。综上，请求撤销原判，改判支持孙尚某、易碧某的一审诉讼请求。

被上诉人大东海公司辩称，一，孙尚某、易碧某的上诉理由不能成立。1. 孙尚某、易碧某以大东海公司作为公共场所管理人为由，主张大东海公司没有尽到安全保障义务，不能成立。首先，溺水事故发生地并非在大东海公司的管辖范围内，其对事故发生地无权管理，故也无须承担责任。其次，大东海公司对管辖范围内区域已做到了充分警示和设立了相关设施设备及人员，已尽到安全管理职责。2. 关于孙尚某、易碧某主张的路线指引问题。孙某等人只是“路过”大东海公司管理的广场，而且路过时以“游玩”的形式出现，而非以泳装方式。大东海景区系免费的封闭景区，对于在岸上游玩的客人是完全封闭的，客人也是完全自由的。孙某下海时，已经进入军事管理区，此时，大东海公司已无权也无义务对其进行管理。至于栅栏，并非大东海公司所立，而是军事管理区所立，禁止进入栅栏和进入栅栏后的警示义务属于军事管理区。3. 孙尚某、易碧某关于大东海公司没有采取禁止通过的措施，而持放任态度的主张不能成立。军事管理区范围内的管理职责和主体都属于军事管理区，大东海公司无权干涉游客游玩的路线，是否进入军事管理区属于当事人的自由和权利。军事管理区从未授权大东海公司对军事管理区范围内的海域和沙滩代为管理，因而大东海公司无权越俎代庖。4. 孙尚某、易碧某以延长栅栏而主张大东海公司存在过错的理由不能成立。首先，设立栅栏的是军事管理区；其次，孙尚某、易碧某无证据证明该栅栏延长属大东海公司所为；最后，该栅栏实际上是吉阳区政府延长，大东海公司无权也无义务去延长栅栏。二，《三亚大东海景区救生的情况报告》足以证明大东海公司已采取全面安全防范措施，已尽到安全管理职责。大东海公司在合同约定的管理范围内，为了防止溺水事故的发生，每年都根据潮水流向设定了下海的5个专门游泳区域，在专门游泳区设有专门警戒线，警戒线之外即属于危险区。在上述5个专门游泳区之外存在暗流的危险沙滩海域，大东海公司也已从多角度采取多种措施充分做到了相关禁止游泳或提示游泳存在危险的警示、警告，其中警示标志20个，LED滚动显示屏6个，路口监控器6处，另有警示旗、警戒线、沙滩巡逻车、海上巡逻艇等。此外，大东海公司工作人员多次好意劝阻游客下海游泳，反而屡屡被游客围殴、殴打致伤。在此情况下，大东海公司无权也无法采取任何强制措施，只能采取设立警示标语的形式警告游客。三，孙某等人与大东海公司之间不存在民事合同关系。大东海景区是封闭式景区，也是免费的不收任何门票费用的景区，游客可自由进出该景区。游客下海游泳属自发行为，景区未收取任何有关“游泳”的费用，故双方之间未建立任何特定的有关游泳的民事合同法律关系。孙某等人只是路过大东海公司管理区，而非在大东海管理区内游玩，更不是在景区内发生溺水事故，故与大东海公司无关。《关于“8·15”大东海海军度假村前海域游客溺水死亡事故情况的报告》认定此次事故为一起游客自行下海游泳而导致死亡的非责任事故（或称意外事件），而非生产安全责任事故。综上，请求驳回上诉，维持原判。

经审理查明，一审查明的事实属实，本院予以确认。

另查明，一审中，孙尚某、易碧某对《关于“8·15”大东海海军度假村前海域游客溺水死亡事故情况的报告》提起行政诉讼，后又撤回起诉。另，孙某不习水性。经本院现场勘察，91458部队自陆地向海水方向设置的铁栅栏全长45米，事故发生后三亚市吉阳区政府将铁栅栏向海水方向加长了12.5米。本院于2016年6月24日下午5时许现场测量，加长后栅栏靠海的一端，距离海水仍然有数米长的距离。退潮时，游客仍可从大东海景区沙滩行走至军事管理区范围。

再查明，孙某于1996年11月11日出生，为城镇居民户口。孙尚某、易碧某为孙某父母。

【判决与理由】

本院认为，本案中孙尚某、易碧某主张大东海公司违反安全保障义务，应对孙某溺水死亡事故承担赔偿责任，故本案案由应为违反安全保障义务责任纠纷。一审将本案认定为生命权、健康权、身体权纠纷不妥，应予纠正。结合本院查明的事实和双方当事人诉辩情况，本案争议焦点为：一，大东海公司对孙某溺水死亡是否存在过错及是否承担赔偿责任；二，孙某人身损害赔偿金如何计算及分担。

一、关于大东海公司对孙某溺水死亡是否存在过错及是否承担赔偿责任的问题

海南是经国家批准建设的国际旅游岛，而三亚又在致力打造国际化热带滨海精品旅游城市，在全国旅游行业已起到良好的带头示范作用。大东海旅游区是三亚对外旅游宣传的一张亮丽名片，应当为游客提供优质的旅游服务和人身财产安全保障，否则应对因其疏忽管理造成游客人身财产损害承担相应的民事责任。与此相应，旅游者在旅游活动中因自身过错而造成损害的，也应根据其自身过错责任大小自行承担相应的责任。

作为旅游经营者和游客在旅游活动中应当受到《中华人民共和国旅游法》、《中华人民共和国侵权责任法》等有关法律规定的约束。《中华人民共和国旅游法》第七十九条规定，旅游经营者应当严格执行安全生产管理和消防安全管理的法律、法规和国家标准、行业标准，具备相应的安全生产条件，制定旅游者安全保护制度和应急预案，应当对直接为旅游者提供服务的从业人员开展经常性应急救助技能培训，对提供的产品和服务进行安全检验、监测和评估，采取必要措施防止危害发生。第八十条规定，旅游经营者应当就旅游活动中的下列事项，以明示的方式事先向旅游者作出说明或者警示：（一）正确使用相关设施、设备的方法；（二）必要的安全防范和应急措施。孙某等人从大东海广场进入到大东海景区沙滩并向东行走至军事管理区范围，在这段距离内，大东海公司设置了众多如“严禁赶海、下海游泳”等安全警示标识，提示下海危险。孙某等人未在景区划定的游泳区范围内下海，而行走至景区经营管理范围外的军事管理区下海嬉水。孙某作为完全民事行为能力人，没有服从景区管理，忽视大东海景区设置的众多下海危险标识，并且在其自身不会游泳的情况下，不顾下海这种行为对其生命可能造成的危险，仍然下海嬉水，最终溺水死亡，故孙某对此次事故应承担主要责任。

大东海公司作为大东海景区的经营管理者，对游客应尽到经营者的安全保障义务。所谓经营者的安全保障义务，是根据法律规定的诚信及公平原则而确定的一种法定义务，具体是指经营者在经营场所对消费者、潜在消费者或其他进入服务场所的人之人身、财产安全依法承担的安全保障义务。《三亚大东海滨海建设管理经营合同书》第九条约定，大东海公司负责本合同区域内游人活动的旅游安全管理，维护正常健康的旅游秩序，为游客提供良好的旅游服务环境。因此，大东海公司对游客的人身安全保障既是法定义务同时也是合同约定的义务，并不因为大东海景区是免费封闭而对该项义务予以减少或者免除。结合本案，大东海景区沙滩与军事管理区沙滩连成一片，游客难以区分，孙某等人从大东海广场进入到大东海景区沙滩，作为远道而来的游客当然是为了到景区游玩，其目的并不是要走向军事管理区。旅游经营者将游客与危险区域进行隔离，防止危险发生，这是合理且必要的安全防范措施。大东海公司在明知与景区相连的军事管理区海域具有暗流危险时，疏忽管理放任游客从景区行走至军事管理区，在沙滩铁栅栏缺口处未派专人驻守劝告或设置醒目提示标识牌，未设置足以阻挡游客通行的安全隔离设施，可见大东海公司在管理上未尽到合理的安全保障义务，存在瑕疵，应当承担相应的赔偿责任。大东海公司认为发生溺水事故地点不在合同授权经营管理范围内，孙某只是路过景区，且大东海景区是免费封闭性景区，景区与军事管理区的分隔铁栅栏也不是由其设置，禁止进入栅栏和进入栅栏后的警示义务属于军事管理区的职责，其在景区范围内已尽到合理的安全保障义务，对此次事故不承担责任。大东海公司的上述辩解，于法无据，本院不予采纳。

根据《最高人民法院关于审理旅游纠纷案件适用法律若干问题的规定》第七条“旅游经营者、旅游辅助服务者未尽到安全保障义务，造成旅游者人身损害、财产损失，旅游者请求经营者、旅游辅助服务者承担责任的，人民法院应予支持”的规定，大东海公司应当承担相应的责任。根据双方的过错程度，本次事故由孙某承担 80% 的主要责任、大东海公司承担 20% 的次要责任较为合理。孙尚某、易碧某主张大东海公司承担本次事故的 70% 责任，其理由不充分，不予支持。一审认定此次事故责任不当，应予纠正。

二、关于孙某人身损害赔偿金如何计算及分担的问题

孙尚某、易碧某诉求大东海公司支付孙某死亡赔偿金、丧葬费、精神损害抚慰金、交通费等共计 399483.7 元，并且主张计算赔偿金的标准应适用四川省的标准。《最高人民法院关于审理人身损害赔偿案件适用法律若干问题的解释》第三十条规定，赔偿权利人举证证明其住所地或者经常居住地城镇居民人均可支配收入或者农村居民人均纯收入高于受诉法院所在地标准的，残疾赔偿金或者死亡赔偿金可以按照其所在地或者经常居住地的相关标准计算。孙尚某、易碧某未提交证据证明其住所地或者经常居住地城镇居民人均可支配收入高于受诉法院所在地标准，因此，对其要求按四川省标准计算赔偿金的主张不予支持，本案应参照适用《2015—2016 年度海南省道路交通事故人身损害赔偿项目和计算标准》。孙某人身损害赔偿金计算如下：1. 死亡赔偿金。按照受诉法院所在地上一年度城镇居民人均可支配收入或者农村居民人均纯收入标准，按二十年计算。上一年度海南省城镇居民人均可支配收入为 24 487 元 / 年，故孙某死亡赔偿金为 489 740 元（24 487 元 / 年 ×20 年）。2. 丧葬费。按照受诉法院所在地上一年度职工月平均工资标准，以六个月总额计算。上一年度海南省职工年平均工资标准为 50 589 元 / 年，故孙某丧葬费为 25 294.5 元（50 589 元 / 年 ÷12 个月 ×6 个月）。3. 交通费。孙尚某、易碧某主张交通费 6000 元，但未提交相关证据证明。考虑到他们身处外地，奔波于四川、海南两地处理孙某死亡后事及诉讼事宜，路途遥远，殊为不易，发生交通费用在所难免，本院酌情支持 3000 元。综上，孙某人身损害赔偿金共计 518 034.5 元，其中孙尚某、易碧某自行承担 80% 计 414 427.6 元（518 034.5 元 ×80%），大东海公司承担 20% 计 103 606.9 元（518 034.5 元 ×20%）。另，孙尚某、易碧某主张精神损害抚慰金 50 000 元，孙某作为家庭唯一的独子，在外出旅游时溺水身亡，作为父母的孙尚某、易碧某精神备受打击和创伤，根据双方对于事故责任的分担比例，本院酌情支持 10 000 元。故大东海公司应支付孙尚某、易碧某各项赔偿金共计 113 606.9 元（103 606.9 元 +10 000 元）。

综上所述，孙尚某、易碧某的的上诉理由部分成立，本院予以支持。一审认定事实基本清楚，但适用法律错误，应予纠正。据此，依照《中华人民共和国侵权责任法》第三十七条，《中华人民共和国旅游法》第七十九条、第八十条，《最高人民法院关于审理旅游纠纷案件适用法律若干问题的规定》第七条，《最高人民法院关于审理人身损害赔偿案件适用法律若干问题的解释》第二十七条、第二十九条、第三十条，《中华人民共和国民事诉讼法》第一百七十条第一款第二项之规定，判决如下：

1. 撤销三亚市城郊人民法院（2015）城民一初字第 4899 号民事判决；

2. 被上诉人三亚大东海经营管理有限公司应于本判决生效之日起十五日内向上诉人孙尚某、易碧某支付孙某死亡赔偿金、丧葬费、精神损害抚慰金、交通费等共计 113 606.9 元；

3. 驳回上诉人孙尚某、易碧某的其他诉讼请求。

本判决为终审判决。

【本案涉及的法律问题】

一、对于像大东海景区这样的免费封闭景区，游客通过景区而进入旁边的军事管制区内的海边游泳溺水而亡，大东海景区是否应当承担法律责任？为什么？

二、在本案中，涉案的大东海景区辩称溺水的游客与本公司之间不存在民事法律合同关系，因而该公司不应当对游客的死亡承担赔偿责任，这一辩称有道理吗？为什么？

三、在本案中，二审法院认定溺水死亡的游客负主要责任，这种认定合适吗？为什么？

四、在本案中，二审法院认定大东海公司未尽到合理的安全保障义务，因而需要为溺水死亡的游客承担20%的赔偿责任，这样认定是否合理？为什么，

五、在本案中，二审法院认定一审法院的适用法律错误，并予以纠正，你认为二审这样认定和判决合理吗？为什么？

六、此案的判决对免费的旅游景区（点）有哪些警示？

【参考答案与法理分析】

一、对于像大东海景区这样的免费封闭景区，游客通过景区而进入旁边的军事管制区内的海边游泳溺水而亡，大东海景区是否应当承担法律责任，应当根据“具体问题，具体分析”的原则来确定。

我们认为，本案中一审法院认定大东海景区对于溺亡游客的死亡没有侵权责任，是完全正确的。理由在一审判决中已经有充分的说明，不再赘述。而二审法院认定大东海景区应当承担一定的责任，其理由在下面再予以阐述。

二、在本案中，涉案的大东海景区辩称溺水的游客与本公司之间不存在民事法律合同关系，因而该公司不应当对游客的死亡承担赔偿责任，这一辩称我们认为是有道理的。在现实社会实践中，判断争议双方是否存在明确的法律关系，是确定双方权利和义务的基础。如果争议双方不存在明确的法律关系，何以判定二者存在权利和义务呢？

三、在本案中，二审法院认定溺水死亡的游客负主要责任，这种认定我们认为非常合适。理由正如二审法院所述，旅游者在旅游活动中因自身过

错而造成损害的，应根据其自身过错责任大小自行承担相应的责任。在本案中，孙某等人从大东海广场进入到大东海景区沙滩并向东行走至军事管理区范围，在这段距离内，大东海公司设置了众多如“严禁赶海、下海游泳”等安全警示标识，提示下海危险。孙某等人未在景区划定的游泳区范围内下海，而行走至景区经营管理范围外的军事管理区下海嬉水。孙某作为完全民事行为能力人，没有服从景区管理，忽视大东海景区设置的众多提示下海危险的标识，并且在其自身不会游泳的情况下，不顾下海这种行为对其生命可能造成的危险，仍然下海嬉水，最终溺水死亡，故孙某对此次事故应承担主要责任。

但是，遗憾的是，二审法院却把造成本案中游客溺亡的次要责任归之于大东海景区，而没有归之于军事管制区，似乎属于认定事实和责任有误。大东海公司作为大东海景区的经营管理者，无疑应当对进入景区的游客尽到经营者的安全保障义务。只要是进入景区的消费者或其他进入服务场所的人，其人身和财产安全，经营者都应当承担法定的安全保障义务和约定的保障义务。蹊跷的是，二审法院认为，对于“潜在消费者”，经营者也应当依法尽到安全保障义务，令人莫名其妙。从这个意义上说，全部到三亚旅游的人以及三亚市民和居住者，都是潜在的消费者，难道大东海景区管理者都对他们依法负有安全保障义务吗？这里的关键在于：大东海景区经营者的责任边界在哪里？从理论和现实来看，应当是其管辖范围内的游客，才是其依法应当进行服务和尽到安保义务的对象或相对人。不在景区内的人，不管是曾经来过或计划要来的人，理应不是其依法承担安保义务的人。其空间界限只能是景区管辖范围内，其时间界限是开放时间内。法律的效力通常也要考虑时间效力和空间效力。而在本案中，溺水死亡游客只是路过大东海景区，并且不顾大东海景区和相邻军事管制区的警示标志和栅栏而擅自进入军事管制区，并擅自下海嬉水，其死亡的主要责任甚至全部责任，应当由死者自己承担。如果非要确定一个次要责任承担者，那也应当是军事管制区所有人。因为这个军事管制区应当管好自己的水域，不能因疏于管理而让游客进入自己辖区内的水域游泳。

所以，我们认为，如果非要确定次要责任者，本案中对溺亡游客的死亡事故负次要责任的应当是溺亡场所的管理人，即军事管制区。试想：如果游客是通过这个军事控制区进入了大东海景区溺水而亡，受害人家属会起诉军事管制区吗？法院敢判这个军事管制区没有尽到安全保障义务吗？现实情况是，由于这个场所是军事管制区，受害人家属不敢起诉之，才退而起诉大东海景区。即使起诉，也要到军事法院去起诉。受害人家属起诉大东海景区的行为可以理解，但是，地方二审法院从法理上讲不应当支持受害人家属的这一诉求。一审法院没有支持其诉求，则是完全正确的。正如有人所说，在法治社会中，不能任何损害都一定要找他人埋单，是谁的责任就应当由谁承担，无论当事人还是法院，更不能“老太太吃柿子，专挑软的捏”，不敢起诉和判决军事管制区，就一定要让旅游企业来承担责任，这是非常不公平的。如果说由于溺亡游客家庭生活困难，经济拮据，需要大东海公司予以一定补偿，需要企业尽一定的社会责任，这是可以理解的。而在本案二审判决中硬要说大东海公司疏忽管理，放任游客从景区行走到军事管理区，未在沙滩铁栅栏缺口处派专人驻守劝告或设置醒目提示标识牌，未设置阻挡游客通行的安全隔离设施，这属于大东海公司在管理上未尽到合理的安全保障义务，存在瑕疵。我们认为，这实乃属于“欲加之罪，何患无词！”如果按这一推理的逻辑来说，游客溺亡的军事管理区应当负什么责任？如果有游客通过一所学校或广场或任何其他公共场所而进入一家游泳池下水游泳，这所学校或广场或任何公共场所都要为此而承担次要责任吗？这样推理是否有些荒唐？

大东海公司在二审中辩称，发生溺水事故地点不在其合同授权经营管理范围内，死者只是路过景区，且大东海景区是免费封闭景区，景区与军事管理区的分隔铁栅栏也不是由其设置，禁止进入栅栏和进入栅栏后的警示义务属于军事管理区的职责，其在景区范围内已尽到合理的安全保障义务，因此大东海公司对此次事故不承担责任。二审法院却认为，大东海公司的上述辩解，于法无据，本院不予采纳。这真是咄咄怪事，这一辩解怎么就成了“于法无据”？事实上，二审法院的这一认定才是明显的于法无据。

四、在本案中，二审法院认定大东海公司未尽到合理的安全保障义务，因而需要为溺水死亡的游客承担20%的赔偿责任。我们认为，法院这样认定毫无道理。理由已经如上所述，此处不再赘述。

五、在本案中，二审法院认定一审法院的适用法律错误，并予以纠正。我们认为，二审这样认定和判决非常不合理。理由是：第一，一审法院查明的事实属实，二审法院对此也予以确认。第二，根据《中华人民共和国侵权责任法》第三十七条的规定，公共场所管理人未尽到安全保障义务，造成他人损害的，应当承担侵权责任。而在本案中，涉案公司已经尽到了安全保障义务，既设有安全警示标牌，也安装了铁栅栏。而溺亡游客属于成人，无视这些警示标牌和栅栏，执意进入军事管理区，且自己不会游泳而贸然下水，其溺亡实属自己的责任，任何他人或组织或单位都不应当为此而承担侵权责任。

六、此案的判决对免费开放的旅游景区（点）有重要警示：第一，不管是收费景区还是免费开放景区，都依法对游客负有安全保障义务。在有危险的地方和场所设置安全警示标牌，必要时有专人把守和劝阻，并设广播喇叭等进行安全提示，这些都是非常必要的。第二，对相邻地区有潜在危险的，也要高度重视，需要设置围墙、栅栏等防护设施的，一定要按照标准和要求设置，不要心存任何侥幸，“防患于未然”才是上策。

判例10　专列未成行游客要求退费，获法院支持

【案件索引】

重庆市第一中级人民法院民事判决书（2015）渝一中法民终字第04640号：深圳市海韵国际旅行社有限公司与重庆海外旅业（旅行社）集团有限公司、林某某联营合同纠纷二审民事判决书。

【基本案情】

上诉人深圳市海韵国际旅行社有限公司与被上诉人重庆海外旅业（旅行社）集团有限公司、第三人林某某联营合同纠纷一案，重庆市江北区人民法院于2014年12月18日作出（2013）江法民初字第06562号民事判决。上诉人深圳市海韵国际旅行社有限公司不服该判决，向本院提起上诉，本院依法对本案进行了审理，现已审理终结。

本案中，一审法院依照《中华人民共和国合同法》第八条、第六十条、第一百零七条、第一百一十二条，《最高人民法院关于民事诉讼证据的若干规定》第二条，《中华人民共和国民法通则》第四十三条以及《中华人民共和国民事诉讼法》第一百四十二条的规定，判决：一，被告深圳市海韵国际旅行社有限公司于本判决生效之日起十日内向原告重庆海外旅业（旅行社）集团有限公司退还旅游团款463 050.54元；二，被告深圳市海韵国际旅行社有限公司于本判决生效之日起十日内向原告重庆海外旅业（旅行社）集团有限公司赔偿损失681 423.08元；三，驳回原告重庆海外旅业（旅行社）集团有限公司的其他诉讼请求。本案案件受理费19 724元，财产保全申请费5000元，合计24 724元，由原告重庆海外旅业（旅行社）集团有限公司（以下简称重庆海外旅业公司）负担7660元，由被告深圳市海韵国际旅行社有限公司负担17 064元。案件鉴定费2000元，由被告深圳市海韵国际旅行社有限公司（以下简称深圳海韵公司）负担。

深圳海韵公司不服一审判决，向本院提起上诉，请求：依法撤销原判决一、二判项，改判驳回被上诉人的全部诉讼请求；一、二审案件诉讼费、鉴定费由被上诉人重庆海外旅业公司承担。其主要理由：一，原判决审查事实不清。1. 上诉人并未与被上诉人重庆海外旅业公司就新疆专列旅游线路产品达成协议约定。《2013 年合作协议书》约定双方共同合作开发出境专列、国内旅游专列旅游线路产品，该协议加盖的印章系伪造的上诉人印章。一审法院仅以协议上有上诉人林某某的签字就认定该协议有效是错误的。上诉人是接到旅游局转发的投诉后，才得知存在新疆专列旅游路线，上诉人是迫于旅游局和重庆海外旅业公司的压力，才接待 883 名游客，并为此支付费用 1 067 991.5 元。上诉人自始至终并没有承诺接待被上诉人重庆海外旅业公司组织的新疆专列游客 2491 人，无论事前还是事后，双方均未就接待专列游客 2491 人达成过任何书面约定。2. 被上诉人重庆海外旅业公司并未提供重庆分销系统供上诉人使用。《2013 年合作协议书》签订后，被上诉人重庆海外旅业公司并未将分销系统用户使用端口提供给上诉人使用，双方采用的是传真确认方式。被上诉人主张将分销系统用户使用端口提供给何志武，但是并未提供证据证明。原审法院认定，被上诉人重庆海外旅业公司向何志武提供了分销系统用户使用端口供上诉人使用，双方开始按照合同约定履行义务，系事实认定错误。3. 被上诉人不能证明向游客支付款项 303 594.50 元。被上诉人提供的统计表、旅游合同、游客签字的收条，大部分收条金额与统计金额不一致，且存在大量不是游客本人签字的情况，无法核实被上诉人重庆海外旅业公司是否实际向游客支付费用。二，原审判决适用法律错误。1. 上诉人并没有违约，事前上诉人并未承诺提供新疆专列旅游线路。《2013 年合作协议书》加盖的印章系伪造的上诉人印章，该份协议并非上诉人签订和履行，不能约束上诉人，其中关于赔偿游客违约金、利润等条款更不能适用于上诉人。2. 被上诉人提供的分销系统数据不能作为证据使用。首先，该证据内容真实性无法确认，分销系统是由被上诉人重庆海外旅业公司控制和掌握，而非来源于独立的第三方。重庆市公证处的《公证书》仅能证明通过互联网访问系统及打印、查询过程的真实性，是事后的行为公证，无法证明数据形成、存储过程的客观性。其次，该证据与上诉人无关，与本案无关联性。该分销系统用户使用端口登录需要账户和密码，并配有 K 密匙。被上诉人重庆海外旅业公司并没有提供任何证据证明该端口系交给上诉人使用，不能证明该系统中的数据系与上诉人之间的交易往来。原审法院在未审查以上事实的基础上，直接以系统数据作为判决的依据是错误的。3. 被上诉人尚欠的质保金 8 万元应予以抵销。被上诉人重庆海外旅业公司尚欠上诉人质保金 8 万元，有被上诉人于 2013 年 7 月 11 日出具的《深圳市海韵国际旅行社有限公司欠重庆海外旅业（旅行社）集团有限公司款项明细表》为证，并且上诉人已在庭审答辩中主张予以抵销。上诉人在诉讼中行使法定抵销权可以是抗辩的方式也可以是反诉的方式，上诉人具有选择权。本案中，被上诉人主张的团费、违约金等与质保金均是基于联营合同关系产生，是同一法律关系。上诉人在一审诉讼中主张抵销，与被上诉人重庆海外旅业公司主张的诉请具有牵连性，应当予以抵销，不必以反诉形式另案诉讼解决。

重庆海外旅业公司答辩称：一，一审法院判决认定事实清楚，适用法律正确，请求法院维持一审判决。二，上诉人声称对新疆路线达成协议，2012 年和 2013 年之间，被上诉人通过转账 1000 多万元给上诉人，上诉人陈述的 8 万元质保金，佐证了上诉人与被上诉人之间存在合同关系。关于上诉人提到的被上诉人支付 303 594.5 元，经过庭审查明的证据，最终认定 303 594.5 元，该笔款项有充实客观的证据证明，应当认定。关于上诉人提到的印章为伪造的，没有证据证明。三，上诉人提到的双方分销系统是经信息产业化部批准建立的系统，其数据是真实合法有效的。上诉人提到的适用该分销系统的密码，按照我们的约定，我们提供给上诉人之后，是双方自行约定的，上诉人所说的理由是不成立的。

林某某答辩称，我与被上诉人从未见过面，一直是何志武代表重庆海外旅行社与我合作，我一直负责港澳旅游行程，对于系统我从未接触过。出了事情之后，重庆海外旅行社也没有和我沟通过。

二审期间，深圳海韵公司举示了与重庆海外旅业公司至 2012、2013 年合作以来，由何志武确认签字的出团及收费确认通知书（21 份），拟证明何志武代表重庆海外旅业公司与深圳海韵公司进行业务确认，双方业务合作以传真或扫描件形式进行书面确认，从未使用过重庆海外旅业公司的业务系统。经质证，重庆海外旅业公司对该份证据的真实性、合法性有异议，认为何志武的签字不能代表重庆海外旅业公司，没有传真号码，不能证明以传真的形式确认。本院认为，从双方交易习惯来看，双方均与何志武存在关联，以现有证据不能证明何志武系重庆海外旅业公司的委托代理人。上列证据不能达到深圳海韵公司的证明目的。

二审期间，重庆海外旅业公司没有举示新证据。

二审审理查明，赴新疆旅游的游客中，重庆海外旅业公司自行组团 253 名游客，深圳海韵公司和何志武等地接服务游客 630 名，其中深圳海韵公司地接服务游客 582 名。

重庆海外旅业公司自认深圳海韵公司与何志武等地接服务游客部分的应获得的团费收入为 920969 元。重庆海外旅业公司自认自行完成的新疆专列人员的销售团费为 418351 元。

关于重庆海外旅业公司与深圳海韵公司游客团费的分配问题，深圳海韵公司认为重庆海外旅业公司应从销售团费中扣除 10% 后支付给深圳海韵公司，重庆海外旅业公司认为应当在销售团费中扣除 15%~16% 后支付给深圳海韵公司。

【判决与理由】

本院认为，本案处理的纠纷主要是双方在新疆专列问题上产生的。根据双方当事人的诉辩主张，双方当事人的争议焦点是：1. 重庆海外旅业公司与深圳海韵公司是否就新疆专列旅游产品达成协议。2. 深圳海韵公司是否应退旅游团款 463050.54 元。3. 重庆海外旅业公司主张的各项损失是否应得到支持。

关于重庆海外旅业公司与深圳海韵公司是否就新疆专列旅游产品达成协议。重庆海外旅业公司与深圳海韵公司于 2011 年和 2012 年分别签订《2012 年合作协议书》和《2013 年合作协议书》，在框架协议签订后，双方一直按照约定履行协议。林某某提供了《深圳海韵公司嘉宾营业部的出团及收费确认通知书》，该通知书上载有深圳海韵公司的指定账户深圳工商银行和平支行（卡号：40××× 14-7415）。经一审查明，重庆海外旅业公司也确实打款至该账户。虽然经鉴定，协议上深圳海韵公司的印章系伪造的，但作为深圳海韵公司营业部的负责人林某某的签字是真实的，且深圳海韵公司以实际行为履行了该协议，该协议内容不违反法律和行政法规的强制性规定，对深圳海韵公司具有法律约束力。在框架协议签订后，双方多次按照协议进行具体旅游产品的合作；林某某作为深圳海韵公司营业部的负责人，具体负责团队接待，未发生过旅游质量纠纷。新疆专列出事后，林某某称未就该专列达成合作协议。本院认为，按照双方的交易习惯，在新疆专列旅游产品问题上，应认定双方达成了合作协议，深圳海韵公司的上诉理由不能成立。

关于深圳海韵公司是否应退旅游团款 463 050.54 元。一审庭审中已查明重庆海外旅业公司共支付深圳海韵公司团款 1 381 766.73 元。因重庆海外旅业公司只提供了其自行完成接待的 253 名游客缴纳的全部团费的金额为 418 351 元，人均游客缴纳的团费为 418 351 元 ÷253=1653.56 元。成团的 883 名游客中，除重庆海外旅业公司自己接待的 253 人外，深圳海韵公司等接待游客 630 人，这部分游客缴纳的团费，参照重庆海外旅业公司游客人均的团费标准，重庆海外旅业公司应向深圳海韵公司支付的团费为：1653.56 元 ×630=1 041 742.80 元。因深圳海韵公司认为重庆海外旅业公司可以扣除 10% 的利润，故重庆海外旅业公司向深圳海韵公司应当支付深圳海韵公司接待部分游客团款为 1 041 742.80 元 –1 041 742.80 元 ×90%=937 568.52 元。深圳海韵公司应当返还团款 444 198.21 元（总团款 1381766.73 元 – 应付团款 937 568.52 元）。

关于重庆海外旅业公司主张的各项损失能否得到支持。就新疆专列旅游产品，重庆海外旅业公司共组织客源 2491 人，因专列取消，导致 1608 名游客退团，剩余 883 人由深圳海韵公司和重庆海外旅业公司等分别另行组团成行。其中重庆海外旅业公司自己接待了 253 人。重庆海外旅业公司主张的损失由三部分构成：1.1608 名游客退团产生的违约金及交通费。一审法院经统计游客签字确认的收条认定 303 594.50 元。该项费用由游客签字、按手印的收条及旅游合同予以确认，是重庆海外旅业公司实际支出的费用，系直接损失，应得到支持。2. 因 1608 名游客退团产生的利润损失，该利润损失应为营业部销售金额与深圳海韵公司按合作协议计算团费金额的差价构成，共计 403 945 元。该部分金额与重庆海外旅业公司提供的《深圳海韵新疆专列游客统计表》中的“销售金额”和旅游合同的价款是一致的，“违约金”与游客签字确认的金额也基本一致，并且按照市场交易习惯，组团社与地接社之间即重庆海外旅业公司与深圳海韵公司之间的游客销售金额之间实际存在价差，故本院认为该统计数据具有真实性，应当采信。根据《2013 年合作协议书》第二项第五条的约定，深圳海韵公司对此应当承担相应的违约责任，赔偿重庆海外旅业公司的损失。3. 重庆海外旅业公司接待 253 名游客产生的交通费 311 553.5 元，导游服务费 9169.5 元。为避免损失的扩大以及造成其他不良社会影响，重庆海外旅业公司自行走正常班列的渠道，保证了 253 名游客到新疆旅游，由此产生了旅游专列与正常班列火车票价差，该部分损失应由深圳海韵公司承担。重庆海外旅业公司提供了 253 名游客的火车票收据及导游签字确认的收据予以证实。但重庆海外旅业公司在二审中陈述正常旅游专列游客的火车票价款即为 311 553.5 元，故重庆海外旅业公司主张的火车票差额不存在，重庆海外旅业公司关于火车票损失的理由不能成立，本院不予支持。重庆海外旅业公司自行组团的 253 名游客，未向深圳海韵公司支付团费，其地接服务和导游费用应由其承担。相反，重庆海外旅业公司已经获得了相应的利润。故，对重庆海外旅业公司主张的 253 名游客的火车费用及地接导游费用，本院不予支持。

另，重庆海外旅业公司自认尚欠深圳海韵公司的其他团款 281 916.42 元，深圳海韵公司另支付重庆海外旅业公司 64 923 元，综上，重庆海外旅业公司的损失共计 360 700 元（303 594.50 元 +403 945 元 −281 916.42 元 −64 923 元 =360 700 元）。

一审法院其余判决本院予以支持。

综上，上诉人深圳市海韵国际旅行社有限公司的上诉理由部分成立，对其上诉请求，本院部分予以支持。一审判决部分事实认定不清，因二审中出现新陈述，导致本院依法予以改判。据此，依据《中华人民共和国合同法》第八条、第六十条、第一百零七条、第一百一十二条，《最高人民法院关于民事诉讼证据的若干规定》第二条，《中华人民共和国民法通则》第四十三条、第一百零七条和《中华人民共和国民事诉讼法》第一百七十条（二）之规定判决如下：

一、撤销重庆市江北区人民法院（2013）江法民初字第 06562 号民事判决；

二、深圳市海韵国际旅行社有限公司于本判决生效之日起十日内向重庆海外旅业（旅行社）集团有限公司赔偿损失共计 360 700 元；

三、深圳市海韵国际旅行社有限公司于本判决生效之日起十日内向重庆海外旅业（旅行社）集团有限公司返还团款 444 198.21 元；

四、驳回重庆海外旅业（旅行社）集团有限公司的其他诉讼请求。

本判决为终审判决。

【本案涉及的法律问题】

一、本案中，虽然涉案公司的分公司负责人在合同上加盖的公章系伪造，但是由于有该负责人的签字，且有付款等履行合同的行为，法院仍认定此合同合法有效，这样认定和判决合理吗？有法律依据吗？为什么？

二、在本案中，是涉案深圳海韵旅游公司下属的营业分部负责人对外签订的旅游合同，为什么旅游公司要为此而承担责任？其法律依据是什么？

三、本案中，涉案深圳海韵旅游公司在承诺的新疆专列旅游不能成行时，应当如何退还旅游者交纳的团款？

四、从本案来看，组织专列旅游存在哪些经营风险？本案对旅游经营者有哪些警示？

【参考答案与法理分析】

一、本案中，虽然涉案公司的分公司负责人在合同上加盖的公章系伪造，但是由于有该负责人的签字，且有付款等履行合同的行为，法院仍认定此合同合法有效，这样认定和判决，我们认为是合理的。理由是：第一，此案双方当事人争议的焦点之一是，重庆海外旅业公司与深圳海韵公司是否就新疆专列旅游产品达成协议。如果双方没有达成协议，就不会有本案中涉及到的付款等履约行为。而实际上双方当事人都有一定的履约行为，尤其是有付款和收款行为，只是在因为申请专列未成功需要退还相关费用时，双方才发生争议。因此，协议的存在并发挥作用，是客观事实，法院应予认定。否则，这一纠纷无法顺利解决。

第二，双方之间是否存在合法有效的合同，一是看是否有合同存在，不管是书面合同，还是其他形式的合同。在本案中，书面合同是存在的，这是事实。二是这种合同是否合法有效，这也是本案中的争议焦点。一、二审法院均查明，双方与 2011 年、2012 年分别签订了合作协议书，在框架协议签订后，双方一直按照约定履行协议。涉案第三人林某某还提供证据证明，有深圳海韵公司指定的账户，有收费确认书。一审还查明，重庆海外旅业公司确实曾经打款至该账户，这表明双方有资金往来，实际已经在履约。虽然经鉴定，协议上深圳海韵公司的印章系伪造的，但作为深圳海韵公司下属营业部的负责人林某某的签字是真实的，且深圳海韵公司以实际行为履行了该协议，该协议内容不违反法律和行政法规的强制性规定，也不侵犯社会公共利益和其他第三人的利益，对深圳海韵公司也具有法律约束力。在框架协议签订后，双方多次按照协议进行具体旅游产品的合作；林某某作为深圳海韵公司营业部的负责人，具体负责团队接待，未发生过旅游质量纠纷。新疆专列出事后，林某某称未就该专列达成合作协议。所以二审法院认为，按照双方的交易习惯，在新疆专列旅游产品问题上，应认定双方达成了合作协议，深圳海韵公司的上诉理由不能成立。

二、在本案中，是涉案深圳海韵旅游公司下属的营业分部负责人对外签订的旅游合同，之所以其总公司深圳海韵旅游公司要为此而承担责任，其法律依据是该公司是法人，而该营业分部隶属于该总公司，因此，总公司要为此而承担法律责任。其他公司与该营业分部签订合同，主要是看该营业分部隶属于该总公司，否则，它们也不会与之签订旅游协议。

三、本案中，涉案深圳海韵旅游公司在承诺的新疆专列旅游不能成行时，应当如数退还旅游者交纳的团款，或者另行安排其他列车履行合同中载明的接待和服务等相关义务，前提是旅游者同意这样做。如果旅游者不愿意参加该公司安排的其他列车前往新疆旅游，该公司就应当全额退还旅游者交纳的旅游费用。

但是，在本案中，旅游者是把团费交给重庆海外旅业公司的，该海外旅业公司是组团社，故应由组团社向旅游者退还所交团款。如果在旅游合同中约定有违约金，该旅业公司还需要支付旅游者违约金。事实上，从二审判决理由来看，该旅业公司支付了旅游者违约金和交通费赔偿。一审法院经统计游客签字确认的收条确认了约 30 余万元。在本案中，双方争议的焦点之一是，深圳海韵公司应该退还重庆旅业公司多少团款，这个问题在二审判决理由中已经说明，不再赘述。

四、从本案来看，组织专列旅游存在着极大的经营风险：专列不属于正常的客运列车，而是类似于临时加班列车。从性质上说，专列不属于公共交通工具。所谓公共交通，是向不特定人群开放的交通工具。除法律规定的特殊情况外，任何人都可以购买公共交通工具的车票、船票或机票等。只要有剩余的交通票，不特定身份的人都可以购买。而专列之所以不属于公共交通工具，是因为专列由旅游企业事先通过约定，向铁路部门整体购买该交通工具的承运权，然后再由该旅游企业向旅游者销售。其他不特定人群如果不参加该旅游企业的旅游活动，便无法购买到专列的车票，当然也无权乘坐专列出行。因此，专列不属于公共交通工具的范畴。同理，专车、专机、包船等也不属于公共交通工具的范畴。

《旅游法》对于由公共交通工具给旅游者造成的损失作出旅行社可以免责的明确规定。因为一般的旅游企业对公共交通工具没有实际的控制力，因此由公共交通工具给旅游者造成的损害，通常不应当由旅游经营者来承担。例如，旅游者托运的行李丢失或损坏，赔偿主体是公共交通部门。公共交通工具给旅游者造成的人身损害或财产损失，赔偿主体是公共交通部门。相关旅行社只有配合旅游者解决纠纷的义务，没有赔偿的义务。甚至公共交通工具造成的时间延误，如航班延误、火车晚点等造成的时间延误，通常旅行社也可以免责。《最高人民法院关于审理旅游纠纷案件适用法律若干问题的规定》第十八条明确规定，公共交通部门造成旅游团队的行程延误，不可以追究旅行社的违约责任，只需要向旅游者退还尚未发生的费用即可。换言之，公共交通工具造成的旅游者损害，旅行社没有违约责任，不需要赔偿。

但是，由于专列不属于公共交通工具的范畴，因此专列（包括包机、包船、包车等）则需要承担相应的赔偿责任。如果专列、专机、包船和包车等非公共交通工具出现违约，没有按约定时间、地点把旅游者运送到旅游目的地，旅行社就要承担相应的违约责任。相对于旅游合同中的旅行社和旅游者而言，铁路、航空公司等属于旅游合同的第三人，当第三人违约时，要由其中一方当事人承担责任。例如，专列的延误或停开，旅行社不仅要向旅游者退还交通费用，还要退还其他相关费用如景区门票、住宿费用等，还要承担违约责任，对旅游者进行违约赔偿。当然，旅行社先行赔偿旅游者之后，可以依约或依法向专列所在公司追偿。[①]

本案对旅游经营者的警示在于，经营专列、专机、包船等业务时，一定要确保能顺利获得批准和准时运行，否则，由于专列、专机、包船等涉及的游客人数众多，金额巨大，一旦出现不能准时发车、延误或其他预想不到的事故，就会涉及到巨额赔偿，相关纠纷的解决也会难度较大。

① 参见黄恢月：《旅行社服务纠纷案例详解》，中国旅游出版社2016年版，第195页。

判例11　飞机坠地游客受伤害，赔偿诉求获法院支持

【案件索引】

杭州市中级人民法院民事判决书（2016）浙01民终1079号：浙江海外星空国际旅游有限公司与王某旅游合同纠纷一案二审民事判决书。

【基本案情】

上诉人浙江海外旅游公司因与被上诉人王某、原审第三人浙江光大旅游公司旅游合同纠纷一案，不服杭州市上城区人民法院（2014）杭上民初字第1601号民事判决，向本院提起上诉。本院依法组成合议庭对本案进行了审理，现已审理终结。

原审判决认定，2013年9月9日，王某作为代表与海外旅游公司签订了一份《出境旅游合同》，合同约定：王某、张晓蕾、蔡鹏亮及徐达越参加海外旅游公司组织的境外旅游团，旅游线路名称为天宁塞班5H线（拼团），旅游时间为2013年10月2日至6日，出发地为上海，目的地为天宁塞班，每人旅游费用为9350元，合计37 400元。合同另附“两岛精选游（5H）”行程单，行程单中安排第五天行程为“天宁岛—塞班岛—上海”，凌晨办理退房手续，搭乘小飞机返回塞班岛（航程约10分钟），并转乘四川航空公司航班直航飞返上海。该行程单还载明“免费安排塞班岛及天宁岛来回小型飞机接送服务一次”。王某按约交付旅游费用并参加了旅游。2013年10月6日零点左右，王某搭乘小型客机从天宁岛返回塞班岛，途中飞机坠地，王某因此受伤，导致右上肢多处损伤，头、面部皮肤裂伤，鼻骨骨折、腰5椎体压缩性骨折、小肠穿孔、胃穿孔、肠管穿孔等伤情。王某在美国当地医院进行了基本治疗，待病情稍稳定后转回国内。回国后先后在上海华顺（华山）医院、中国人民解放军南京军区南京总医院、上海长征医院及浙江省人民医院进行住院治疗，其间行皮肤植皮手

术、小肠部分切除手术、胃部分切除手术、结肠部分修补术及骨折内固定等手术治疗与处理，共住院330天，产生住院费1 139 668.41元，其中海外旅游公司委托佛山天宁公司垫付1 065 680.40元，王某自行支付73 988.01元。此外，王某在治疗期间还支出如下费用：外购药费15 583.80元、器械租用费3000元、救护车费用2510元及鉴定费2400元。审理中，原审法院依法委托杭州华硕司法鉴定所对其伤残程度等进行司法鉴定，该所于2015年7月9日出具杭华硕司鉴所（2015）临鉴字第400号鉴定意见书，鉴定意见书认为王某伤情已构成一个七级伤残、三个九级伤残及两个十级伤残，综合评定王某人体损伤残疾程度为七级残疾，误工期为360日，护理期为270日（1人护理），营养期为270日。2014年10月21日，王某诉至原审法院，要求判令：1. 海外旅游公司赔偿王某医疗费、后续医疗费、整形费、康复费、护理费、营养费、伙食补助费、交通费、救护车费、伤残赔偿金、一次性伤残生活补助费、鉴定费、误工损失及财产损失，总计1 884 394元；2. 海外旅游公司立即向王某支付人身旅游意外伤害保险赔偿款50 000元。另查明，2014年9月22日，浙江省人民医院田智慧、朱迪出具证明称："王某因病情需要，出院后需择期于外院进行第二掌骨内侧固定拆除术及疤痕松解术，为进一步提高患侧手功能，术后王某仍需来院接受后续的康复疗程，康复治疗总时长约3个月，治疗总费用约60 000元。"2014年9月26日，上海长征医院王汇医师出具证明，其上载明："预计抗痕治疗费用25万~30万元；右手功能重建中，需转移皮瓣修复及后续抗痕，预计费用约10万元；下腹部创面需正规换药，并后续抗疤痕治疗，费用约5万元，共计费用约在45万元。"此后，该院整形科朱晓海医师也在证明上签字，并加盖了医疗专用章。王某年收入为100 000元。再查明，外海旅游公司与光大旅游公司签订旅行社联合出境组团业务合作协议书一份，约定由外海旅游公司代为收客组团，光大旅游公司安排落实游客赴境外旅游的计划接待。此后，光大旅游公司又将该团交给佛山天宁公司来安排机票、当地行程、住宿、接送服务及入境签证等事宜。失事飞机属于美国北马里亚纳群岛联邦STAR MARIANS航空有限公司，该公司获准在美国北马里亚纳群岛开展航空业务。在飞机失事时间段内，有多架同类型飞机同时飞行来回接载与王某同团的其他游客。

原审法院认为，旅游者人身、财产受到侵害的，有依法获得赔偿的权利。本案争议焦点在于：一，外海旅游公司是否要承担赔偿责任；二，王某的损失范围。关于争议焦点一。《中华人民共和国合同法》第六十条规定："当事人应当按照约定全面履行自己的义务。当事人应当遵循诚实信用原则，根据合同的性质、目的和交易习惯履行通知、协助、保密等义务。"《中华人民共和国旅游法》第七十条规定："旅行社不履行包价旅游合同义务或者履行合同义务不符合约定的，应当依法承担继续履行、采取补救措施或者赔偿损失等违约责任；造成旅游者人身损害、财产损失的，应当依法承担法律责任。"原审法院认为，旅行社除了按合同约定提供旅游服务外还应就旅游过程中的安全承担安全保障义务，若游客在旅行过程中遭受人身损害的，旅行社应当承担赔偿责任。外海旅游公司抗辩称王某受伤是因为搭乘飞机失事而致，失事飞机开展的是公共交通运输服务，故外海旅游公司应免责。原审法院认为，当事人应就自己的主张提供证据证明，否则承担不利法律后果。外海旅游公司仅举证证明失事飞机所属公司拥有合法开展航空业务的资质，但未提供证据证明失事飞机搭载王某进行的飞行属于提供公共交通运输服务。原审法院认为外海旅游公司应承担举证不能的法律后果，故对外海旅游公司的抗辩不予采信。在没有证据证明飞机失事系不可抗力原因造成的情况下，失事飞机所属航空公司即美国北马里亚纳群岛联邦 STAR MARIANS 航空有限公司作为履行辅助人，未尽到安全保障义务，造成王某遭受人身及财产损害，其行为已构成违约。本案王某参加的是包价旅游，外海旅游公司组团后又将旅游团转让给了光大旅游公司，而光大旅游公司又将该团交给佛山天宁公司来安排机票、当地行程、住宿、接送服务及入境签证等事宜。根据《中华人民共和国旅游法》第七十一条"由于地接社、履行辅助人的原因导致违约的，由组团社承担责任……由于地接社、履行辅助人的原因造成旅游者人身损害、财产损失的，旅游者可以要求地接社、履行辅助人承担赔偿责任，也可以要求组团社承担赔偿责任"的规定，在王某仅起诉外海旅游公司的情况下，外海旅游公司作为组团社应就本案王某因飞机坠地受伤产生的合理损失承担赔偿责任。

关于争议焦点二。《最高人民法院关于审理人身损害赔偿案件适用法律若干问题的解释》第十七条规定："受害人遭受人身损害，因就医治疗支出的各项费用以及因误工减少的收入，包括医疗费、误工费、护理费、交通费、住宿费、住院伙食补助费、必要的营养费，赔偿义务人应当予以赔偿。受害人因伤致残的，其因生活上需要所支出的必要费用以及因丧失劳动能力导致的收入损失，包括残疾赔偿金、残疾辅助器具费、被扶养人生活费，以及因康复护理、继续治疗实际发生的必要的康复费、护理费、后续治疗费，赔偿义务人也应当予以赔偿。"据此，原审法院根据相关法律规定，参照一审法庭辩论终结时公布的浙江省相关赔偿标准，对王某主张的各项损失认定如下：医药费 337 841.81 元、护理费 35 782 元、交通费 4510 元、住院伙食补助费和住宿费 76 500 元、误工损失 100 000 元、残疾赔偿金 403 930 元、营养费 13 500 元、财产损失 6000 元及鉴定费 2400 元，共计 980 463.81 元，由外海旅游公司赔偿给王某。王某主张外海旅游公司立即向其支付人身旅游意外伤害保险赔偿款 50 000 元，对此，原审法院认为该项诉讼请求涉及其他法律关系，王某应另案起诉解决，本案不予处理。据此，依照《中华人民共和国合同法》第六十条，《中华人民共和国旅游法》第六十条、第七十条、第七十一条，《最高人民法院关于审理人身损害赔偿案件适用法律若干问题的解释》第十七条、第十九条、第二十条、第二十一条、第二十二条、第二十三条、第二十四条、第二十五条之规定判决：一，浙江外海星空国际旅游有限公司应于本判决生效之日起十日内赔付王某各项损失合计 980 463.81 元；二，驳回王某的其他诉讼请求。

上诉人外海旅游公司上诉称，本案中被上诉人仅提供医生出具的后续治疗费证明，并没有相关具有资质的机构出具的证明，且后续治疗费并没有实际产生，该费用应在实际发生后再主张。一审认定事实不清，请求二审法院改判上诉人不赔付被上诉人后续治疗费 250 000 元。

被上诉人王某答辩称，认可一审判决，请求二审法院维持原判。原审第三人光大旅游公司未发表答辩意见。各方当事人二审中未提供新证据。本院经审理查明的事实与原审认定一致。

【判决与理由】

本院认为，关于后续治疗费，王某右手内还存有固定装置，同时全身呈线性疤痕，确有再行拆除手术并进行整形治疗的需要，结合王某提交的医疗就医记录及医疗证明，原审法院酌情支持 250 000 元并无不当，上诉人亦未举证证明上述金额超出合理范围，故本院予以确认。对上诉人的上诉请求，本院不予支持。原审判决认定事实清楚，适用法律正确，实体处理恰当，依照《中华人民共和国民事诉讼法》第一百七十条第一款第（一）项之规定，判决如下：

驳回上诉，维持原判。本判决为终审判决。

【本案涉及的法律问题】

一、本案中涉案的小型飞机是否属于公共交通工具，认定这一架小型飞机是否属于公共交通工具对本案的判决有何影响？为什么？

二、在本案中，一审法院要求海外旅游公司举证证明该小型飞机属于公共交通工具，法院这样分配举证责任是否正确？为什么？

三、一审法院释明，如果海外旅游公司不能证明该小型飞机属于公共交通工具，那么就要按照履行辅助人对待，其造成的旅游者财产损失和人身伤害应当由组团社先行赔偿。一审法院这样理解正确吗？为什么？

四、从本案中来看，旅游者遭受人身损害时其应当得到的损失赔偿包括哪一些？其法律依据是什么？

五、在本案中，受害人王某主张海外旅游公司立即向其支付旅游意外伤害保险赔偿款 5 万元，没有得到一审法院的支持。法院这样做正确吗？为什么？

六、本案判决对组织游客到海外旅游、寻找旅游服务履行辅助人，有哪些警示？

【参考答案与法理分析】

一、在本案中，我们认为，涉案小型飞机在交通工具的性质上属于公共交通工具。这样认定，对本案的判决有重要影响。理由是：第一，本案中的失事飞机属于美国北马里亚纳群岛联邦 STAR MARIANS 航空有限公司，该公司获准在美国北马里亚纳群岛开展航空业务。在飞机失事时间段内，有多架同类型飞机同时飞行来回接载与王某同团的其他游客。因此，该飞机属于公共交通工具，不是涉案旅行社专门租用的包机。第二，我国《旅游法》对于公共交通工具给旅游者造成的财产损失和人身损害的赔偿有特殊规定，因公共交通工具属于旅行社不可控制的工具，故旅行社可以对此免责，由公共交通部门直接对旅游者的损害承担赔偿责任。所以，判定该失事飞机是否属于公共交通工具，在本案的定性和确定赔偿责任方面，具有重要的意义和作用。

二、在本案中，一审法院要求本案中涉案海外旅游公司举证证明该小型飞机属于公共交通工具。法院这样分配举证责任，在我们看来，有失公允。理由是：第一，只要该失事飞机不是海外旅游公司雇用的专机或包机，就应认定为公共交通工具。第二，只要让旅行社证明机上还有旅游团成员以外的其他乘客，且是有同类飞机长期在该区域执行运送旅客的飞行，就可断定它是公共交通工具，不必再由当事人进行举证。第三，可由让受害人王某举证证明该机是包机或专机，以此反证其属于履行辅助人。但是，受害人王某并没有提出该失事飞机是包机或专机，而不是公共交通工具。因此，法院提出这一要求，属于多此一举。

三、在本案中，一审法院释明，如果海外旅游公司不能证明该小型飞机属于公共交通工具，那么就要按照履行辅助人对待，其造成的旅游者财产损失和人身伤害应当由组团社先行赔偿。一审法院这样理解《旅游法》的规定，从理论上说，似乎是正确的。但是，遗憾的是，从本案判决中看，旅行社没有进行这一举证。这究竟是他们怠于举证，还是由于他们不知道如何举证，还是由于该失事飞机属于美国的航空公司，不容易取证，总之，从本案判决中看，个中原由不得而知。

根据《旅游法》第七十一条的规定，如果该失事飞机不是公共交通工具，就要以履行辅助人对待。作为旅行社的履行辅助人，若给旅游者造成损失的，旅行社应当先行赔偿。当然，旅行社先行赔偿后，可以向该航空公司追偿。然而，根据《旅游法》第七十一条第二款的规定，如果该失事飞机属于公共交通工具，则不需要旅行社先行赔偿："但是，由于公共交通经营者的原因造成旅游者人身损害、财产损失的，由公共交通经营者依法承担赔偿责任，旅行社应当协助旅游者向公共交通经营者索赔。"从这一规定看，旅行社在本案中这种情况下，应当承担的法律责任是协助旅游者向公共交通部门索赔，而不是直接赔偿旅游者。

四、从本案来看，旅游者遭受人身损害时其应当得到的损失赔偿包括三项：一是因就医治疗支出的各项费用；二是因误工减少的收入；三是如果受害人致残，还要赔偿其生活上需要支出的必要费用以及因丧失劳动能力导致的收入损失。具体地说，应包括医疗费、误工费、护理费、交通费、住宿费、住院伙食补助费、必要的营养费、残疾赔偿金、残疾辅助器具费、被抚养人生活费、康复护理费、继续治疗费和康复费、护理费、后续治疗费等。其法律依据是《最高人民法院关于审理人身损害赔偿案件适用法律若干问题的解释》第十七条。

五、在本案中，受害人王某主张海外旅游公司立即向其支付旅游意外伤害保险赔偿款5万元，没有得到一审法院的支持。法院这样判决是正确的，因为这一项诉讼请求涉及到旅游保险法律关系，乃是旅游者与保险公司之间的法律关系，不是旅游者与旅行社之间的旅游合同法律关系，故应当另案解决。

六、本案判决对旅行社组织游客到海外旅游、寻找和确定旅游服务履行辅助人有重要警示：一是寻找有合格资质的履行辅助人；二是要就可能发生的人身损害和财产损失预先签订合作协议，说明双方应当承担的赔偿责任，这样，一旦发生安全事故和赔偿纠纷，举证时相对容易，法院判决时也比较方便。否则，一旦出现事故后，再临时去寻找证据，或者让对方出具相关证据，由于有可能涉及赔偿责任，对方可能不愿意配合。

判例12　游客购物后状告旅行社和商场欺诈未获法院支持

【案件索引】

威海市中级人民法院民事判决书（2016）鲁10民终1133号：王某周与威海和平国际旅行社有限公司（以下简称和平国旅）、威海和平国际旅行社有限公司文登营业部（以下简称和平国旅文登营业部）旅游合同纠纷二审民事判决书。

【基本案情】

上诉人王某周就与上诉人和平国旅文登营业部、和平国旅旅游合同纠纷一案，不服威海市文登区人民法院（2015）威文经商初字第165号民事判决，向本院提起上诉。本院依法组成合议庭审理了本案，现已审理终结。

本院经审查认为，王某周提交的广东省旅游局的回复中并未显示投诉内容，无法确认与本案具有关联性；其提交的QQ聊天记录，因和平国旅对其真实性没有异议，故本院对其真实性予以确认。关于和平国旅及和平国旅文登营业部提交的证据，因王某周同意以法院查询结果为准，且经本院查询，查询过程及查询结果与和平国旅及和平国旅文登营业部提交的证据显示一致，故对上述证据的真实性本院予以确认。

本院二审查明，和平国旅文登营业部为和平国旅下属分公司。王某周在旅游过程中，于2015年3月27日在珠海花销2999元购买"大金观音佛"一对。经查询www.zhjcs.cn为珠海市质量计量监督检测所网址，输入王某周购买的涉案商品的9位数字证书编号进行查询，两份鉴定证书均显示"检测结果：翡翠（A货），外观：玻璃光泽，标注：千足金"。

本院查明的其他事实与原审法院查明的事实一致。

【判决与理由】

本院认为，本案二审争议焦点为：一，和平国旅及和平国旅文登营业部是否是涉案旅游合同的当事人；二，和平国旅及和平国旅文登营业部应否承担退一赔十的责任。

关于争议焦点一，本院认为，双方均认可涉案《购物安排及自费推荐补充协议》是旅游合同的补充协议，补充协议中载明游客为王某周、王某燕，旅行社为和平国旅文登营业部，并加盖有和平国旅文登营业部的公章，和平国旅文登营业部依据该协议收取王某周300元，并向其出具加盖其公章的收据一份，应认定和平国旅文登营业部为涉案旅游合同当事人。和平国旅及和平国旅文登营业部上诉称合同当事人为山东金桥国际旅行社烟台分公司，对此，本院认为，双方均认可该补充协议是旅游合同的补充协议，补充协议中并未载明山东金桥国际旅行社烟台分公司为合同相对人，也未在协议中载明合同当事人存在变更情况，应认定旅游合同的当事人与补充协议当事人相同，即和平国旅文登营业部为合同当事人。至于山东金桥国际旅行社烟台分公司是否委托和平国旅文登营业部招徕游客，系另一法律关系，二旅行社的相关上诉主张，本院不予支持。

关于争议焦点二，本院认为，按照双方补充协议的约定，旅行社向王某周提供的旅游服务中包含购物安排，其中在珠海的安排为“珠海玉器、百货”，营业产品为“经营各种玉器、百货、蚕丝”。到达珠海后，王某周乘坐地接社安排的车辆到达珠海商场，并在商场内自行选购“大金观音佛”等商品。和平国旅文登营业部并不存在补充协议约定外增加购物点或强迫购物等情形，其提供旅游服务符合双方旅游合同及补充协议的约定，并不存在违约情形。

关于王某周所购商品是否为假货的问题，本院认为，王某周购买的商品附有广东省质量监督贵金属及珠宝玉石检疫站（珠海）出具的鉴定证书，证书显示该商品为翡翠A货，标注为千足金。该检疫站为国家法定产品质量监督检疫机构，因此该商品为合格产品。关于王某周称商品名称、标签与鉴定书不符，因此为假货的问题，本院认为，标签“金镶玉”与“翡翠、千足金”并不矛盾，从商品外观可知，虽名称为“大金观音佛”，但并非金佛，即使存在商品名称标示问题，也仅是标示瑕疵，不等于涉案商品为假货，在王某周未提交其他证据足以反驳鉴定证书的情况下，不能认定涉案商品为假货。

关于和平国旅及和平国旅文登营业部是否构成欺诈的问题，本院认为，根据《最高人民法院关于贯彻执行民法通则若干问题的意见（试行）》的司法解释

第六十八条的规定，“一方当事人故意告知对方虚假情况，或者故意隐瞒真实情况，诱使对方当事人作出错误意思表示的，可以认定为欺诈行为”。本案中王某周已事先知晓需在珠海购物，购物内容符合协议约定的种类，购买过程为王某周自主购买，和平国旅及和平国旅文登营业部并未参与，因此二旅行社并不存在故意告知王某周虚假情况或故意隐瞒真实情况的情形，王某周主张二旅行社构成欺诈依据不足，本院不予采信。关于王某周称珠海商场构成欺诈，根据《旅游法》第七十一条的规定二旅行社应予退一赔十的问题，本院认为，首先，《中华人民共和国旅游法》第七十一条规定的是地接社及履行辅助人的责任，而根据该法第一百一十一条的规定，商场属于旅游经营者而非履行辅助人，不应适用该规定；其次，王某周并未举证证明商场存在欺诈行为；最后，即便商场存在欺诈行为，根据相关法律规定，王某周应当向经营者即涉案商场主张，而不应当向二旅行社主张。故王某周的主张没有事实及法律依据，本院不予支持。

因此，上诉人王某周的上诉理由不成立，本院不予支持。上诉人和平国旅及和平国旅文登营业部上诉理由正当的部分，本院予以支持。原审判决认定有误，应予纠正。依照《中华人民共和国合同法》第八条、第七十七条,《中华人民共和国旅游法》第二条、第三十五条第二款、第一百一十一条,《中华人民共和国消费者权益保护法》第五十五条,《中华人民共和国民事诉讼法》第一百六十九条、第一百七十条第一款第（二）项、第一百七十五条之规定，判决如下：

一、撤销威海市文登区人民法院（2015）威文经商初字第 165 号民事判决；

二、驳回王某周的诉讼请求。

本判决为终审判决。

【本案涉及的法律问题】

一、本案中，旅行社与游客在《购物安排及自费推荐补充协议》中约定了购物场所，并约定了游客在这些购物店中为自愿购物，所购商品非质量问题一律不予退换，如有质量问题，旅行社可协助游客退换货事宜。这样约定合理吗？有法定依据吗？

二、本案中，和平国旅文登营业部辩称其只负责招徕游客，因而与原告之间不存在旅游合同关系，这一辩称为什么没有得到法院的支持？同时，本案中涉及到把文登营业部作为和平国旅分公司对待的概念。营业部与分公司的法律地位是否相同？其法律责任有何不同？

三、根据这一判例，应当如何认定营业部的法律地位和性质？营业部是否独立的法人单位？有无权利对外独立签订旅游合同？

四、在本案中，为什么一审法院判决和平国旅应当对和平国旅文登营业部的行为承担连带责任？其法律依据是什么？

五、在本案中，原告要求二被告按照商场所承诺的“假一赔十”标准赔偿损失，为什么没有得到法院的支持？

六、在本案中，一审法院要求旅行社返还原告的购物价款 2999 元，同时赔偿原告购物价款三倍的赔偿金 8997 元，这一判决合理吗？有法律依据吗？

七、在本案中，文登营业部有自己的专用公章，且收取了游客每人 300 元。从烟台到香港和珠海等地旅游，只收 300 元团费，是否涉嫌“以不合理的低价组织旅游”？

八、在本案中，二被告旅行社辩称自己不是合同相对人，山东金桥国际旅行社烟台分公司才是真正的合同相对人，这一辩称没有得到法院认可，为什么？

九、在本案中，游客以“大金观音佛”并非金佛为由，诉称涉案商品为假货，并涉嫌欺诈，但没有得到法院支持，为什么？

十、在本案中，游客诉称珠海商场构成欺诈，而二审法院根据《旅游法》第一百一十一条的规定，认定商场属于旅游经营者而非履行辅助人，因此，不适用《旅游法》第七十一条关于地接社及履行辅助人的规定，游客也并未举证商场存在欺诈行为，因此，法院不支持游客关于二旅行社“退一赔十”的要求。法院这样认定合理吗？有法律依据吗？

【参考答案与法理分析】

一、本案中，旅行社与游客在《购物安排及自费推荐补充协议》中约定了购物场所，并约定了游客在这些购物店中为自愿购物，所购商品非质量问题一律不予退换，如有质量问题，旅行社可协助游客退换货事宜。我们认为，这样约定并不合理，于法无据。因为《旅游法》第三十五条规定，旅行社不得指定具体购物场所，不得安排另行付费旅游项目。但有除外情形，这就是必须符合两个前提：

（一）双方协商一致或者旅游者要求。旅游者提出要求的，旅行社可根据可行性，确定安排与否；旅行社提出建议的，必须向旅游者披露购物场所、自费项目的真实情况，包括购物场所的名称、自费项目的内容和价格，以及购物、自费项目的时长等等，且在不得有本条第一款所指的诱骗情形下，与旅游者协商一致。

（二）不影响其他旅游者行程安排。组团社和地接社必须对不参加购物、自费项目活动的旅游者作出合理安排，不能造成这部分旅游者的时间浪费。如果让不参加相关活动的旅游者在购物、自费项目场所外等候较长时间，即属于时间浪费。

此外，本条第三款规定："发生违反前两款规定情形的，旅游者有权在旅游行程结束后三十日内，要求旅行社为其办理退货并先行垫付退货货款，或者退还另行付费旅游项目的费用。"根据这一规定，旅行社还负有给旅游者退货退款的义务，并且要先行垫付货款。当然，前提是旅行社的经营行为中有前两款规定的情形。

而在本案中，旅行社是否有这两款规定的情形，实际上并不十分清楚。但是，有事实证明的是，涉案旅行社带领原告到珠海市珠宝商场购物，不是游客自行到普通商场购物。有此一节，旅行社应当负责为旅游者退货退款，并先行垫付货款。至于所购商品是否存在欺诈，并未得到法院的支持。旅行社与游客在《购物安排及自费推荐补充协议》中约定了购物场所，并约定了游客在这些购物店中为自愿购物，所购商品非质量问题一律不予退换，如有质量问题，旅行社可协助游客退换货事宜。这些约定显然同《旅游法》的相关规定以及国家旅游局对于游客购物的相关规定不符合，因此，这些约定是于法无据的。

二、本案中，和平国旅文登营业部辩称其只负责招徕游客，因而与原告之间不存在旅游合同关系，这一辩称没有得到法院的支持，是完全正确的。作为营业部，其本身属于和平国旅的组成部分，它所招徕的游客当然与它具有旅游合同关系。当然，在它无经济实力赔偿旅游者的损失时，总社必须要承担赔偿责任。

同时，本案中法院把文登营业部作为和平国旅分公司对待，也是正确的。严格地说，营业部或服务网点与分公司的法律地位并不相同。根据《旅行社条例》，分公司具有招徕和组织游客旅游的业务范围，而营业部则没有此项业务。但是，在经营实务中，由于分社可以随意设置，且不受地域限制，许多旅行社都可以把自己的营业部设成分社，这在法律上并没有障碍。

2017 年 3 月 1 日国务院发布的修正版《旅行社条例》（2009 年 2 月 20 日国务院令第 550 号发布 根据 2016 年 2 月 6 日《国务院关于修改部分行政法规的决定》第一次修订，根据 2017 年 3 月 1 日《国务院关于修改和废止部分行政法规的决定》第二次修订）第十条规定："旅行社设立分社的，应当向分社所在地的工商行政管理部门办理设立登记，并自设立登记之日起 3 个工作日内向分社所在地的旅游行政管理部门备案。

旅行社分社的设立不受地域限制。分社的经营范围不得超出设立分社的旅行社的经营范围。"

其第十一条规定："旅行社设立专门招徕旅游者、提供旅游咨询的服务网点（以下简称旅行社服务网点）应当依法向工商行政管理部门办理设立登记手续，并向所在地的旅游行政管理部门备案。

旅行社服务网点应当接受旅行社的统一管理，不得从事招徕、咨询以外的活动。"

由上述可见，旅行社分社可以跨地域设立，且没有多少硬性的条件规定，几乎可以说能随意设立。这一规定的好处是可以促进旅行社行业的发展，其不足是给旅游行政主管部门的监管带来问题。主要是一旦分社出现经营上的问题或纠纷，如果设置该分社的不是本行政区域范围内的企业，甚至不是本省的企业，本地旅游行政主管部门如何跨行政区域区划去执法？从理论上说，应当由当地旅游行政主管部门配合，对涉案企业进行管理。但实际上操作起来，并非易事。例如，如果河北保定市一家由上海设立的旅行社分社出现超范围经营，保定市旅游执法人员能到上海去执法吗？

三、根据这一判例，应当如何认定营业部的法律地位和性质？营业部是否独立的法人单位？有无权利对外独立签订旅游合同？

从法理学上说，旅行社的营业部，其法律地位不是独立法人，没有权利对外单独签订协议。因为营业部或服务网点应当接受旅行社的统一领导，不得从事招徕、咨询以外的活动。而旅行社分社则可以履行总社的相关职能。但是，在实际经营旅游业务中，许多营业部或服务网点已经在实际经营旅游业务，好像它是分社一样。例如，上海一家旅行社把分社或营业部设在北京市某区。如果它招徕了境内旅游业务或出境旅游业务，它不可能再把这些游客转交给总社去经营，而是直接就组织旅游了，但名义上它可能会以总社的名义进行。没有旅游纠纷，一切正常运转时，它只要给总社交纳一定的管理费或利润分成即可。而一旦出现与旅游者的纠纷，特别是涉及到行政处分时，由于其总社是在上海，北京的旅游执法部门对它就不好处理。

特别需要说明的是，一是在我国旅游市场上，实际上不少名义上打着营业部或服务网点的旗号招徕游客，而实际上承担着旅行社分社的职能。所以，在本案中，法院把涉案营业部当作分社对待，是符合实际情况的。

二是关于《国家旅游局关于放宽旅行社设立服务网点政策有关事项的通知》（旅发【2015】211 号文件），地方旅游执法部门实际上有不同意见。该《通知》

规定，放宽设立服务网点区域范围，允许设立社在所在地的省（市、区）行政区域内及其分社所在地的设区的市的行政区划内设立服务网点，不受数量限制。而根据《旅行社条例》，旅行社设立分社不受限制，这样一来，设立服务网点或营业部，相当于可以在全国范围内任意设立。这一规定一定会导致跨区域执法的难题问题。虽然在该《通知》中明确提出了要“加强对旅行社分社和服务网点的服务监管”，但是由于旅行社分社可以在全国任意设立，所谓“事中事后监管机制”如何形成，如何改进监管手段，对发现的违法违规经营行为，如何“主动协同设立社所在地旅游主管部门进行依法查处”，实际上都是难以落到实处的空话。

四、在本案中，一审法院之所以判决和平国旅应当对和平国旅文登营业部的行为承担连带责任，其法律依据是总社要为分社的行为承担连带责任。法律这样规定的目的是，当分社没有经济赔偿能力时，由总社承担连带责任，以确保对旅游者合法权益的保护，防止个别不法经营者以旅行社分部没有经济赔偿能力而使旅游者的合法权益得不到及时的赔偿。

五、在本案中，原告要求二被告按照商场所承诺的“假一赔十”标准赔偿损失，并没有得到法院的支持。这是因为，一是二被告的购物活动并非旅行社单方安排或强迫旅游者购物的，而是双方协商后确定的行为；二是原告并没有证据证明该商场有欺诈行为，而且即使商场存在欺诈行为，由于商场经营者不是旅游经营的辅助服务人，而是一般的商家，根据相关法律规定，原告也不应当向旅行社主张这一赔偿，而应当向涉案商场主张。根据《旅游法》的规定，只有在旅行社单方指定购物场所并且有强迫或诱骗旅游者购物情形时，旅行社才应当受到相应的处罚。但这一处罚也只是根据《旅游法》第三十五条规定的处罚，不是商场所承认的“假一赔十”。

在此需要特别说明的是，诚信原则作为民法最为重要的基本原则，通常被称为民法的“帝王条款”，是旅游经营者和旅游者都应当遵循的基本原则。诚实信用原则要求民事主体从事民事活动应当讲诚信、守信用，以善意的方式行使权利、履行义务，不诈不欺，言行一致，信守诺言。在本案中，游客诉称旅行社或商场有欺诈，没有得到法院支持，这表明无论本案中的旅行社还是商场的经营行为，似乎都不构成所谓欺诈。而游客在没有充分证据的情况下随意诉称他人欺诈，其行为本身是否合法也很成问题，值得我们反思。现实生活中，确实会有一些人恶意维权，对此执法和司法部门也要理性地对待。

六、在本案中，一审法院要求旅行社返还原告的购物价款 2999 元，同时赔偿原告购物价款 3 倍的赔偿金 8997 元。我们认为，这一判决不合理，没有法律依据。主要是因为：一是一审法院认定旅行社的行为有欺诈嫌疑，属于认定事实错误。如上所述，在本案中，旅行社安排的购物活动是与旅游者达成一致协议的。根据《旅游法》第三十五条的规定，只要是旅行社与旅游者双方协商一致的购物行为，或者是旅游者提出而旅行社同意安排的购物行为，并不违规。这里，一审法院把本案被告安排的购物活动认定为“存在欺诈行为”，属于认定事实错误。二是适用法律错误。一审法院引用新《消费者权益保护法》第五十五条的规定：“经营者提供商品或者服务有欺诈行为的，应当按照消费者的要求增加赔偿其受到的损失，增加赔偿的金额为消费者购买商品的价款或者接受服务的费用的三倍。”业界通常把这一惩罚性赔偿称为“新消法规定：欺诈消费，退一赔三”。这与修改前的《消费者权益保护法》第四十九条的规定相比，明显加重了对欺诈消费者的惩罚力度。但是，关键在于本案中并无证据证明确实存在欺诈行为，同时，退一步讲，即使存在欺诈消费者的行为，也是出售旅游商品的购物店的欺诈行为，不是旅行社的欺诈行为。所以，一审认定涉案旅行社涉嫌欺诈有误，相应地以此为前提的适用法律也错误。因此，本案被二审法院认定为“原审判决有误，应予纠正”是正确的。

七、在本案中，文登营业部有自己的专用公章，且收取了游客每人 300 元。从烟台到香港和珠海等地旅游，只收 300 元团费，是否涉嫌“以不合理的低价组织旅游”，这要依据如何理解《旅游法》第三十五条所说的“以不合理低价组织旅游”。只有以此作为标准，才能衡量本案中涉案旅游公司的行为是否可定性为“以不合理的低价组织旅游”。

对《旅游法》第三十五条禁止的“不合理低价”游，一般地说有两种理解：一是认为“旅行社以低于接待和服务费用的价格或者行业公认的合理价格提供旅游服务，且无正当理由和充分证据证明的，应认定为‘以不合理的低价组织旅游活动’”。[①] 这是《国家旅游局关于严格执行旅游法第三十五条有关规定的通知》（旅发【2013】362 号）中给予的界定。《国家旅游局关于打击组织“不合理低价游”的意见》（旅发【2015】218 号）中，关于“不合理低价游”的定义“是指违背价值规律，低于经营成本，以不实价格招揽游客，以不实宣传诱导消费，以不正当竞争扰乱市场。有以下行为之一者，可被认定为‘不合理低价’：一是旅行社的旅游产品价格低于当地旅游部门或旅游行业协会公布的诚信旅游指导价 30% 以上的；二是组团社将业务委托给地接社履行，不向地接社支付费用或者支付的费用低于接待和服务成本的；三是地接社接待不支付接待和服务费用或者支付的费用低于接待和服务成本的旅游团队的；四是旅行社安

① 中华人民共和国国家旅游局编：《中国旅游法律法规汇编》，2016年4月版，第261页。

排导游领队为团队旅游提供服务，要求导游领队垫付或者向导游领队收取费用的；五是法律、法规规定的旅行社损害旅游者合法权益的其他‘不合理低价’行为”。[①] 以上是国家旅游局以部门规章的形式发布的，具有法律效力，从理论上说无疑应当是司法机关或旅游行政管理部门调解和处理此类纠纷时所应当依据的法律渊源。

另一种理解则是认为，《旅游法》第三十五条规定是一个完整的法律规范，具有其内在的逻辑要求，这就是说，只有在旅行社以不合理的低价组织旅游活动（前提一），诈骗旅游者（前提二），并通过安排购物或者另行付费旅游项目获取回扣等不正当利益（前提三）之时（以上为本条第一款）；并且只有在旅行社组织、接待旅游者时，旅行社单方指定了具体购物场所（前提四），安排了另行付费旅游项目（前提五），同时不是经过与旅游者协商一致或者旅游者提出要求（前提六），且影响其他旅游者行程安排的（前提七）（以上为本条第二款），旅行社所要承担的法律责任是：“发生违反前两款规定情形的，旅游者有权在旅游行程结束后三十日内，要求旅行社为其办理退货并先行垫付退货货款，或者退还另行付费项目的费用。”这是《旅游法》第三十五条第三款的规定。

也就是说，根据以上第二种理解，只有具备这一条规定的全部内容，或者说旅行社只有实施了前两款规定的全部行为，才需要依法承担本条第三款所规定的法律责任。否则，如果旅行社只是实施了“不合理低价”行为，但没有因此而获取回扣等不正当利益；旅行社只是实施了诱骗旅游者报团或购物的行为，但没有因此而获取回扣等不正当得益；旅行社只是单方面指定了购物场所，或者安排了另行付费旅游项目，但没有因此而获取回扣等不正当利益，在这种情况下，旅行社就不需要承担本条第三款所规定的法律责任。同理，旅行社也不应当受到依据《旅游法》第九十八条所实施的行政处罚：“旅行社违反本法第三十五条规定的，由旅游主管部门责令改正，没收违法所得，责令停业整顿，并处三万元以上三十万元以下罚款；违法所得三十万元以上的，并处违法所得一倍以上五倍以下罚款；情节严重的，吊销旅行社业务经营许可证；对直接负责的主管人员和其他直接责任人员，没收违法所得，处二千元以上二万元以下罚款，并暂扣或者吊销导游证、领队证。”

显然，根据《旅游法》第九十八条的规定来看，旅行社在违背第三十五条规定时，一定有违法所得。如果没有违法所得，仅有“不合理低价”或“欺骗旅游者”的行为，仅有指定购物场所和另行付费旅游项目活动，严格地说，还

① 中华人民共和国国家旅游局编：《中国旅游法律法规汇编》，2016年4月版，第357页。

不能依据此条处罚旅行社。至多依据此条由旅游主管部门对之责令改正，但却不能依法没收违法所得，因为它根本没有违法所得。由此可以合乎逻辑地推出前面所说的观点：只有以不合理低价组织了旅游，同时因此获得了回扣等不正当利益的旅游经营者，才是触犯了《旅游法》第三十五条的规定，并应当因此而承担相应的法律责任。

由以上分析可知，对本案中涉案旅行社安排从烟台到香港和珠海等地旅游只收 300 元的组团行为，可作出如下推断：

第一，涉案旅行社从此次旅游活动中获取了回扣等不正当利益，应当受到《旅游法》第九十八条所规定的行政处罚。但是，从本案判决书中看不出是否存在这种行为。当然，即使有这种行为，也属于行政处罚范畴，不是本案的民事诉讼中应该涉及的。

第二，涉案旅行社没有从本次旅游活动中获取任何不正当利益。那么，依据上述第二种理解，这种组织低价旅游的行为就不应当受到行政处罚。

组织“不合理低价游”现象在我国长期普遍存在，国家旅游局多次组织专项整治“不合理低价游”活动虽大见成效，但迄今我国旅游市场上“不合理低价游”现象仍大量存在，所以，这表明此类社会现象之所以屡禁不止，一定另有原因。德国哲学家黑格尔讲：“凡是现实的，都是合理的；凡是合理的，都是现实的。”旅游经营者都不是慈善家，不是公益活动家，他们从事旅游经营活动，基本目的之一是要获得利益，而且是要获得最大的收益。既然《旅游法》明确规定不允许旅行社以不合理的低价组织旅游，并通过获取回扣等不正当利益而获得收益；既然国家旅游局多次组织专项打击“不合理低价游”活动，为什么这些旅游企业就是“顶风作案”，就是不懂得“收取高价旅游费可以赚钱”的道理，而非要降价，甚至以低于成本价招徕游客，显然这些经营者有自己的“难言之隐”：一是旅游市场由于进入门槛低而“鱼龙混杂”，而且还有大量“黑社”（非法经营者）存在，结果导致组团社揽客时不得不互相压价，以低价恶性竞争，否则，不少旅游者就“以脚投票”，到其他低价团报名了；二是香港、云南等地的地接社由于相互之间的恶性竞争，也竞相给组团社以“回扣”等不正当利益。例如，从东北、北京发往香港、云南等地的旅游团，据调研得知，地接社有可能给组团社支付每个团员 1000~1500 元不等的“人头费”。这样一来，即使组团社收每个游客 500~1000 元，加上地接社给予的“人头费”，就有利润可赚了。某些深圳的旅行社公开宣传，北京的游客到深圳报团参加港澳游，旅行社报销从北京到深圳的高铁费。所以，从旅游执法的角度看，重要的是要对地接社和旅游商店等进行严格管理。如果地接社方面不给组团社以

"人头费"和其他购物回扣等不正当利益，如果旅游目的地的商店不给进店购物者按"人头"以高额回扣，"不合理低价游"现象自然就会消失。因此，建议旅游主管部门重点要监管地接社和旅游目的地的旅游商店以及另行付费项目经营活动及其给予回扣等不正当利益的经营行为，管住导致"不合理低价游"的最终根源。从表现上看，"不合理低价游"似乎是由组团社造成的，其实"病根"是在地接社和旅游商店的购物回扣等不正当利益。

此外，国家旅游局要求各地旅游主管部门或旅游行业协会提出的旅游线路指导价，实际上也很难实行。一是旅游市场的价格本身就是随着旅游市场的供求关系而不断波动的。马克思主义政治经济学告诉我们，只有价值规律才是决定商品价格的最终因素。人为地制定或提出市场指导价，实际上只能是主观的预测，不可能有科学的依据。二是在我国实行社会主义市场经济制度的大背景下，除了特殊的法定情况以外，即法定的政府定价和政府指导价以外，政府干预企业的市场定价是有违市场经济基本规律的。

根据党的十八届三中全会精神，我国要紧紧围绕市场在资源配置中的决定性作用深化经济体制改革，坚持和完善基本经济制度，加快完善现代市场体系、宏观调控体系、开放型经济体系，加快转变经济发展方式，加快建设创新型国家，推动经济更有效率、更加公平、更可持续地发展。党的十九大报告继续坚持这一基本方针。以此来看，在旅游市场上，政府过于干预旅游企业的价格行为是否妥当，值得商榷。

八、在本案中，二被告旅行社辩称自己不是合同相对人，山东金桥国际旅行社烟台分公司才是真正的合同相对人。这一辩称没有得到法院认可，是完全正确的，因为二审法院查明，和平国旅及和平国旅文登营业部是否是涉案旅游合同的当事人，这是本案的争议焦点之一。二审法院认为，双方均认可涉案《购物安排及自费推荐补充协议》是旅游合同的补充协议，补充协议中载明游客为王某周、王某燕，旅行社为和平国旅文登营业部，并加盖有和平国旅文登营业部的公章，和平国旅文登营业部依据该协议收取王某周 300 元，并向其出具加盖其公章的收据一份，应认定和平国旅文登营业部为涉案旅游合同当事人。和平国旅及和平国旅文登营业部上诉称合同当事人为山东金桥国际旅行社烟台分公司，对此，二审法院认为，双方均认可该补充协议是旅游合同的补充协议，补充协议中并未载明山东金桥国际旅行社烟台分公司为合同相对人，也未在协议中载明合同当事人存在变更情况，所以，应认定旅游合同的当事人与补充协议当事人相同，即和平国旅文登营业部为合同当事人，至于山东金桥国际旅行社烟台分公司是否委托和平国旅文登营业部招徕游客，则属于另一种不同的法律关系。据此，二旅行社辩称自己不是涉案合同相对人的上诉主张，二审法院不予支持，是完全正确的。

九、在本案中，游客以“大金观音佛”并非金佛为由，诉称涉案商品为假货，并涉嫌欺诈，但没有得到法院支持。我们认为，法院这样判决是正确的。因为经法院查明，第一，涉案商品并非假货，其根据是该商品附有广东省质量监督贵金属及珠宝玉石检疫站（珠海）出具的鉴定证书，证书显示该商品为翡翠 A 货，标注为千足金，该检测站为国家法定产品质量监督检测机构，因此该商品为合格产品。关于王某周称商品名称、标签与鉴定书不符，因此为假货的问题，二审法院认为，标签“金镶玉”与“翡翠、千足金”并不矛盾，从商品外观可知，该商品虽然名称叫做“大金观音佛”，但并非金佛，即使存在商品名称标示问题，也仅是标示瑕疵，不等于涉案商品为假货。在王某周未提交其他证据足以反驳鉴定证书的情况下，法院不能认定涉案商品为假货。

第二，关于涉案旅行社是否构成欺诈的问题。二审法院认为，根据最高人民法院《关于贯彻执行民法通则若干问题的意见（试行）》的司法解释第 68 条的规定，“一方当事人故意告知对方虚假情况，或者故意隐瞒真实情况，诱使对方当事人作出错误意思表示的，可以认定为欺诈行为”。在本案中，王某周事先已知晓需要在珠海购物，购物内容符合协议约定的种类，购买过程为王某周自主购买，和平国旅及和平国旅文登营业部并未参与，因此二旅行社并不存在故意告知王某周虚假情况或故意隐瞒真实情况的情形，王某周主张二旅行社构成欺诈，属于依据不足，二审法院不予采信。关于王某周称珠海商场构成欺诈，根据《旅游法》第七十一条的规定二旅行社应予退一赔十的问题，二审法院认为，首先，《中华人民共和国旅游法》第七十一条规定的是地接社及履行辅助人的责任，而根据该法第一百一十一条的规定，商场属于旅游经营者而非履行辅助人，不应当适用该规定；其次，王某周并未举证证明商场存在欺诈行为；最后，即便商场存在欺诈行为，根据相关法律规定，王某周应当向经营者即涉案商场主张，而不应当向二旅行社主张。故王某周的主张没有事实及法律依据，二审法院不予支持。

由上所述可见，二审法院的判决有理有据，认定事实清楚，适用法律适当，值得称赞。

十、在本案中，游客诉称珠海商场构成欺诈，而二审法院根据《旅游法》第一百一十一条的规定，认定商场属于旅游经营者而非履行辅助人，因此，不适用《旅游法》第七十一条关于地接社及履行辅助人的规定，游客也并未举证商场存在欺诈行为，因此，法院不支持游客关于二旅行社退一赔十的要求。法院这样认定非常合理，且有法律依据。具体理由在上面已经分述，此处不再赘述。

判例13　酒店洗浴时受伤获违约赔偿，但精神损害赔偿未获支持

【案件索引】

阳泉市中级人民法院民事判决书（2016）晋03民终48号：姬某某与阳泉劲松旅行社有限公司（以下简称阳泉劲松旅行社）、大地财产保险股份有限公司阳泉中心支公司（以下简称大地财保阳泉公司）旅游合同纠纷二审民事判决书。

【基本案情】

上诉人阳泉劲松旅行社因与被上诉人姬某某、原审被告大地财保阳泉公司旅游合同纠纷一案，不服阳泉市城区人民法院（2014）城民初字第789号民事判决，向本院提起上诉。本院依法组成合议庭，公开开庭进行了审理，本案现已审理终结。

原审法院查明，2014年3月25日，原审原告姬某某（已故）与阳泉劲松旅行社签订国内旅游合同，合同约定的旅游线路为华东五市，旅游时间为2014年4月7日至12日，共6天。2014年4月6日，阳泉劲松旅行社以姬某某等4人为被保险人向大地财保阳泉公司投保了大地欢乐游意外伤害保险，具体包含旅游意外伤害保险责任条款、旅游突发急性病保险责任条款、旅游意外医疗保险责任条款。其中，旅游意外伤害保险责任条款规定的保险责任限额为90 000元，旅游意外医疗保险责任条款规定的保险责任限额为10 000元。2014年4月7日晚，姬某某按阳泉劲松旅行社的安排入住无锡某酒店，后在卫生间内洗澡时摔倒。事发后，姬某某入住无锡市第三人民医院进行住院治疗。2014年4月15日出院。因住院治疗及出院后复查所需，姬某某共支出医疗费共40 080.56元。2015年3月24日，山西方正司法鉴定所出具鉴定检验意见书，认为姬某某的伤情已构成×级伤残。因鉴定所需，姬某某支付鉴定费1900元。另查明，

姬某某为城镇非农业户口人员。

原审审理过程中，大地财保阳泉公司称，按保险合同条款的规定，姬某某的伤残等级应按保险合同规定的标准确定，并且只有达到保险合同规定的伤残等级才能按合同规定的比例给付残疾赔偿金。在对医疗费进行理赔时，应先从医疗费的总额中扣除 100 元的绝对免赔额，剩余部分仍有 10% 的免赔率。姬某某及阳泉劲松旅行社称，大地财保阳泉公司在承保时并未就上述限制性条款的内容进行明确告知。大地财保阳泉公司也未就其履行告知义务提供进一步的证据。

原审法院认定以上事实的证据有：旅游合同、保险单、医疗费票据、住院病历、鉴定意见书、庭审笔录等。

原审法院认为，阳泉劲松旅行社在为姬某某提供旅游服务时，未尽到必要的安全防范义务，是导致其摔倒受伤的主要原因，应承担主要责任。姬某某自身未能尽到注意义务，是导致损害发生的次要原因，应承担次要责任。姬某某与阳泉劲松旅行社的责任比例按 2:8 确定为宜。姬某某自行承担的损失属于大地财保阳泉公司承保的大地欢乐游意外伤害保险的保险责任范围，大地财保阳泉公司应在保单载明的保险责任限额内予以赔付。大地财保阳泉公司主张应按保险合同条款的规定确定姬某某的伤残等级及残疾赔偿金的计算方式，并要求在对医疗费理赔时适用保险合同规定的免赔额及免赔率，但未能证明该保险公司已就上述限制被保险人权利的条款在投保时进行了明确告知，该主张不予采信。姬某某要求按 100 天计算伤后护理期间的请求，较符合实际，予以支持，但营养费按住院天数计算为宜。后续医疗费待实际发生后另行主张为宜。精神损害抚慰金可酌情确定为 5000 元。此次事故给姬某某造成的损失为医疗费 40 075.06 元、护理费 8347.12（30 467 / 365 × 100）元、住院伙食补助费 800（8 × 100）元、营养费 800（8 × 100）元、残疾赔偿金 81 834.6（20 469 × 17 × 20%）元、鉴定费 1900 元、交通费 500 元、精神损害抚慰金 5000 元、残疾器具费 700 元，共计 139 956.78 元。阳泉劲松旅行社应承担的赔偿金为 111 965.42（139 956.78 × 80%）元，其余损失 27 991.36 元由大地财保阳泉公司理赔。依据《中华人民共和国合同法》第一百零七条，《中华人民共和国保险法》第二条、第十七条之规定，判决：1. 被告阳泉劲松旅行社有限公司于本判决生效之日起十日内一次性给付原告姬某某赔偿金 111 965.42 元；2. 被告中国大地财产保险股份有限公司阳泉中心支公司于本判决生效之日起十日内一次性给付原告姬某某保险金 27 991.36 元。

一审宣判后，阳泉劲松旅行社不服，向本院提起上诉，请求撤销原判并改判，上诉费用由被上诉人承担。主要理由：1. 上诉人已尽到谨慎选择履行辅助者的义务，原审原告受伤所在的酒店是经过有关部门审核的合法旅游住宿机构，上诉人在选择上没有任何疏忽，不应承担赔偿责任；2. 原审原告作为成年人对损害的发生具有严重过错，应当承担损失的主要责任；3. 原审判处精神损害抚慰金属于适用法律错误。

被上诉人辩称，原审判决合理，应予维持。

原审被告大地财保阳泉公司辩称，同意原审判决。

经二审审理，本院查明的事实与原审法院查明的事实一致。

【判决与理由】

本院认为，原审原告姬某某参加阳泉劲松旅行社组织的旅游团，与阳泉劲松旅行社形成旅游合同关系。《旅游法》规定，旅游经营者组织、接待老年人等旅游者，应当采取相应的安全保障措施，就旅游活动中可能危及旅游者人身、财产安全的情形也应当以明示的方式事先向旅游者作出说明或者警示。本案中，姬某某参加旅游时已经年满 60，而阳泉劲松旅行社无证据证明其已充分对姬某某尽到了安全告知义务，故对姬某某在旅游期间受伤，阳泉劲松旅行社应当承担违约责任，阳泉劲松旅行社关于不承担赔偿责任的上诉请求理据不足，本院不予支持。同时，姬某某作为完全民事行为能力人，对可能发生的危险应当有自己的判断，故对其自身的损失，亦应承担一定责任。鉴于姬某某已经亡故，且原审确定的损失承担比例尚属合理，故阳泉劲松旅行社关于赔偿比例的上诉请求，本院不予支持。原审原告选择旅游合同之诉，依法不应支持精神损害赔偿，原判对此项作出判决不妥，本院予以纠正。故阳泉劲松旅行社应承担的赔偿金为 107 965.42（134 956.78 × 80%）元，其余 26 991.36 元损失由大地财保阳泉公司理赔。综上，依照《中华人民共和国民事诉讼法》第一百七十条第一款第（二）项、《最高人民法院关于审理旅游纠纷案件适用法律若干问题的规定》第二十一条、《最高人民法院关于适用〈中华人民共和国民事诉讼法〉的解释》第五十五条之规定判决如下：

一、撤销山西省阳泉市城区人民法院（2014）城民初字第 789 号民事判决；

二、阳泉劲松旅行社有限公司于本判决生效之日起十日内一次性给付刘泳、刘学林、刘秋林赔偿金 107 965.42 元；

三、中国大地财产保险股份有限公司阳泉中心支公司于本判决生效之日起十日内一次性给付刘泳、刘学林、刘秋林保险金 26 991.36 元。

本判决为终审判决。

【本案涉及的法律问题】

一、在本案中，受伤的游客系年满60岁的老人，旅行社没有依法采取相应的安全保障措施，也没有以明示的方式事先向旅游者作出说明或者警示，因此法院判决其承担违约责任，这一判决合理吗？有法律依据吗？

二、在本案中，法院认定受伤的游客也应当对自身的损失承担一定的责任，这一判决合理吗？有法律依据吗？

三、在本案中，旅游者在一审中选择了旅游合同之诉，一审法院判决支持精神损害赔偿5000元，二审法院则予以纠正，不支持给旅游者以精神损害赔偿，这一改判合理吗？有法律依据吗？

四、在本案中，旅游者在酒店洗浴时摔伤并最后致死，法院为什么没有把该酒店追加为本案第三人一并审理？

【参考答案与法理分析】

一、在本案中，受伤的游客系年满60岁的老人，旅行社没有依法采取相应的安全保障措施，也没有以明示的方式事先向旅游者作出说明或者警示，因此法院判决其承担违约责任，我们认为，法院的这一判决是合理的。其法律依据在于《旅游法》第七十九条第三款的规定："旅游经营者组织、接待老年人、未成年人、残疾人等旅游者，应当采取相应的安全保障措施。"对旅游经营者来说，既要开发适合特殊旅游者群体的旅游产品，也要考虑到老年旅游者身体素质较弱、未成年人自我安全防范能力不足、残疾人行动不方便等安全隐患因素，提供有针对性的急救措施、无障碍旅游设施和专业服务人员等，确保其能更好、更安全地享受旅游服务。这与我国《未成年人保护法》《残疾人保障法》等法律、法规的要求相一致。[①]《旅游法》第八十条规定，旅游经营者应当就正确使用相关设施、设备的方法，必要的安全防范和应急措施，以及可能危及旅游者人身、财产安全的其他情形，以明示的方式事先向旅游者作出说明或者警示。而在本案中，人身受到伤害的旅游者姬某某参加旅游时已经年满60，在我

① 《〈中华人民共和国旅游法〉解读》编写组编：《中华人民共和国旅游法解读》，中国旅游出版社2013年版，第232页。

国通常属于老年人，而阳泉劲松旅行社无证据证明其已充分对姬某某尽到了安全告知义务，故对姬某某在旅游期间受伤，阳泉劲松旅行社应当承担违约责任，阳泉劲松旅行社关于不承担赔偿责任的上诉请求理据不足，二审法院不予支持，是有道理的，于法有据。

二、在本案中，法院认定受伤的游客姬某某也应当对自身的损失承担一定的责任，这一判决，我们认为是合理的。其法律依据在于，姬某某作为完全民事行为能力人，对可能发生的危险应当有自己的判断，对酒店洗浴室有可能会因地面湿滑而致人滑倒有清楚的认知。具体到本案中，由于从判决书中陈述的情况看，涉案酒店房间洗浴室是否有防滑垫、相关设施是否有安全隐患等，均未载明，所以，据此不好判断酒店方面在相关设施设备上究竟存在哪些安全隐患。所以，姬某某对其自身的人身受到伤害亦应承担一定责任。鉴于姬某某在二审时已经亡故，且原审确定的损失承担比例尚属合理，故阳泉劲松旅行社关于赔偿比例的上诉请求，二审法院不予支持，仍按原审判决 2:8 执行，即旅游者承担 20% 的责任。这样判决是合理的。

三、在本案中，旅游者在一审中选择了旅游合同之诉，一审法院判决支持精神损害赔偿 5000 元，二审法院则予以纠正，不支持给旅游者以精神损害赔偿，这一改判，从现行法律规定来看，是合理的，有法律依据。

根据《最高人民法院关于确定民事侵权精神损害赔偿责任若干问题的解释》（2001 年 2 月 26 日最高人民法院审判委员会第 1161 次会议通过，法释〔2001〕7 号。以下简称《精神损害赔偿解释》），在审理民事侵权案件中，“自然人因下列人格权利遭受非法侵害，向人民法院起诉请求赔偿精神损害的，人民法院应当依法予以受理:（一）生命权、健康权、身体权;（二）姓名权、肖像权、名誉权、荣誉权;（三）人格尊严权、人身自由权”。同时，根据《侵权责任法》第二条、《婚姻法》第四十六条看，六种权利（利益）遭受损害的，可请求精神损害赔偿：一是一般人格权（包括人格尊严权、人身自由权、其他人格利益），二是具体人格权（包括生命权、健康权、身体权、肖像权、名誉权、姓名权、隐私权、荣誉权），三是特定身份权（包括亲权、亲属权、配偶权），四是死者人格利益，五是具有人格象征意义的特定纪念物品。

通常，不予受理的精神损害赔偿请求，依最高院《精神损害赔偿解释》第五至六条和第八条，下列四种情形下为不予受理的精神损害赔偿请求：一是受害人为法人、其他组织的；二是在侵权之诉中未提出，侵权诉讼终结后基于同一事实另行请求精神损害赔偿的；三是诉由改为违约之诉的；四是未造成严重后果的。[1]

此外，《最高人民法院关于审理旅游纠纷案件适用法律若干问题的规定》第二十一条规定："旅游者提起违约之诉，主张精神损害赔偿的，人民法院应当告知其变更为侵权之诉；旅游者仍坚持提起违约之诉的，对于其精神损害赔偿的主张，人民法院不予支持。"

在本案中，根据原审原告选择的旅游合同之诉，一审法院依法不应支持共精神损害赔偿，所以，二审法院认定原判对此项作出的判决不妥，予以纠正，这是于法有据的。

当然，从法理上说，诸如像本案中这样遭受严重的人身损害，致使最后死亡的案件，对死者家属给予一定的精神损害赔偿，也未尝不可。国内已经有提起违约之诉而给予精神损害赔偿的判例。应当说，这是对我国现有法律规定的突破，是司法实践中值得肯定的尝试。

四、在本案中，旅游者在酒店洗浴时摔伤并最后致死，法院之所以没有把该酒店追加为本案第三人一并审理，于法有据。根据《审理旅游纠纷案件的规定》第四条的规定，"因旅游辅助服务者的原因导致旅游经营者违约，旅游者仅起诉旅游经营者的，人民法院可以将旅游辅助服务者追加为第三人"。也就是说，如果因旅游辅助服务者的原因导致旅游经营者违约，旅游者仅起诉旅游经营者违约时，人民法院既可以将旅游辅助服务者追加为第三人，也可以不追加。在本案中，人民法院没有把作为旅游辅助服务者的酒店追加为第三人，并无不妥。当然，在本案判决中，涉案旅行社可以向该酒店追偿。如果该酒店不同意支付相关赔偿，旅行社可以向人民法院提起诉讼。

比较奇怪的是，涉案旅行社在受到旅游者起诉时，为什么没有向法院要求把酒店追加为第三人，或者另行起诉该酒店，这样法院有可能把两案并案审理，以减少当事人的诉累。既然涉案旅行社辩称自己选择的酒店是经过有关部门审核的合法旅游住宿机构，即合格的旅游供应商，应当直接要求由其承担赔偿责任，因为毕竟游客是在酒店房间里洗浴时摔伤的。从酒店方面说，是没有尽到安全提示的义务，相关设施设备也存在安全隐患。

---

① 参见李建伟：《民法60讲》，人民法院出版社2012年版，第319页。

判例14　游客拒交剩余团费被判违约，旅行社擅改行程等被判赔偿

【案件索引】

重庆市第五中级人民法院民事判决书（2016）渝05民终1329号：李兴某与重庆新世纪国际旅行社有限公司（以下简称重庆新世纪旅行社公司）服务合同纠纷二审民事判决书。

【基本案情】

关于上诉人重庆新世纪旅行社公司与上诉人李兴某旅游合同纠纷一案，重庆市南岸区人民法院于2015年12月30日作出（2015）南法民初字第02454号民事判决，上诉人新世纪旅行社公司、李兴某均不服该判决，向本院提起上诉，本院依法组成合议庭对案件进行审理，本案现已审理终结。

一审法院经审理查明，2014年3月13日，黄某作为旅游者代表，代表黄某、李兴某等16人与新世纪旅行社公司签订了《团队出境旅游合同》。合同中约定，出发线路为澳新凯纯玩15天；出发时间2015年4月9日，结束时间2015年4月23日，共15天14夜；旅游费用为27 398元／人，出团前每人支付团款的80%，前期付1万元，3月26日付1.2万元，合计2.2万元，余款每人5398元，自回国后7日内付清。”李兴某在该《团队出境旅游合同》后所附的《出境旅游报名表》中签字。签订《团队出境旅游合同》的当日，新世纪旅行社公司向李兴某提供了《澳大利亚（大堡礁）、新西兰南岛纯玩15天行程计划书》。

2014年4月8日下午，新世纪旅行社公司向李兴某发放了《澳大利亚（大堡礁）、新西兰南岛纯玩15天行程安排表》（系小册子形式的行程安排表）。该行程安排表与新世纪旅行社公司于2014年3月13向李兴某提供的《澳大利亚（大堡礁）、新西兰南岛纯玩15天行程计划书》在部分行程安排上存在一定差

异。

在旅行的过程中，关于旅游景点，新世纪旅行社公司未安排李兴某游览皇冠山脉公路、天堂谷景区、库克山国家公园景点。新世纪旅行社公司安排李兴某观光了箭镇高尔夫球场。

2014 年 4 月 21 日，新世纪旅行社公司安排李兴某观光“大洋路”的时间为 1 个小时左右。关于住宿，2014 年 4 月 13 日，新世纪旅行社公司未将李兴某安排住宿在“皇后镇”，而是安排李兴某住宿在“蒂阿瑙”。关于购物，新世纪旅行社公司安排旅游车辆在 3 个购物点进行了临时停靠。关于用餐，有一天，李兴某住宿的酒店，早上未提供早餐。

一审法院认为，新世纪旅行社公司与李兴某的旅游合同系双方真实意思表示，不违反法律、行政法规的强制性规定，依法成立。

新世纪旅行社公司向李兴某提供了旅游服务，李兴某应当向新世纪旅行社公司支付旅游费余款。关于资金占用损失，新世纪旅行社公司要求从 2014 年 5 月 1 日起，按照中国人民银行公布的同期同类贷款利率的 4 倍计算。《团队出境旅游合同》中约定，余款 5398 元，自回国后 7 日内付清。李兴某于 2014 年 4 月 23 日回国，资金占用损失应从 2014 年 5 月 1 日起算。《团队出境旅游合同》中对资金占用损失的标准没有约定，一审法院酌情认定按照中国人民银行公布的同期同类贷款利率进行计算。

但是，旅游经营者违反合同约定，有擅自改变旅游行程、遗漏旅游景点、减少旅游服务项目、降低旅游服务标准等行为，旅游经营者应当赔偿旅游者未完成约定旅游服务项目等合理费用。

关于旅游景点，新世纪旅行社公司未安排李兴某游览皇冠山脉公路、天堂谷景区、库克山国家公园景点，故新世纪旅行社公司应当赔偿李兴某减少旅游服务项目的合理费用。新世纪旅行社公司安排李兴某观光了《澳大利亚（大堡礁）、新西兰南岛纯玩 15 天行程计划书》未记载的景点箭镇高尔夫球场。新世纪旅行社公司称，这是对未安排李兴某游览天堂谷景区的补充。一审法院认为，新世纪旅行社公司安排李兴某观光了箭镇高尔夫球场，但是并未得到李兴某签字确认是对遗漏景点的补充，故不能视为对未安排李兴某游览天堂谷景区的补充。关于旅游景点中的“大洋路”，《澳大利亚（大堡礁）、新西兰南岛纯玩 15 天行程计划书》（共 16 页）载明：“2014 年 4 月 21 日，墨尔本—大洋路—十二门徒（车程 4h~5h）；2014 年 4 月 22 日，大洋路—墨尔本（车程 4h~5h）”，并未约定具体的观光大洋路的时间。一审法院认为，结合 2014 年 4 月 21 日、22 日的行程，除“大洋路”外，尚有其他若干景点参观，新世纪旅行社公司安排李兴某观光“大洋路”1个小时左右，可以认为履行了观光“大洋路”的义务。

关于住宿，2014年4月13日，新世纪旅行社公司安排李兴某住宿在“蒂阿瑙”。《澳大利亚（大堡礁）、新西兰南岛纯玩15天行程计划书》载明“2014年4月13日，瓦纳卡—箭镇—皇后镇—蒂阿瑙湖（皇后镇—蒂阿瑙湖172km，约2.5h）。瓦纳卡—箭镇走皇冠山脉公路（行程计划书未介绍皇冠山脉公路景色），住宿皇后镇Distinction Luxmore Hotel（卓越酒店）或同级”，一审法院认为，新世纪旅行社公司未将李兴某安排在皇后镇Distinction Luxmore Hotel（卓越酒店）住宿，而是将李兴某安排在了“蒂阿瑙”住宿，存在不妥之处，但是《澳大利亚（大堡礁）、新西兰南岛纯玩15天行程计划书》约定2014年4月13日的住宿为皇后镇Distinction Luxmore Hotel（卓越酒店）或同级，李兴某未能提交证据证明在“蒂阿瑙”的住宿明显低于皇后镇Distinction Luxmore Hotel（卓越酒店），故一审法院认为就2014年4月13日的住宿，新世纪旅行社公司不存在违约。

关于购物，虽然新世纪旅行社公司在3处购物点进行了临时停靠，但是从李兴某提供的3张相片复印件中的人物神态、动作表情来看尚不足以证明新世纪旅行社公司存在强制购物或变相强制购物的情形，同时该3张相片无法证明停靠时间、停靠原因，故也不足以证明新世纪旅行社公司存在违反合同约定擅自增加购物次数、延长停留时间的情形。

关于用餐。旅行过程中的一天，新世纪旅行社公司安排李兴某住宿的酒店早上未提供早餐。新世纪旅行社公司辩称，是因为复活节酒店不提供早餐，当地导游为旅游者提供了牛奶麦片和果冻。一审法院认为，新世纪旅行社公司作为境外旅行社，应当了解旅游路线中国家的民俗习惯，完全可以预见旅游线路中的酒店在复活节不能提供早餐，应当在旅行前向李兴某予以释明，但是未提前予以释明，故一审法院认为，就旅行中的一天李兴某住宿的酒店早上未提供早餐的情况，新世纪旅行社公司存在违约。

李兴某还主张，另有一天早餐及两个晚上的晚餐，新世纪旅行社公司未能按照标准提供餐食，存在违约。但是李兴某并未能提交证据予以证明所主张的事实，故一审法院对李兴某主张的上述事实不予确认。

综上，一审法院认定，新世纪旅行社公司的违约行为有：未安排李兴某游览皇冠山脉公路、天堂谷景区、库克山国家公园景点，旅行中有一天李兴某住宿的酒店早上未提供早餐。

李兴某请求新世纪旅行社公司支付违约金8219.4元，因双方对遗漏景点未约定违约金，故该请求的实质是请求赔偿损失。

关于遗漏景点的赔偿计算标准。李兴某主张按照国家旅游局发布的《旅行社服务质量赔偿标准》第十条第一款的规定“擅自缩短游览时间、遗漏旅游景点、减少旅游服务项目的，旅行社应赔偿未完成约定旅游服务项目等合理费用，并支付同额违约金。遗漏无门票景点的，每遗漏一处旅行社向旅游者支付旅游费用总额5%的违约金”的标准进行计算。一审法院认为，可参照该标准计算损失的赔偿。故遗漏景点的损失为27 398×5%×3=4109.7元。该损失从旅游余款中进行抵扣。

关于旅行中有一天李兴某住宿的酒店早上未提供早餐，新世纪旅行社公司存在违约，但是考虑到当地导游为旅游者提供了牛奶麦片和果冻的情况，一审法院酌情认定损失为20元，从旅游余款中进行抵扣。

综上，李兴某应当向新世纪旅行社公司支付旅游余款5398元，新世纪旅行社公司应当向李兴某赔偿损失4129.7元，相互抵扣后，李兴某应当向新世纪旅行社公司支付旅游余款1268.3元。

依照《中华人民共和国合同法》第一百零七条,《中华人民共和国旅游法》第七十条,《中华人民共和国民事诉讼法》第六十四条、第一百四十二条之规定，判决：一，李兴某向新世纪旅行社公司支付旅游余款1268.3元及资金占用损失（以1268.3元为基数，从2014年5月1日起，按照中国人民银行公布的同期同类贷款利率计算至付清之日止）；二，驳回新世纪旅行社公司其他诉讼请求；三，驳回李兴某其他反诉诉讼请求。

上诉人新世纪旅行社公司不服该判决，向本院提起上诉。请求：1.撤销一审判决，改判李兴某立即向新世纪旅行社公司支付拖欠的旅游费余款5398元以及以5398元为基数，从2014年5月1日起，按照中国人民银行同期同类贷款利率4倍的标准支付资金占用损失至余款付清之日止；2.本案一、二审的诉讼费用由李兴某承担。其提出的主要理由为：一，一审判决认定事实错误。1.一审判决认定李兴某提供的参考行程为合同履行依据错误；2.一审法院对于新世纪旅行社公司与李兴某提供《服务质量反馈表》《意见征询表》均不予认可错误；3.皇冠山脉公路是一条奇险的高速路，并非景点，一审法院将未行走该公路认定为旅行社违约错误；4.早餐已按标准提供，不应再补偿。二，一审判决适用法律错误。一审法院对于旅行社补充的景点不予认定错误。综上，请求撤销原判，支持新世纪旅行社公司的上诉请求。

李兴某二审针对新世纪旅行社公司的上诉请求和理由答辩称：1.双方基于行程计划书签订的旅游合同，故应认定行程计划书为双方履行合同的依据；2.《服务质量反馈表》的内容是对方事后添加的，真实性不予认可；3.双方在行程计划书上约定了游览皇冠山脉公路，新世纪旅行社公司未履行该约定，应承担相应的责任。

李兴某亦不服一审判决，向本院提起上诉。请求：1. 撤销一审判决，依法改判新世纪旅行社公司支付其违约金 9589.3 元；2. 本案一、二审诉讼费由新世纪旅行社公司承担。对于李兴某的上诉请求，其在上诉状中主张违约金 9589.3 元，超过一审中主张的 8219.4 元，对于二审中增加的 1369.9 元部分，因新世纪旅行社公司不同意二审增加诉讼请求并进行调解，故本院对于二审增加的诉讼请求不予审理。其提出的主要理由为：一审判决认定事实不清。1. 一审判决未认定新世纪旅行社公司遗漏大洋路、皇后镇两个景点错误。2. 一审判决没有认定存在擅自安排上诉人购物的情形与事实不符。故李兴某请求撤销一审判决，支持其上诉请求。

新世纪旅行社公司二审针对李兴某的上诉请求和理由答辩称：一审判决事实部分的认定没有问题，李兴某的上诉理由没有事实依据，不同意对二审中增加的诉讼请求进行审理和调解。

二审中，新世纪旅行社公司向本院提交以下证据：1.《旅游产品代理转团销售协议书》、行程单、定金确认书各 1 份，拟证明在签订本案涉及的旅游合同之前，新世纪旅行社公司已与重庆长江国际旅游公司签订了转团协议，重庆长江国际旅游公司先行确定旅游行程，新世纪旅行社公司与 16 名旅游者约定的行程就是以此为据；2. 新世纪旅行社公司与李兴某之间的电子邮件通信记录截图打印件五份，拟证明双方在出发之前对行程有过多次讨论磋商，出发前确认的行程为最终行程。李兴某二审质证，对上述证据的真实性均予以认可，但对《旅游产品代理转团销售协议书》、行程单、定金确认书的关联性有异议，新世纪旅行社公司未告知该旅游行程由重庆长江国际旅游公司提供服务；对邮件的合法性及证明目的有异议，邮件只能说明在出发前双方有协商，但不能证明协商的结果。本院认为，上述证据均非在一审庭审后新发现的证据，依法不属于二审新证据；新世纪旅行社公司未举证证明其将《旅游产品代理转团销售协议书》、行程单、定金确认书向李兴某告知或送达，故其与重庆长江国际旅游公司之间的约定不能约束李兴某，该证据不能达到其证明目的；电子邮件通信记录截图不能看出双方协商的结果，故对于上述证据，本院不予认可。李兴某在二审中向本院提交了购物票据一份，拟证明新世纪旅行社公司在履行旅游合同过程中存在增加购物的行为。李兴某还申请了证人李丽萍、晏慧毅出庭作证，拟证明新世纪旅行社公司未履行组织游览大洋路的合同义务，并且在游览过程中存在擅自增加购物的行为。新世纪旅行社公司质证，对购物票据的真实性无异议，但对其关联性及证明目的有异议，不能证明消费行为系强制消费；对于证人证言，因证人系同一团队，可能存在私下商量的情况，证言不可信；但对于在证言中都提到的去过大洋路、皇后镇，收到小册子等事实与一审查明事实相符，该部分应予认可。本院认为，上述证据亦非在一审庭审后新发现的证据，依法不属于二审新证据；购物票据虽然双方对其真实性无异议，但因该证据系在中华人民共和国领域外形成的，依法应当经所在国公证机关予以证明，并经中华人民共和国驻该国使领馆予以认证，或者履行中华人民共和国与该所在国订立的有关条约中规定的证明手续，李兴某未提供相应的证明手续，故本院对该证据不予认可。对于证人证言，因其证明的内容与本案事实存在一定关联，对案件处理可能存在重大影响，本院对其真实性予以认可，对其证明目的，结合全案事实综合认定。

二审中，证人晏慧毅陈述其系参加本案诉争旅行团的成员，4 月 21 日的行程走的是高速路，没有走大洋路；4 月 22 日途经大洋路两次停车游览了一个小时左右。在悉尼、新西兰等地导游组织 3 次进店购物，其在第一个免税店购买了两条领带等。证人李丽萍陈述其亦系本案涉诉旅行团的成员，4 月 21 日未按行程安排游览大洋路；行程中旅行社方面在悉尼、新西兰等地组织 3 次购物，在新西兰的购物中，导游要求先去商店里逛了之后再吃饭，但未强制消费；在墨尔本组织的购物中，旅行社把旅游者带到购物店门口，规定了一定时间后上车等。

二审另查明，双方确认游览“大洋路”的时间为 2014 年 4 月 22 日。双方亦认可本案适用国家旅游局发布的《旅行社服务质量赔偿标准》的相关规定。

本院二审查明的其他事实与一审查明的事实一致。

【判决与理由】

本院认为，李兴某与新世纪旅行社公司签订《团队出境旅游合同》系双方真实意思表示，不违反法律、行政法规的强制性规定，合法有效。双方应严格按照合同约定履行各自义务。当事人一方不履行合同义务或者履行合同义务不符合约定的，应当承担继续履行、采取补救措施或者赔偿损失等违约责任。当事人双方都违反合同的，应当各自承担相应的责任。本案二审的争议焦点为：1. 双方在履行上述《团队出境旅游合同》时是否存在违约行为；2. 若存在违约行为，违约方应承担违约责任的内容。现针对上述争议焦点评析如下：

双方签订的《团队出境旅游合同》约定新世纪旅行社公司提供相应的旅游

服务，李兴某支付旅游费用。现双方均认可李兴某尚未支付旅游费余款 5398 元，故李兴某应承担支付旅游费余款 5398 元的合同义务。关于李兴某主张新世纪旅行社公司存在违约责任、依法应承担违约金 8219.4 元的请求。李兴某主张依据新世纪旅行社公司在 2014 年 3 月 13 日提供的《澳大利亚（大堡礁）、新西兰南岛纯玩 15 天》行程计划书》遗漏了皇冠山脉公路、天堂谷景区、库克山国家公园景区、大洋路等 4 处景点，应按照每处景点以合同价款 5% 的标准承担赔偿责任。新世纪旅行社公司认可没有游览皇冠山脉公路、天堂谷景区、库克山国家公园景区，但其认为双方约定的行程应以 2014 年 4 月 8 日发放的行程表为准，即不包括皇冠山脉公路和库克山国家公园景区。本院认为，双方于 2014 年 3 月 13 日签订《团队出境旅游合同》并发放行程计划书，应认定该行程计划书为双方协商一致的结果，新世纪旅行社公司主张双方之后多次协商，但是未举示相应证据证明其于 2014 年 4 月 8 日发放的行程表系双方合意变更的结果，故对于其主张以 2014 年 4 月 8 日发放的行程表作为认定合同履行情况依据的理由不能成立。关于新世纪旅行社公司主张皇冠山脉公路系奇险公路，并非景点，无法行走的理由，一方面，其未提供相应证据证明该主张；另一方面，新世纪旅行社公司作为专门从事旅游服务的机构，应该事先对旅游景点是否适合游览进行了解，因其未尽到相应职责而致未能按照合同约定履行，应承担相应的违约责任。故对于该上诉理由，本院亦不予支持。新世纪旅行社公司举示的《服务质量反馈表》《意见征询表》中记载的“全部景点已走完”等内容与其认可的未游览皇冠山脉公路等景点的陈述不一致，故对于该证据一审法院未予认可并无不当。关于早餐问题，新世纪旅行社公司认可未提供复活节当日早餐，对于其陈述已经按标准提供的主张，未举示相应的证据证明其提供早餐以及早餐标准，故该上诉理由，本院不予支持；一审法院酌情主张从余款中扣除 20 元，并无不当。关于新世纪旅行社公司主张补充景点作为未安排行程的替换，其未举示相应证据证明双方对合同的变更达成了合意。故上诉人新世纪旅行社公司的上诉理由，本院均不予支持。

关于大洋路是否已游览以及是否应对此承担违约责任的问题。根据 2014 年 3 月 13 日发放的行程计划书以及双方陈述，大洋路系从墨尔本到十二门徒途经的一条沿海公路，4 月 21 日的行程“墨尔本—大洋路—十二门徒”、4 月 22 日的行程“大洋路—墨尔本”均仅记载车程为 4—5 个小时，并未单独对游览大洋路的时间进行约定，现双方已经确认 2014 年 4 月 22 日的游览行程中在大洋路游览了 1 个小时左右，故李兴某上诉认为遗漏了大洋路景点的上诉理由与事实不符。根据该行程计划书的约定，新世纪旅行社公司需安排 4 月 21 日、22

日两天均经大洋路到达下一游览地点，其未在4月21日按照约定路线行走，确存在违约行为，但李兴某主张按照《旅行社服务质量赔偿标准》第十条“(一)擅自缩短游览时间、遗漏旅游景点、减少旅游服务项目的，旅行社应赔偿未完成约定旅游服务项目等合理费用，并支付同额违约金。遗漏无门票景点的，每遗漏一处旅行社向旅游者支付旅游费用总额5%的违约金”的规定支付违约金与本案事实不相符，李兴某未举证证明该违约行为造成其实际损失情况，合同中亦未对该违约情形应承担的违约金情况进行约定，故对于李兴某该上诉请求，本院亦不予支持。一审判决认定新世纪旅行社公司应承担遗漏3个景点的违约金4109.7元（27 398元 ×5%×3个），并无不当。

关于李兴某主张新世纪旅行社公司违反合同约定擅自增加3次购物，应承担支付违约金2739.8元的请求。《最高人民法院关于适用〈中华人民共和国民事诉讼法〉的解释》第一百零八条规定，对负有举证证明责任的当事人提供的证据，人民法院经审查并结合相关事实，相信待证事实的存在具有高度可能性的，应当认定该事实存在。本案中，李兴某主张新世纪旅行社公司在履行旅游合同过程中擅自增加3次购物，并且在二审中申请证人李丽萍、晏慧毅出庭作证，进一步证明新世纪旅行社公司存在违约安排购物的行为。新世纪旅行社公司在一审中认可在购物点进行了停靠，但其主张系方便游客需要的临时停靠。对于该陈述其未举示相应的证据予以佐证。本院认为，两位证人均为该旅行团成员，虽与本案当事人存在利害关系，但因其对旅行具体情况比较清楚，对旅行中具体情况的陈述亦基本相符，故应采纳该两位证人的证言。结合双方当事人及证人的陈述，本院认为李兴某主张其在旅行途中的3次停靠系新世纪旅行社公司安排购物的事实具有高度可能性，故对于该事实本院依法予以认定。李兴某主张按照《旅行社服务质量赔偿标准》第十条“(三)未经旅游者签字确认，擅自违反合同约定增加购物次数、延长停留时间的，每次向旅游者支付旅游费用总额10%的违约金”的规定，要求新世纪旅行社公司按照一次购物的标准支付违约金2739.8元（27 398元 ×10%）符合上述规定，本院予以支持。故新世纪旅行社公司应支付李兴某违约金两项共计6849.5元（4109.7元+2739.8元）。鉴于新世纪旅行社公司存在违约事实，李兴某未按合同约定支付旅游费尾款，符合法律规定，新世纪旅行社公司关于逾期付款造成的资金占用损失的诉讼请求，本院依法不予支持。扣除李兴某应支付的旅游费余款5378元（5398元–20元），新世纪旅行社公司还应向李兴某支付违约金1471.5元。

综上，新世纪旅行社公司的上诉请求和理由均不能成立，本院不予支持。因二审中出现了新证据，李兴某的部分上诉请求和理由成立，本院依法对一审判决予以调整。依照《中华人民共和国民事诉讼法》第一百七十条第一款第（二）项之规定，判决如下：

一、撤销重庆市南岸区人民法院（2015）南法民初字第 02457 号民事判决；

二、李兴某于本判决生效后十日内支付重庆新世纪国际旅行社有限公司旅游费余款 5378 元；

三、重庆新世纪国际旅行社有限公司于本判决生效后十日内支付李兴某违约金 6849.5 元；

四、驳回重庆新世纪国际旅行社有限公司的其他诉讼请求；

五、驳回李兴某的其他反诉请求。

本判决为终审判决。

【本案涉及的法律问题】

一、本案中涉及到“违约金”和“赔偿损失”的概念，这两个概念有什么区别？法院区分这两个概念对判决有什么意义？

二、在本案中，法院关于遗漏景点的赔偿计算标准确定为每遗漏一处，旅行社向旅游者支付旅游费用总额的 5% 的违约金，这样认定合理吗？有法律依据吗？

三、在本案中，法院判决涉案旅行社应当预见到国外酒店不会供应复活节早餐，但却没有预先向旅游者予以说明，因此应当为此而负赔偿责任，这一认定合理吗？

四、在本案中，游客以旅行社遗漏景点等为由，拒绝支付其应当交纳的剩余部分团款，这一行为为什么没有得到法院的支持？

五、在本案中，为什么法院支持游客关于旅行社遗漏景点等因而需要赔偿的诉求？

六、在本案中，二审法院认定旅游者拒绝支付旅游费余款 5398 元为违约行为，这样认定合理吗？有法律依据吗？

七、在本案中，旅行社主张自己在签订旅游合同时（3 月 13 日）发放的行程计划书无效，应以后来（4 月 8 日）发放的行程计划表为准，这一主张没有得到法院的认可，那么，法院的这一认定合理吗？为什么？

八、在本案中，旅行社主张澳大利亚的皇冠山脉公路为奇险公路，并非景点，因而未走此公路不能认定为遗漏景点，但是这一主张并未得到法院的支持，为什么？

九、在本案中，旅行社主张以补充景点作为未安排行程的替换，未得到法院的支持，为什么？

【参考答案与法理分析】

一、本案中涉及到“违约金”和“赔偿损失”的概念，这两个概念具有不同的内涵与外延，法院区分这两个概念对判决有重要意义。

首先，违约金与赔偿损失的定义分别是，违约金是指一方当事人由于不履行或不完全履行合同，应当依照合同的约定或由法律的规定，支付给另一方一定数量的货币。赔偿损失通常是指合同当事人一方违反合同约定，而给对方造成损失的，应给予一定数量的货币进行赔偿。通常，人们也称赔偿损失为“赔偿金”。

其次，这两个概念的主要区别在于，不管合同当事人一方违反合同约定是否给另一方造成损失，只要双方在合同中约定了违约金条款，违约方就必须给另一方支付违约金。而给付赔偿金的前提则必须是一方违反合同约定，给另一方造成了实际损失。同时，如果违约方给另一方造成的损失超过违约金的，则还应给付赔偿金，以补偿违约金之不足。

在法律实务中，违约金与赔偿损失怎么适用呢？根据我国《合同法》第一百一十三条第一款的规定：“当事人一方不履行合同义务或者履行合同义务不符合约定，给对方造成损失的，损失赔偿额应当相当于因违约所造成的损失，包括合同履行后可以获得的利益，但不得超过违反合同一方订立合同时预见到或者应当预见到的因违反合同可能造成的损失。”根据上述法律规定，在法律实务中，违约金和损失赔偿的适用通常应坚持如下一般原则：

第一，如果合同中仅选择违约金作为违约责任方式，未约定赔偿损失的，应按照违约金的约定执行。违约金不足以补偿损失的，守约方可以请求人民法院增加违约金，但增加的部分以弥补实际损失金额为限。

第二，在合同中同时约定违约金和赔偿损失的，守约方可以选择适用违约金或者赔偿损失。如果约定的违约金低于实际损失的，对于不足部分可以请求赔偿损失；如果约定的违约金高于实际损失的，对于守约方要求赔偿损失的请求，人民法院不予支持。

第三，在合同中约定违约方除应赔偿全部损失外，还应以违约金对其惩罚，守约方在获得全部损失赔偿后，又向违约方主张违约金的，人民法院不予支持。

在本案中，李兴某请求涉案旅行社支付违约金 8219 余元，因双方对遗漏景点并未事先在旅游合同中约定违约金，故该请求的实质是请求赔偿损失，或者说实质上是要求旅行社支付赔偿金。对此项要求一审法院予以支持，但计算的结果为 4109 元。二审对此数额也予以认可和支持，但在表述上称此 4109 余元为违约金，而实际上严格地说应当为赔偿金。

二、在本案中，法院关于遗漏景点的赔偿计算标准确定为每遗漏一处，旅行社向旅游者支付旅游费用总额的 5% 的违约金，这样认定是合理的，有法律依据。

2011 年国家旅游局发布的《旅行社服务质量赔偿标准》第十条规定："旅行社及导游或领队违反旅行社与旅游者的合同约定，损害旅游者合法权益的，旅行社按下述标准承担赔偿责任：

（一）擅自缩短游览时间、遗漏旅游景点、减少旅游服务项目的，旅行社应赔偿未完成约定旅游服务项目等合理费用，并支付同额违约金。遗漏无门票景点的，每遗漏一处旅行社向旅游者支付旅游费用总额 5% 的违约金。

（二）未经旅游者签字确认，擅自安排合同约定以外的用餐、娱乐、医疗保健、参观等另行付费项目的，旅行社应承担另行付费项目的费用。

（三）未经旅游者签字确认，擅自违反合同约定增加购物次数、延长停留时间的，每次向旅游者支付旅游费用总额 10% 的违约金。

（四）强迫或者变相强迫旅游者购物的，每次向旅游者支付旅游费用总额 20% 的违约金。

（五）旅游者在合同约定的购物场所所购物品系假冒伪劣商品的，旅行社应负责挽回或赔偿旅游者的直接经济损失。

（六）私自兜售商品，旅行社应全额退还旅游者购物价款。"

三、在本案中，法院判决涉案旅行社应当预见到国外酒店不会供应复活节早餐，但却没有预先向旅游者予以说明，因此应当为此而负赔偿责任。我们认为，这一认定非常合理。作为专业旅行社，对经营出境旅游业务应当熟悉，对西方国家在复活节、圣诞节等重大节日通常在酒店内不供应早餐应当了解，并预先向旅游者说明。为此，要求旅行社承担赔偿责任并无不妥。

四、在本案中，游客以旅行社遗漏景点等为由，拒绝支付其应当交纳的剩余部分团款，这一行为没有得到法院的支持。因为在本案中，第一，旅游者与涉案旅行社签订的旅游合同是合法有效的旅游合同，双方都应当依法予以遵守各自的法定义务。旅游者遵守旅游合同的法定义务是全额交纳旅游费用，因而不能足够支付自己在旅游合同中承诺的旅游团费，是违约行为。法院判决其补足剩余的团费，于法有据。第二，涉案旅行社遗漏旅游景点，是其违约行为，法院判决其承担相应的违约赔偿金，于法有据。

因此，在本案中，法院判决旅游者补足其应当交纳的团费，同时判决旅行社因遗漏景点而给予旅游者一定的赔偿金，这是非常合理的判决。

五、在本案中，法院之所以支持游客关于旅行社遗漏景点等因而需要赔偿的诉求于法有据。如前所述，国家旅游局2011年发布的《旅行社服务质量赔偿标准》第十条对此有明确的规定。

六、在本案中，二审法院认定旅游者拒绝支付旅游费余款5398元为违约行为，这样认定非常合理，有法律依据。因为如上所述，第一，在本案中，旅游者与旅游经营者签订的合同合法有效，双方都应当按照合同履行自己的合同义务和法定义务。第二，旅游者的法定义务和合同义务主要包括履行合同中约定的足额交纳旅游费用，因此，旅游者如果以旅游经营者遗漏景点为由而拒绝支付剩余团款，是旅游者的违约行为。在法理上，权利可以放弃，而义务不可放弃，拒绝履行义务，要受到法律的追究。

七、在本案中，旅行社主张自己在签订旅游合同时（3月13日）发放的行程计划书无效，应以后来（4月8日）发放的行程计划表为准，这一主张没有得到法院的认可。我们认为，法院的这一认定非常合理。因为第一，行程计划书或行程计划表（有时也简称“行程单”，《旅游法》中的表述是“行程单”），根据《旅游法》的规定，也属于旅游合同的组成部分。《旅游法》第五十九条规定：“旅行社应当在旅游行程开始前向旅游者提供旅游行程单。旅游行程单是包价旅游合同的组成部分。”据此，涉案旅行社在签订旅游合同时（3月13日）给旅游者发放了行程计划书即行程单，这是合法有效的行为。第二，在二审时，涉案旅行社并未举证证明其4月8日发放的行程单、定金确认书向李兴某等告知或送达，故该公司与重庆长江国际旅游公司之间的约定，不能约束游客李兴某，法院不认定这一行程单因此是合理的。

八、在本案中，旅行社主张澳大利亚的皇冠山脉公路为奇险公路，并非景点，因而未走此公路不能认定为遗漏景点，但是这一主张并未得到法院的支持。我们认为，法院的这一认定是合理的。第一，根据涉案旅行社3月13日发放的行程计划书，皇冠山脉公路、天堂谷景区、库克山国家公园、大洋路等是本次游玩15天中的4处景点。既然旅游合同中有此明确的约定，旅行社方面单方面主张不走皇冠山脉公路不算遗漏景点的辩称，显然不合理，理应不能得到法院的支持。第二，原行程计划书是双方协商一致的结果，且有书面证明，而涉案旅行社辩称后来又经过双方多次协商达成了后来的行程单，但却不能举证证明自己的主张，因此应当承担举证不能的不利后果。

九、在本案中，旅行社主张以补充景点作为未安排行程的替换，未得到法院的支持，这是完全正确的。因为第一，旅行社的这一辩称并未得到旅游者的认可，并不是双方协商一致的结果。第二，旅行社在本次旅游活动中是否真正补充了旅游景点，也未得到旅游者的认可。退一步讲，即使旅行社实际上比行程计划书多游览了一些旅游景点，如果不是预先向旅游者说明多游览的这些旅游景点是替代那些遗漏的旅游景点，这种补充游览也没有意义，不应得到法院的认可。

判例15　骑马摔亡要求赔偿，经营者和景区被判共担责

【案件索引】

玉溪市中级人民法院民事判决书（2016）云04民终87号：张某、周庆某、林香某、周某某诉许国某、澄江金沙旅游开发有限公司（以下简称澄江金沙旅游公司）、澄江县旅游发展局生命权纠纷案二审民事判决书。

【基本案情】

上诉人澄江金沙旅游公司、澄江县旅游发展局因与被上诉人张某、周庆某、林香某、周冰某、许国某生命权纠纷一案，不服云南省澄江县人民法院（2015）澄民一初字第486号民事判决，向本院提起上诉。本院受理后，依法组成合议庭公开开庭进行了审理，现已审理终结。

原审经审理查明，2015年7月11日，周方某（本案死者）携家属到澄江抚仙湖游玩。中午12时许，周方某携女儿周某某（未成年人）及侄女金映某（未成年人）在澄江县抚仙湖新河口风车广场参与了许国某提供的骑马娱乐项目。双方谈好价钱后周方某要求带两名女孩在老环湖公路上共同骑行一匹马，并由周方某自己策马前行，许国某骑自行车尾随。骑马过程中，由于公路上有车辆经过，导致马匹受惊跳起，导致周方某、金映某、周某某三人从马背上摔下，周方某严重受伤。后周方某被送至澄江县人民医院抢救，于2015年7月12日凌晨4时许抢救无效死亡，产生医药费6971.11元。许国某经营的骑马娱乐项目系当地村民自发的旅游经营项目，未经过任何行政主管部门许可。许国某等人经营该旅游项目的待客地点在抚仙湖新河口景区风车广场的阶梯平台，履行地点为风车广场附近的老环湖公路。抚仙湖新河口景区系金沙公司向原澄江县旅游发展局承包经营的景区。双方签订的《新河口景区整体承包合同》约定，承包范围为新河口景区东至林海公园界，西至新河口村界，北至老环湖

公路界，南临抚仙湖近岸水域。承包期限为10年，自2007年11月1日起至2017年11月1日止。金沙公司每年向自发经营骑马娱乐项目的经营者收取马匹卫生管理费500元。

2015年8月31日，张某、周庆某、林香某、周某某诉至原审法院，请求判令许国某赔偿医疗费6971.11元、死亡赔偿金485 980元（24 299元 ×20年）、丧葬费27 184元（54 368元 ÷2）、被扶养人生活费242 588元（其中周某某97 608元、周庆某144 980元）、精神损害抚慰金50 000元，共计812 723.11元。金沙公司及澄江县旅游发展局对上述费用承担补充赔偿责任。

原审法院认为，本案争议的焦点为：一，赔偿责任主体的确定及赔偿责任的划分；二，赔偿范围及标准的确定。

关于争议焦点一。许国某作为骑马娱乐项目的经营者，应当预见到在公路上骑马对游客以及过往的车辆和行人均具有很大的危险性，并且三人共同骑一匹马更是存在较大的安全隐患，其明知此经营项目在公路上不可为而为之，最终在未提供安全帽及未亲自牵控马匹的情况下让周方某带两个孩子在公路上自行骑行，致使周方某在骑马过程中从马背上摔下救治无效死亡。因此，对于本案的发生，许国某作为经营者存在很大的过错，应承担主要的民事责任。

周方某作为完全民事行为能力人，应意识到三人同骑一匹马存在较大的安全隐患，但其不听马匹经营者许国某的劝说，执意要求与女儿和侄女三人共骑一马，且在骑马过程中坚持自己驾马，对容易发生危险的安全隐患持放任的态度也是导致其从马背上摔下的原因之一。因此，对于本案的发生，周方某也存在一定的过错，应承担次要的民事责任。

金沙公司作为澄江县新河口景区的承包经营者，对其承包景区范围内的游客负有在合理限度范围内的安全保障义务。但其对于经营管理范围内周边村民自发向游客提供骑马娱乐项目未及时加以制止，也未进行妥善管理，是造成周方某骑马摔下死亡事故的间接原因。金沙公司提出本案的事发地不在其经营管理范围内，但结合本案的事实与相关证据，可以确定许国某等周边村民向游客提供骑马项目的待客、拉客地点在金沙公司的管理范围内。且该公司每年向骑马项目经营者收取卫生费，对骑马项目经营者有一定程度上的管理义务。因此，对于本案的发生，金沙公司也存在一定的过错，应当对许国某财产不足以清偿的部分承担补充赔偿责任。

澄江县旅游发展局作为澄江县新河口景区的行政监管部门，对于当地长期存在的村民未经行政许可擅自向景区游客提供骑马娱乐项目的情况疏于规范监管，对旅游乱象未进行整治，未尽到相应的监督管理职责。因此，对于本案的发生，澄江县旅游发展局存在一定的过失行为，应当对许国某财产不足清偿的部分承担相应的补充赔偿责任。

对于责任比例的划分，确定由许国某承担70%的赔偿责任，周方某自行承担30%的责任。在许国某70%的赔偿责任当中，由金沙公司承担30%的补充责任，由澄江县旅游发展局承担20%的补充责任。

关于争议焦点二。周方某在事故发生后被送到澄江县人民医院救治，医疗费依发票核定为6971.11元；因周方某生前在昆明市新螺蛳湾经营服装生意，且居住生活在昆明市官渡区多年，故其死亡赔偿金按照云南省城镇居民标准计算为485 980元（24 299元/年 ×20年）；丧葬费依法核定为27 184元。另外，周方某的死亡给其家人造成了精神上的痛苦，酌情支持精神损害抚慰金10 000元。综上所述，根据《中华人民共和国侵权责任法》第六条、第十五条第一款（六）项、第十六条、第十八条、第二十六条、第三十七条及最高人民法院《关于审理人身损害赔偿案件适用法律若干问题的解释》第十九条、第二十七条、第二十八条、第二十九条、第三十五条之规定，判决：一，由许国某于本判决生效后十五日内一次性赔偿张某、周庆某、林香某、周某某因周方某死亡产生的医疗费、死亡赔偿金、丧葬费共计474 672.20元。二，由许国某于本判决生效后十五日内一次性支付张某、周庆某、林香某、周某某精神损害抚慰金10 000元。三，在许国某无力赔偿时，由澄江金沙旅游开发有限公司在许国某赔偿的费用474 672.20元范围内承担30%即142 401.70元的补充赔偿责任。四，在许国某无力赔偿时，由澄江县旅游发展局在许国某赔偿的费用474 672.20元范围内承担20%即94 934.40元的补充赔偿责任。五，驳回张某、周庆某、林香某、周某某的其他诉讼请求。”

宣判后，金沙公司与澄江县旅游发展局不服，向本院提起上诉。

金沙公司上诉称，首先，金沙公司与许国某等周边村民没有任何合同关系，对马匹经营项目没有管理权限，无权进行管理。景区与公路没有任何障碍物隔绝，马匹经营过程中产生的垃圾会被海风吹进景区，金沙公司收取500元费用系用于支付清扫者对景区内及老环湖路进行清扫的费用。一直以来公司都不允许马匹进入景区，但经营者侵占金沙公司承包范围经营马匹项目，金沙公司属于受害者，原审判决公司承担巨额补充责任属适用法律错误。其次，新河口景区仅是政府对新河口村邻抚仙湖的地方进行路面铺平、修建几个风车的封闭性场地，未经国家或其他有关部门确定，进入新河口也不需要购买门票或支付任何费用，故并非《旅游法》第一百一十一条规定的景区，原审认定错误。且事故地点及骑马是在老环湖路，并非金沙公司承包范围，公司没有必要对超出承包范围外的区域承担合理的安全保障义务，该保障是法定的，任何个人和单位不得随意扩大适用。最后，周方某作为完全民事行为能力人，明知骑马具有高度危险性，不但不加以防范，且在不听许国某的劝阻下执意自行与未成年的女儿、侄女同骑，加大了骑马的危险，自身具有的过错大于许国某，应由周方某对本案事故承担主要责任。综上，请求撤销原判第三项，改判驳回被上诉人张某、周庆某、林香某、周某某对公司的诉讼请求。

澄江县旅游发展局上诉请求撤销原判第四项，改判驳回被上诉人张某、周庆某、林香某、周某某对其的诉讼请求。理由是：1. 澄江县旅游发展局并非《侵权责任法》第三十七条规定的宾馆、商场、银行、车站、娱乐场所等公共场所的管理人，也不是群众性活动的组织者，不是本案适格被告，原审判令旅游发展局承担补充责任错误。2. 本案的发生系周方某自行与许国某私下达成服务合同后在享受服务合同权利时受伤死亡，应由提供服务的合同相对人承担赔偿责任。根据《中华人民共和国旅游法》第八十五条“县级以上人民政府旅游主管部门有权对下列事项实施监督检查：（一）经营旅行社业务以及从事导游、领队服务是否取得经营、执业许可；（二）旅行社的经营行为；（三）导游和领队等旅游从业人员的服务行为；（四）法律、法规规定的其他事项。旅游主管部门依照前款规定实施监督检查，可以对涉嫌违法的合同、票据、账簿以及其他资料进行查阅、复制”之规定，澄江县旅游发展局对是否许可许国某经营马匹等行政监管职责法律没有明确规定，澄江县旅游发展局在本案中并没有民事法律关系中的过错，原审认定上诉人作为新河口景区的行政监管部门疏于规范监管存在过失没有法律依据。3. 本案事发地仅为沿湖一平常村庄，并未经国家或其他有关部门确定为新河口风景区或其他相应景区，进入新河口的人员不需要购买门票或支付费用，不属于《旅游法》第一百一十一条规定的景区，原审认定事发地点在旅游景区错误。4. 旅游发展局是否负有行政监管职责属行政审查范畴，是否尽到行政监管职责与本案发生也没有法律上的因果关系，一审在民事案件审理中以旅游发展局未尽监管职责认定上诉人存在过失错误，混淆了民事责任与行政责任。5. 周方某作为完全民事行为能力人，明知骑马本身具有高度危险性，不但不加防范，且在不听许国某的劝阻下执意自行与未成年的女儿、侄女同骑，加大了骑马的危险，本案周方某的过错大于许国某，应承担主要责任。

被上诉人张某、周庆某、林香某、周某某答辩称，原判认定许国某承担主要责任，周方某承担次要责任，并由金沙公司和澄江县旅游发展局承担补充责任正确，两上诉人的上诉请求不能成立，请求驳回上诉，维持原判。

被上诉人许国某答辩请求二审驳回两上诉人不承担补充责任的上诉请求，

并改判许国某承担次要责任。

二审中，金沙公司向本院提交两组证据：1. 内资企业登记基本情况表、2015 年度企业年度报告书，证明金沙公司的股东构成情况；2. 澄江县抚仙湖旅游服务公司大中专毕业生、固定工、合同制工解除劳动关系及经济补偿协议书、失业就业证，证明金沙公司的股东是下岗职工、弱势群体，金沙公司是几个股东下岗后因经济困难组建的规模较小的公司。

经质证，澄江县旅游发展局对上述证据无异议，张某、周庆某、林香某、周某某、许国某认为与本案没有关联性。

许国某向本院提交收据两份，证明其向金沙公司交纳了马匹卫生管理费及押金。

经质证，张某、周庆某、林香某、周某某对许国某提交的证据均无异议，澄江县旅游发展局表示不清楚，金沙公司对其真实性、合法性无异议，但认为收据载明的日期为 2013 年 11 月 2 日与事发时间不符，与本案没有关联性，且金沙公司收取的是卫生费并非日常经营管理费，对许国某的证明目的不予认可。

【判决与理由】

经审查，各方当事人对许国某提交的证据的真实性均无异议，本院予以确认；金沙公司提交的证据与本案纠纷不属同一法律关系，本院不予认定。

经二审审理，查明的案件事实与一审认定相一致，本院予以确认。

本院认为，综合各方诉辩主张，本案二审的争议焦点是：1. 金沙公司、澄江县旅游发展局是否应承担赔偿责任；2. 原审确定由许国某承担 70%、周方某承担 30% 的责任比例划分和赔偿费用的认定是否正确。

关于焦点 1。许国某在金沙公司管理的范围内经营骑马项目，且金沙公司每年向许国某等马匹经营者收取马匹卫生管理费，并要求交纳押金，金沙公司作为新河口景区的承包人及经营者事实上对骑马项目进行了一定的管理。而骑马项目具有一定的危险性，需配备相应的安全装备，骑乘人也需要具备一定的专业技能，金沙公司作为新河口景区的承包管理人，应当预见到骑马可能发生的危险，但对进入景区游玩的周方某等人未尽到提示告知等安全注意义务亦存在过错，对周方某的损害后果应承担相应的补充责任，原判认定金沙公司在许国某的赔偿范围内承担 30% 的补充责任符合本案实际和双方过错程度，本院予以维持。澄江县旅游发展局作为行政主管部门，所应承担的行政监管职责与《侵权责任法》规定的安全保障义务并非同一法律关系，与本案周方某的损害后果也不具有因果关系，澄江县旅游发展局不应在本案中承担侵权责任，原审判令其承担补充赔偿责任无事实及法律依据，本院予以纠正。

关于焦点 2。许国某自行经营骑马项目，但在经营活动中未为周方某等人提供安全保障措施，也未尽到对骑行马匹的管理义务，对于损害后果的发生许国某存在主要过错，原判据此确定由许国某承担 70%、周方某承担 30% 的责任比例符合本案实际，本院予以维持。金沙公司和澄江县旅游发展局主张由周方某承担主要责任依据不足，本院不予采纳。关于赔偿费用，《最高人民法院关于审理人身损害赔偿案件适用法律若干问题的解释》第二十八条规定，被扶养人生活费根据扶养人丧失劳动能力程度，按照受诉法院所在地上一年度城镇居民人均消费性支出和农村居民人均年生活消费支出标准计算。被扶养人为未成年人的，计算至十八周岁；被扶养人无劳动能力又无其他生活来源的，计算二十年。但六十周岁以上的，年龄每增加一岁减少一年；七十五周岁以上的，按五年计算。被扶养人是指受害人依法应当承担扶养义务的未成年人或者丧失劳动能力又无其他生活来源的成年近亲属。被扶养人还有其他扶养人的，赔偿义务人只赔偿受害人依法应当负担的部分。被扶养人有数人的，年赔偿总额累计不超过上一年度城镇居民人均消费性支出额或者农村居民人均年生活消费支出额。《最高人民法院关于确定民事侵权精神损害赔偿责任若干问题的解释》第十条规定，精神损害的赔偿数额根据以下因素确定：（一）侵权人的过错程度，法律另有规定的除外；（二）侵害的手段、场合、行为方式等具体情节；（三）侵权行为所造成的后果；（四）侵权人的获利情况；（五）侵权人承担责任的经济能力；（六）受诉法院所在地平均生活水平。本案中，各方当事人对原判认定的周方某的医疗费、丧葬费均无异议，本院予以确认。对于其余费用，本院根据上述规定及本案实际认定如下：1. 死亡赔偿金及周某某的被扶养人生活费。周方某虽为农村户口，但周庆某一方提交的暂住证明、商铺租赁合同等可以证实周方某长期在昆明经商、居住，经常居住地和主要收入来源地均为城市，周某某随周方某居住生活并于 2012 年起就读于昆明市官渡区中营村一幼儿园，原判按照城镇居民计算周方某的死亡赔偿金及周某某的被扶养人生活费并无不当，应予维持。对金沙公司、澄江县旅游发展局提出应按农村居民标准计算的主张本院不予支持。2. 周庆某的被扶养人生活费。周庆某事发时已年满 57 岁，且其肢体二级残疾，基本上已丧失劳动能力，系村中特困户，原判支持其被扶养人生活费正确，金沙公司、澄江县旅游发展局主张不应支持周庆某被扶养人生活费于法无据，本院不予支持。3. 精神损害抚慰金。周方某的死亡客观上给其家人造成精神上的痛苦，原判结合本案实际及双方过错酌情支持周庆某等人精神损害抚慰金10 000元并无不当，金沙公司、澄江县旅游发展局主张不应支持精神损害抚慰金与上述规定不符，本院不予采纳。综合以上分析，对原判确定的赔偿费用本院予以维持。

综上，金沙公司的上诉请求均不能成立，澄江县旅游发展局的上诉请求部分成立，对成立部分本院予以支持，原判部分处理有误，本院予以纠正。依照《中华人民共和国侵权责任法》第六条、第十六条、第二十六条、第三十七条，《最高人民法院关于审理人身损害赔偿案件适用法律若干问题的解释》第十七条、第二十八条，《最高人民法院关于确定民事侵权精神损害赔偿责任若干问题的解释》第十条，《中华人民共和国民事诉讼法》第一百七十条第一款（二）项之规定，判决如下：

一、维持云南省澄江县人民法院（2015）澄民一初字第486号民事判决第一、二、三项；

二、撤销云南省澄江县人民法院（2015）澄民一初字第486号民事判决第四、五项；

三、驳回张某、周庆某、林香某、周某某对澄江县旅游发展局的诉讼请求；

四、驳回张某、周庆某、林香某、周某某的其他诉讼请求。

本判决为终审判决。

【本案涉及的法律问题】

一、未经许可擅自经营骑马旅游项目有可能带来哪些严重后果？在本案中，法院判决骑马项目经营者对游客死亡承担主要的民事责任（70%），是否合适？为什么？

二、在本案中，景区管理者向在景区周边自发经营骑马旅游项目者收取卫生管理费每年500元，这可能会产生哪些法律后果？

三、在本案中，死者周方某被判承担次要责任（30%），这样判决合适吗？为什么？

四、在本案中，法院判决游客死亡地点附近的景区以及所在地县旅游发展局对骑马项目经营者财产不足部分承担补充责任（景区承担30%，旅游局承担20%），这样判决合适吗？为什么？

五、本案中涉及到“补充赔偿责任”概念，这一概念与“连带责任”有何不同？

六、在本案中，一审法院判决县旅游发展局对本次事故的发生负补充责任

（20%），二审法院认为一审法院的这一判决不妥，予以纠正，试问这一纠正正确吗？为什么？

七、在本案中，一审和二审都支持了对死者家属的精神损害赔偿，这样判决有法律依据吗？为什么？

【参考答案与法理分析】

一、在本案中，法院判决骑马项目经营者许国某对游客周方某的死亡承担主要的民事责任（70%），我们认为，比较合适。因为，第一，许国某经营的骑马项目属于高风险旅游娱乐项目，应当经由有关部门批准才能对外提供服务，而实际上他经营此项高风险旅游娱乐项目，未经过当地任何行政主管部门批准，因此，其经营活动属于擅自经营高风险旅游娱乐项目。《旅游法》第四十七条规定："经营高空、高速、水上、潜水、探险等高风险旅游项目，应当按照国家有关规定取得经营许可。"除本条列举的以外，诸如滑雪、漂流、蹦极、过山车、热气球、跳伞、攀岩、登山、武术、摔跤、赛马、骑马、赛车等，都属于高风险运动和活动。按照《产品质量法》《安全生产法》《消防法》和《旅游法》的相关规定，经营高风险旅游项目应当按照国家有关规定取得经营许可，经营者必须取得相应的资质。

第二，在本案中，许国某作为骑马娱乐项目经营者，应当预见到在公路上骑马对游客以及过往的车辆和行人均有很大的危险性。第三，许国某还应当预见到，游客周方某三人共同骑一匹马，更是存在较大的安全隐患。同时，他对游客要求在公路上自己共同骑马随意答应，并且从本案叙述中看，他也没有给周方某等进行安全提示和讲解骑马的基本要求，也没有提供安全帽，没有亲自牵马和控制马匹，相反，他贸然同意让游客三人自己骑马，而其本人则骑自行车尾随其后，过于自信骑马项目的安全性，对自己的马匹疏于管理，结果导致骑马者摔伤死亡。因此，许国某应当对死者的死亡承担主要责任。法院判决其承担 70% 的责任并不为过。

未经许可擅自经营骑马旅游项目有可能带来严重的后果，这是任何经营高风险旅游项目者都应当高度重视的问题：一是骑马项目有可能会发生马失前蹄的风险，导致游客摔伤或致残致死的事故；二是骑马项目有可能发生马匹受惊而狂奔的情形，本案中的情形类似于这种情形；三是骑马项目有可能发生马匹踩踏游客和其他第三人的情形。因此，经营此类骑马项目者一定要高度重视安全问题。一是要经过有关行政部门批准经营；二是如有可能要给自己的旅游项目投旅游意外伤害险；三是对要求骑马的旅游者要进行安全教育，并要明示骑马的基本概念和基本要求，同时，要自己牵马，控制马匹的行动，决不能让游客自己骑行，除非游客是专业人员，并有证书证明。笔者之一前些年在蒙古西拉穆仁草原游玩时，要求骑马在草原上奔跑，经营者坚决不允许，而是亲自牵马或与我们一同骑马。虽然当时感觉不爽，但事后觉得，骑马项目经营者为游客安全负责的做法，还是值得称赞的。

二、在本案中，景区管理者向在景区周边自发经营骑马旅游项目者每年收取一定的卫生管理费和押金，这有可能会产生的法律后果是：要对经营骑马旅游项目者承担连带赔偿责任。《旅游法》第五十四条规定："景区、住宿经营者将其部分经营项目或者场地交由他人从事住宿、餐饮、购物、游览、娱乐、旅游交通等经营的，应当对实际经营者的经营行为给旅游者造成的损害承担连带责任。"

在本案中，法院判决该景区为游客参加骑马旅游项目而摔伤致死承担连带责任，并无不妥。因为既然景区收取了管理费和押金，就要承担一定的管理责任。虽然景区辩称自己收取的是卫生管理费，但是，明知此骑马旅游项目是高风险旅游娱乐项目而没有制止，也没有要求有关管理部门取缔该没有主管部门批准的旅游项目，而是放任其在自己景区附近非法经营此类旅游项目，还收取了一定的管理费和押金，景区当然要为此而承担一定的连带责任。此外，游客也有可能误认为此旅游项目是由该景区经营的。因此，此案的教训在于，有类似情况的景区，千万不要因贪图收取少量卫生管理费而冒有可能承担连带赔偿责任的大风险。虽然在参加骑马旅游项目中游客摔伤甚至导致死亡的事件是小概率事件，但是此类高风险旅游项目容易出现安全事故，则是常识，对此景区经营者不能有任何侥幸心理。

三、在本案中，死者周方某被判承担次要责任（30%），我们认为，法院这样判决是合适的。因为第一，周方某作为完全民事行为能力人，应当对骑马旅游项目的潜在危险性有清醒的认识，并且对自己不是专业骑马人也应当有清醒的认识；第二，周方某不听马匹经营者许国某的劝说，执意要求不仅自己冒险单独骑马，不让经营者为自己牵马，而且要让两个未成年人——自己的女儿和侄女 3 人同自己骑同一匹马，却让经营者骑自行车尾随其后，这是对自己骑马的能力和技术过于自信，没有考虑到有可能发生其他意外情况，对可能发生的危险和安全隐患持放任态度，结果造成本案中这一惨案的发生，把自己的性命也搭了进去，所以，周方某应当对本案的发生承担一定的责任。但是，毕竟他是受害者，而直接经营者许国某没有强行阻止其骑马的要求，所以，许国某对本案中安全事故的发生承担主要责任（70%），周方某承担次要责任（30%），这样划分双方的责任是比较合理的。

四、在本案中，法院判决游客死亡地点附近的景区以及所在地县旅游发展局对骑马项目经营者财产不足部分承担补充责任（景区承担30%，旅游局承担20%），我们认为，这一判决是有问题的：判决景区承担补充赔偿责任于法有据，而判决旅游发展局承担补充赔偿责任则于法无据。因为本案中的涉案公司即金沙公司作为涉案景区的承包经营者，对其承包景区范围内的游客负有在合理限度范围内的法定安全保障义务。但是，它对其经营管理范围内周边村民自发向游客提供骑马娱乐项目服务未及时加以制止，未通过其他方式要求相关部门对这类高风险旅游项目进行监管，其自己也未进行妥善管理，相反，却收取了这些骑马旅游项目经营者的卫生管理费和押金，法院认为，这是造成本案中游客骑马摔伤以致死亡的间接原因。虽然该景区辩称本案事发地点不在其经营管理范围之内，但法院结合本案事实和相关证据，确定周边村民经营骑马项目的待客、拉客地点是在该旅游公司的管理范围之内，且该公司每年向这些骑马旅游项目经营者收取卫生费和押金。因此，该公司应当对骑马项目经营者负有一定程度的管理义务，对本案的发生，也存在一定的过错，因而法院判决其应当为本案骑马项目中的马匹所有人许国某财产不足清偿的部分承担补充赔偿责任，是正确的。

但是，涉案景区所在地的澄江县旅游发展局，虽然是该景区的行政管理部门，对当地长期存在的村民擅自经营骑马旅游娱乐项目，也应当加以监管，但长期以来却一直疏于规范和监管，对本行政辖区内的旅游乱象未及时整治，对此类高风险旅游娱乐项目未尽到相应的监督管理职责，因此，该旅游发展局对本案事故的发生也存在一定的过失行为。一审法院这样认定事实有一定道理，但是据此判决该旅游发展局对许国某财产不足清偿的部分也承担相应的补充赔偿责任，则于法无据。因为该旅游发展局属于行政管理机关，它与旅游经营者之间的关系不是普通的民事法律关系，而是管理与被管理的行政法律关系。调整行政法律关系的法律不是普通的民事法律，而是行政法等相关法律。而“民法调整平等主体的自然人、法人和非法人组织之间的人身关系和财产关系”（《民法总则》第二条）。只有民事主体才能成为民事权利的享有者、民事义务的履行者和民事责任的承担者。[①] 从这个意义上说，本案中的旅游发展局根本不是民事主体，当然不能承担相应的民事责任。因此，一审法院的这一判决被

① 张荣顺主编：《中华人民共和国民法总则解读》，中国法制出版社2017年版，第17页。

二审法院予以纠正，是完全正确的。

具体地说，在民事纠纷中，法院不能判决行政机关对相关民事纠纷的主体承担赔偿责任。除非某行政机关是以民事法律主体同其他民事主体发生了民事法律关系，否则，在其行使行政监管职能时，即使存在失误，也不应当受到民事法律制裁，而应当依据行政法律法规予以处理。在本案中，一审法院混淆了不同的法律关系，因而被二审法院予以纠正是完全正确的。

关于涉案景区和旅游发展局的责任划分，二审法院认为，一审法院认定涉案旅游景区公司在许国某的赔偿范围内承担30%的补充责任是适当的，予以维持。关于该旅游发展局的责任承担问题，参见下面第六个问题的解析。

五、本案中涉及到“补充赔偿责任”概念，这一概念与“连带责任”有何不同?

如上所述，本案判决中涉及一个新概念:“补充赔偿责任”。严格地说，这一概念同“连带责任”概念是不同的。

所谓连带责任，是指责任人为多人时，每个人都负有清偿全部债务的责任，各个责任人对外都不分份额、也没有先后次序地根据权利人的请求承担责任。权利人有权要求每个责任人同时向自己清偿，也有权要求其中某一个人清偿全部债务。比如甲搬家公司派员工李某为客户搬家，李某担心人手不够，请同学王某帮忙，搬家途中，王某从车上坠地受伤。在这种情况下，李某和搬家公司就承担连带责任，王某既可以向李某，也可以向搬家公司要求赔偿。

而所谓补充责任，则是指在责任人的财产不足以承担其应付的民事责任时，由有关的人或单位对不足的部分予以补充的责任。如小学生李明和张涛在学校里发生打斗，致张涛脾脏破裂，在场老师陈某没有予以制止。在该案中，李明的监护人应对张涛履行赔偿责任。但如果李明的监护人无力全部赔偿，则应由存在一定过错的学校来承担不足的部分。这就是补充责任，也叫补充赔偿责任。

从法律上说，连带赔偿责任的分类主要有如下几个:

（一）法定连带责任与约定连带责任

依连带责任产生之原因不同，可以将连带责任划分为法定连带责任和约定连带责任。连带责任虽对债权人有利，但对债务人，无疑是一种加重责任。所以《民法通则》规定，承担连带责任，须由当事人的约定或法律的规定。可见，在一般情况下，多数人之债务是以按份责任为基本清偿原则的。

（二）违约连带责任与侵权连带责任

依连带责任内容之不同，又可将连带责任划分为违约连带责任与侵权连带责任。违约连带责任即指当事人共同违反合同规定而产生的连带责任，侵权连带责任即指当事人共同侵权行为造成损害发生而产生的连带责任。

（三）有效合同连带责任与无效合同连带责任

依产生连带责任的合同效力的不同，又可将连带责任分为有效合同连带责任和无效合同连带责任。有效合同连带责任的前提是有效合同。在合同成立之时，当事人各方具有民事主体资格，所订合同的内容和形式都符合法律规定，当事人主观上没有过错，客观上没有违约行为。因此，或是主合同或是从合同皆为有效合同。只是在合同履行过程中，一方或多方违约才产生了连带责任。无效合同连带责任产生的前提是无效合同。或是主合同无效，或是从合同无效。由于当事人主观上有过错，客观上有违反法律、法规的行为。因此，合同在成立时就无效。合同无效并不能免除当事人的连带责任，这种连带责任即为无效合同连带责任。

（四）一般连带责任与补充连带责任

连带责任确定后，依债务人承担责任的先后顺序不同，还可将连带责任划分为一般连带责任与补充连带责任。一般连带责任的各债务人之间不分主次，对整个债务无条件地承担连带责任。债权人可以不分顺序地要求任何一个债务人清偿全部债务。如合伙、半紧密型联营、代理关系等。补充连带责任须以连带责任中的主债务人不履行或不能完全履行为前提，从债务人只在第二顺序上或者与责任总额不一定相等的情况下承担连带责任。如保证人在被保证人不能偿还债务时，保证人才承担连带责任。倘若被保证人只能承担 60% 的债务，那么保证人只能承担另 40% 的责任。

六、在本案中，一审法院判决县旅游发展局对本次事故的发生负补充责任（20%），二审法院认为一审法院的这一判决不妥，予以纠正。我们认为，二审法院的这一纠正是正确的。因为涉案公司所在县的旅游发展局作为行政管理部门，所应承担的行政监管职责与侵权责任法规定的安全保障义务，并非同一法律关系，与本案中周方某的人身损害后果也不具有直接的因果关系，故该县旅游发展局不应在本案中承担侵权责任，原审判令其承担补充赔偿责任无事实及法律依据。所以，二审法院纠正了一审法院的这一判决。应当说，二审法院的这一改判是正确的。旅游行政管理部门即使对自己辖区内的旅游经营行为疏于管理，所要承担的也不是侵权责任或者违约责任。这一判决也具有典型意义，说明旅游行政主管部门通常不应当就旅游经营者对旅游者的侵权或违约承担直接责任。旅游行政主管部门是代表政府对旅游经营者进行监管，若疏于管理应当受到行政处分，而不是旅游经营管理方面的经济处罚。

七、在本案中，一审和二审都支持了对死者家属的精神损害赔偿，这样判决有法律依据。理由是，周方某的死亡客观上给其家人造成精神上的痛苦，一审法院结合本案实际及双方过错判决酌情支持周庆某等人精神损害抚慰金10 000元，二审认为并无不当。而金沙公司、澄江县旅游发展局主张不应支持精神损害抚慰金与《最高人民法院关于确定民事侵权精神损害赔偿责任若干问题的解释》第十条的规定不符，所以一、二审法院均不予采纳。综合以上分析，二审法院对原判确定的精神损害抚慰金的赔偿费用予以维持。

判例16　神农架旅游车颠簸游客受伤，索赔获法院支持

【案件索引】

十堰市中级人民法院民事判决书（2016）鄂03民终790号：十堰市蓝天旅行社有限公司（以下简称十堰市蓝天旅行社）与十堰市城市公交集团有限公司（以下简称十堰市公交公司）旅游合同纠纷一案二审民事判决书。

【基本案情】

上诉人十堰市公交公司为与被上诉人十堰市蓝天旅行社旅游合同纠纷一案，不服湖北省十堰市张湾区人民法院（2016）鄂0303民初91号民事判决，向本院提起上诉。本案现已审理终结。

蓝天旅行社向一审法院请求：判令公交公司支付其公司58 767元。

一审法院认定，2014年8月1日，吴小某与蓝天旅行社签订《国内旅游合同》，合同约定蓝天旅行社向吴小某及其家人提供神农架大九湖三日游的服务，费用共计3880元，湖北武神国际旅行社有限公司为地接社。湖北武神国际旅行社有限公司租用公交公司旅游分公司的旅游大巴。2014年8月6日，吴小某乘坐公交公司旅游分公司所有的旅游大巴行至神农架××湖处，由于路面施工，道路不平，驾驶员魏明某操作不慎造成车辆意外颠簸，致使吴小某受伤。后吴小某入院治疗15天，伤情经鉴定为十级伤残。2014年8月16日，吴小某丈夫与驾驶员魏明某达成赔偿协议，协议约定魏明某已付医药费4000余元，另行支付吴小某5000元，此后一切事宜与魏明某无关。2014年11月20日，吴小某向十堰仲裁委员会提出仲裁申请，要求蓝天旅行社赔偿其损失。2015年3月2日，十堰仲裁委员会作出（2015）十仲裁字第011号仲裁裁决，裁决蓝天旅行社赔偿吴小某损失52 774.9元。蓝天旅行社不服该裁决，向十堰市中级人民法院提出撤销仲裁裁决的申请。2015年5月20日，十堰市中级人民法院作出

（2015）鄂十堰中民二仲字第00001号民事裁定，裁定驳回蓝天旅行社的申请。蓝天旅行社支付吴小某各项费用57 600元、诉讼费400元、执行费767元。蓝天旅行社认为吴小某的受伤系公交公司的侵权行为造成，其履行赔偿责任后有权向公交公司追偿，故而成诉。

一审法院认为，蓝天旅行社与吴小某签订的《国内旅游合同》中明确约定湖北武神国际旅行社有限公司为地接社，后湖北武神国际旅行社有限公司租用公交公司旅游分公司所有的车辆运送游客，则公交公司旅游分公司为履行辅助人，其负有将游客安全送到指定目的地的义务。在上述旅游合同履行过程中，吴小某因公交公司旅游分公司的行为受伤，导致蓝天旅行社违约。根据《中华人民共和国旅游法》第七十一条的规定，由于地接社、履行辅助人的原因造成旅游者人身损害、财产损失的，旅游者可以要求地接社、履行辅助人承担赔偿责任，也可以要求组团社承担赔偿责任；组团社承担责任后可以向地接社、履行辅助人追偿。现吴小某已选择向组团社即蓝天旅行社主张权利并实现了权利，故蓝天旅行社在履行完毕赔偿责任后有权向公交公司旅游分公司追偿。因公交公司旅游分公司系公交公司设立的分公司，则公交公司对公交公司旅游分公司的行为承担民事责任，现蓝天旅行社已支付吴小某各项费用57 600元，故公交公司应当赔偿蓝天旅行社已向吴小某赔偿的57 600元。蓝天旅行社为维护其权益而支出的诉讼费及因未主动履行生效裁决而发生的执行费，系其自身原因造成，并非公交公司旅游分公司的侵权行为产生的直接后果，故蓝天旅行社诉请公交公司支付诉讼费及执行费无事实和法律依据，不予支持。

公交公司辩称，该生效的仲裁裁决书及民事裁定书中均未裁定应由其公司承担责任，且驾驶员魏明某已自行与伤者吴小某达成赔偿协议并履行完毕，故其公司不应承担责任。法院认为，因已生效的仲裁裁决解决的系吴小某与蓝天旅行社之间的纠纷，吴小某并未向公交公司主张权利，故该生效裁决不能作为公交公司应否承担责任的依据。而公交公司在一审庭审过程中明确表示驾驶员魏明某的行为系其个人行为，不能代表公司，故魏明某与吴小某丈夫达成的赔偿协议不能视为公交公司已履行赔偿责任。对公交公司的这一辩称法院不予采信。

依照《中华人民共和国旅游法》第七十一条、《中华人民共和国公司法》第十四条、《中华人民共和国民事诉讼法》第六十四条、《最高人民法院关于民事诉讼证据的若干规定》第二条之规定，判决：一，公交公司于本判决生效之日起七日内赔偿蓝天旅行社57 600元。二，驳回蓝天旅行社的其他诉讼请求。

公交公司不服一审法院作出的上述判决，向本院提起上诉称：1. 蓝天旅行社无权向公交公司主张其向吴小某支付的费用。2. 吴小某的受伤与蓝天旅行社改变旅游行程存在因果关系，蓝天旅行社应当承担责任。3. 带团导游应当对景区道路以及路况熟悉，在路况较差的路段有责任提醒车内游客注意乘车安全及提醒驾驶员注意行车安全。4. 蓝天旅行社迟延履行生效仲裁裁决所承担的逾期付款滞纳金，无权向公交公司主张。（2015）十仲裁字第 011 号仲裁裁决蓝天旅行社应当支付吴小某各项损失 52 774.9 元，因蓝天旅行社迟延履行，导致法院强制执行 57 600 元，其中 4825.1 元滞纳金应当由蓝天旅行社自行承担。5.450 元旅游费用与公交公司无关。事故的发生系蓝天旅行社改变路线所致，公交公司没有收取旅游费用，公交公司不应当支付蓝天旅行社退还的 450 元旅游费用。综上，请求二审法院撤销原判，改判公交公司因吴小某已经放弃向公交公司主张其他赔偿权利而不承担责任。

公交公司在二审规定的举证期限内没有向本院提交新证据。

蓝天旅行社在法定期限内没有提交书面答辩状，二审开庭时口头答辩称，吴小某的受伤是因履行辅助人公交公司的原因造成的，应当由公交公司承担赔偿责任。蓝天旅行社赔偿吴小某的损失后，有权向公交公司追偿。滞纳金是吴小某申请仲裁后，蓝天旅行社被迫交纳的，应当由公交公司承担。一审判决认定事实清楚，处理正确，公交公司的上诉理由不能成立，请求二审法院依法驳回上诉，维持原判。

蓝天旅行社在二审规定的举证期限内没有向本院提交新证据。

二审审理查明，一审法院查明认定的事实属实，本院予以确认。

【判决与理由】

本院认为，蓝天旅行社与吴小某签订的《国内旅游合同》是双方当事人的真实意思表示，合法有效。该合同明确约定湖北武神国际旅行社有限公司为地接社，因湖北武神国际旅行社有限公司租用公交公司旅游分公司所有的车辆运送游客，则公交公司旅游分公司为履行辅助人，其负有将游客安全送到指定目的地的义务。根据《中华人民共和国旅游法》第七十一条的规定，由于地接社、履行辅助人的原因造成旅游者人身损害、财产损失的，旅游者可以要求地接社、履行辅助人承担赔偿责任，也可以要求组团社承担赔偿责任；组团社承担责任后可以向地接社、履行辅助人追偿。公交公司旅游分公司在合同履行过程中，没有安全将游客吴小某送达到指定的目的地，吴小某因公交公司旅游分公司的行为受伤，导致蓝天旅行社违约，因吴小某已选择向组团社即蓝天旅行社主张权利并实现了权利，蓝天旅行社在履行完毕赔偿责任后有权向公交公司旅游分公司追偿。因公交公司旅游分公司系公交公司设立的分公司，则公交公司应对公交公司旅游分公司的行为承担民事责任，故公交公司上诉称蓝天旅行社无权向其主张权利的理由不能成立，本院不予支持。吴小某在乘车时受伤，与旅行社是否改变旅游行程无因果关系，亦与地接团导游是否提醒游客注意乘车安全无因果关系，故公交公司的该上诉理由不能成立，本院不予支持。蓝天旅行社因游客在旅游过程中受伤，没有完成旅游行程，退还游客旅游费用，由于是公交公司的行为导致游客受伤，此费用应当由公交公司承担，故公交公司的该上诉理由亦不能成立，本院亦不予支持。吴小某申请仲裁后，仲裁裁决蓝天旅行社赔偿吴小某损失 52 774.9 元，公交公司应当对此费用承担赔偿责任。因蓝天旅行社没有按期履行仲裁裁决，造成其支付的滞纳金、执行费等费用，应当由蓝天旅行社自行承担，公交公司应当赔偿给蓝天旅行社的损失为 52 774.9 元，故公交公司的该上诉理由成立，本院予以支持。

综上，一审判决认定事实清楚，适用法律正确，但实体部分处理不当，本院予以纠正。公交公司的上诉理由部分成立，该部分上诉请求本院予以支持。依照《中华人民共和国民事诉讼法》第一百七十条第一款第二项之规定，判决如下：

一、撤销湖北省十堰市张湾区人民法院（2016）鄂 0303 民初 91 号民事判决；

二、十堰市城市公交集团有限公司于本判决生效之日起七日内赔偿十堰市蓝天旅行社有限公司 52774.9 元；

三、驳回十堰市蓝天旅行社有限公司的其他诉讼请求。

本判决为终审判决。

【本案涉及的法律问题】

一、本案中涉案旅游公司认为造成游客受伤的是公交公司的侵权行为，其履行赔偿责任后有权向公交公司追偿，这样认定有法律依据吗？能得到法院的支持吗？

二、本案中，地接社租用公交公司旅游分公司的车辆运送游客，在这种情况下，法院认定公交公司旅游分公司为履行辅助人，而不是本来意义上的公共交通公司。试问：法院这样认定有法律依据吗？这样认定有什么样的法律意义？

三、本案中，公交公司旅游分公司认为发生事故是司机个人行为造成的，因此应当由司机个人负责，对旅游者的赔偿责任与公交公司旅游分公司无关。试问：旅游分公司的这种辩称合法吗？会得到法院的支持吗？为什么？

四、在本案中，公交公司辩称游客的受伤与导游改变旅游行程、未提醒游客注意乘车安全有关，因此不应由公交公司对此次事故负赔偿责任，这一辩称没有得到法院支持，为什么？

五、在本案中，游客因为受伤而没有完成全部旅游行程，应当退还其相应的费用，而法院判决这笔费用应由公交公司承担。试问：法院这样判决合理吗？有法律依据吗？

六、在本案中，涉案旅行社没有按期履行仲裁裁决，造成其支付的滞纳金、执行费等费用，法院判决应由该旅行社自行承担，不能由公交公司承担，这种判决合理吗？为什么？

【参考答案与法理分析】

一、本案中涉案旅游公司认为造成游客受伤的是公交公司的侵权行为，其履行赔偿责任后有权向公交公司追偿，这样认定是有法律依据的，这就是《旅游法》第七十一条的规定："由于地接社、履行辅助人的原因造成违约的，旅游者可以要求地接社、履行辅助人承担赔偿责任，也可以要求组团社承担赔偿责任；组团社承担责任后可以向地接社、履行辅助人追偿。"在本案中，受伤游客吴小某已选择向组团社即蓝天旅行社主张权利并实现了权利，故蓝天旅行社在履行完毕赔偿责任后有权向公交公司旅游分公司追偿。因公交公司旅游分公司系公交公司设立的分公司，则公交公司对公交公司旅游分公司的行为承担民事责任。由于在诉讼前蓝天旅行社已支付吴小某各项费用 57 600 元，故一审法院认为，公交公司应当赔偿蓝天旅行社已向吴小某赔偿的 57 600 元。蓝天旅行社为维护其权益而支出的诉讼费及因未主动履行生效裁决而发生的执行费，系其自身原因造成，并非公交公司旅游分公司的侵权行为产生的直接后果，故蓝天旅行社诉请公交公司支付诉讼费及执行费无事实和法律依据，法院不予支持，是完全正确的。但是，二审法院认为，一审判决认定事实清楚，适用法律正确，但实体部分处理不当，因此二审予以纠正，改判涉案公交集团有限公司赔偿蓝天旅行社有限公司 52 774.9 元。

二、本案中，地接社租用公交公司旅游分公司的车辆运送游客，而法院认定该公交公司旅游分公司实际上已成为履行辅助人，而不是本来意义上的公共交通公司。我们认为，法院这样认定不仅有法律依据，而且具有重要的法律意义。因为根据《旅游法》第一百一十一条的释义，“履行辅助人，是指与旅行社存在合同关系，协助其履行包价旅游合同义务，实际提供相关服务的法人或者自然人”。在本案中，涉案公交公司旅游分公司正是作为履行辅助人而给游客提供旅游交通服务的。它在本案中不是为不特定的普通旅客服务的公共交通工具，而是专门为作为地接社的湖北武神国际旅行社有限公司接待的游客进行运客服务的。

同时，如果认定该公交公司旅游分公司的车辆是公共交通工具，《旅游法》第七十一条第二款规定：“由于公共交通经营者的原因造成旅游者人身损害、财产损失的，由公共交通经营者依法承担赔偿责任，旅行社应当协助旅游者向公共交通经营者索赔。”也就是说，如果法院认定该旅游分公司是公共交通运输部门，就应当由它直接向受伤游客承担赔偿责任，旅行社只需要协助游客索赔即可。而如果认定该旅游分公司是履行辅助人，则游客可以直接向组团社索赔，组团社先行赔偿后，可以向旅游分公司追偿。

三、本案中，公交公司旅游分公司认为发生事故是司机个人行为造成的，因此应当由司机个人负责，对旅游者的赔偿责任与公交公司旅游分公司无关。我们认为，旅游分公司的这种辩称于法无据，不会得到法院的支持。因为本案中的涉案司机在本次事故中驾驶旅游大巴的行为不是其个人行为，而是该旅游分公司委派的职务行为。因此，由于其本人操作不慎而造成车辆意外颠簸，致使游客受伤的法律责任，应由该旅游分公司承担，不应由其个人承担。至于该分公司承担责任后是否可以依据公司内部的章程以及公司与该司机之间签订的岗位职责协议向该司机追偿，这是其公司内部的事情，与身体受到损害的游客无关。

四、在本案中，公交公司辩称游客的受伤与导游改变旅游行程、未提醒游客注意乘车安全有关，因此不应由公交公司对此次事故负赔偿责任，这一辩称之所以没有得到法院支持，主要原因是旅行社导游改变旅游行程、未提醒游客注意乘车安全的行为，与公交公司下属的旅游分公司的司机操作不慎而导致游客身体受伤的结果之间不存在直接的因果关系。退一步讲，即使导游在本次行程中改变旅游行程、未提醒游客注意乘车安全属于旅行社方面应当承担的责任，有可能受到旅游行政主管部门的行政处罚，这同游客因旅游车猛烈颠簸而受伤所涉及的不是同一种法律关系。所以，在本案中，法院没有支持公交公司的辩称是完全正确的。

五、在本案中，游客因为受伤而没有完成全部旅游行程，应当退还其相应的费用，而法院判决这笔费用应由公交公司承担。我们认为，法院这样判决是值得商榷的。因为在本案中是组团社收取了游客的足额旅游费用，在游客因故而提前结束旅游行程时，组团社应当扣除已经发生且不能退还的费用，把剩余的团费直接退还给游客。而公交公司应当承担的赔偿费用是因为其司机操作不当而造成游客受伤所要支付的赔偿费用。显然，这一赔偿费用不同于受伤游客尚未发生的费用。如果以这笔赔偿费用来折抵游客所交纳的团费中尚未发生的费用，对游客似乎是不公平的。

六、在本案中，涉案旅行社没有按期履行仲裁裁决，造成其支付的滞纳金、执行费等费用，法院判决应由该旅行社承担，不能由公交公司承担，这样判决是完全合理的。因为这些滞纳金和执行费完全是由于该旅行社未按期履行仲裁裁决所造成的，不是因公交公司未履行该裁决所造成的。涉案旅行社如果按期履行仲裁裁决，随后再依法向公交公司追偿，就不会造成这些滞纳金和执行费了。

此案例对相关旅行社经营管理很有启示意义：一旦经过仲裁机构的裁决需要支付或交纳相关费用时，一定要按期支付或交纳。然后，再依据相关法律程序维护自己的权益。否则，就可能会在经济上受到一定的损害，本案中的事例就是惨痛的教训。

判例17　出境拒签游客要求全额退费，法院判决支持部分诉求

【案件索引】

徐州市中级人民法院民事判决书（2016）苏03民终6999号：孙某、陈某与八爪鱼在线旅游发展有限公司、八爪鱼在线旅游发展有限公司徐州分公司旅游合同纠纷二审民事判决书。

【基本案情】

上诉人孙某、陈某因与被上诉人八爪鱼在线旅游发展有限公司（以下简称八爪鱼公司）、八爪鱼在线旅游发展有限公司徐州分公司（以下简称八爪鱼徐州分公司）旅游合同纠纷一案，不服江苏省徐州市泉山区人民法院（2016）苏0311民初4520号民事判决，向本院提起上诉。本院依法组成合议庭公开开庭进行了审理，现已审理终结。

孙某、陈某上诉请求：请求二审法院依法撤销原判，予以改判。事实与理由：一，八爪鱼公司、八爪鱼徐州分公司未能举证证明其为孙某、陈某支付了预订飞机票的费用，亦未举证证明该笔款项不可退还。八爪鱼公司、八爪鱼徐州分公司提供的相关网站截图不符合证据的形式要求，不能证明其为孙某、陈某预订了机票，且该截图并未显示其为孙某、陈某支付费用的具体数额，原审法院据此认定往返机票费用为每人2777元错误。二，八爪鱼公司、八爪鱼徐州分公司在孙某未获得签证、不具备出境旅游条件的情况下，即为孙某、陈某预订机票具有过错。八爪鱼公司、八爪鱼徐州分公司作为专业的旅游公司，在签订合同时未告知孙某被拒签的风险及相应后果，其在签订合同之日至出行之日长达一个月的期间，未能及时为孙某办理签证，且在临行前3日才告知孙某被拒签，导致孙某、陈某无法参加旅游活动。三，孙某根据八爪鱼公司、八爪鱼徐州分公司的要求提供了相关资料，并缴纳了旅游费用，不存在任何过错，导致

孙某、陈某不能出行的原因在于八爪鱼公司、八爪鱼徐州分公司未能切实履行合同义务及附随义务，应当承担相应的民事责任。

八爪鱼公司二审未到庭参加诉讼，亦未提交书面答辩意见。

八爪鱼徐州分公司辩称：原审法院认定事实清楚，适用法律正确，请求二审法院驳回上诉，维持原判。

孙某、陈某向一审法院起诉请求：1. 依法解除双方签订的《团队出境旅游合同》；2. 依法判令八爪鱼公司、八爪鱼徐州分公司返还孙某、陈某旅游费共计 10 100 元，承担违约金 1515 元。事实和理由：孙某、陈某与八爪鱼公司及其徐州分公司签订了《团队出境旅游合同》，约定孙某、陈某参加八爪鱼公司及其徐州分公司组织的 2016 年 7 月 3 日至 2016 年 7 月 7 日新加坡旅游项目，旅游费用为 5050 元 / 人。孙某、陈某于 2016 年 6 月 6 日交付定金 2000 元，6 月 11、12 日交付余款 8100 元。6 月 30 日下午 6 时左右八爪鱼公司、八爪鱼徐州分公司以孙某签证被拒为由，通知孙某不能前往新加坡旅游，由于陈某未成年不能单独前往，导致二人无法参加此次旅游项目。事后八爪鱼公司、八爪鱼徐州分公司以已经为孙某、陈某预订机票与酒店为由，拒绝退还旅游费用。孙某、陈某认为八爪鱼公司、八爪鱼徐州分公司未能依约提供旅游服务，构成违约，应退还已收取的全部旅游费用并支付违约金，故诉至法院。

原审法院审理查明，一、双方无争议的事实。八爪鱼徐州分公司系八爪鱼公司的下属分支机构，其工商登记资料中经营范围包括出境旅游业务，其具有办理出国旅游业务资质。孙某、陈某与八爪鱼徐州分公司签订了 2016 年 7 月 3—7 日到新加坡为期 5 天的《团队出境旅游合同》一份，约定了双方权利义务、合同的解除和违约责任等旅游相关事项：合同第五章第十四条“因不可抗力或者已尽合理注意义务仍不能避免的事件解除”条款约定“因不可抗力或者出境社、履行辅助人已尽合理注意义务仍不能避免的事件，影响旅游行程，合同不能继续履行的，出境社和旅游者均可以解除合同；……合同解除的，出境社应当在扣除已向地接社或者履行辅助人支付且不可退还的费用后，将余款退还旅游者”；合同附件 1 报名表中约定陈某、孙某必须同时安排出团以及同住。孙某通过微信转账的形式于 2016 年 6 月 6 日、6 月 11 日、6 月 12 日向八爪鱼徐州分公司的分销商分别转账 2000 元、5000 元、3100 元，共计 10 100 元，八爪鱼徐州分公司于 2016 年 6 月 12 日向孙某开具 9998 元的收据。八爪鱼徐州分公司于 2016 年 6 月 30 日告知孙某因其签证被拒签不能前往新加坡旅游。二、双方有争议的事实及认定。1. 八爪鱼徐州分公司提供的电子邮件的真实性问题。八爪鱼徐州分公司提供了 2016 年 6 月 29 日（周三）18:02 的电子邮件复印件一份，证明其为该批游客共19人办理了签证，其中孙某1人被拒签。孙某对该证据的真实性不予认可。该院认为，首先，八爪鱼徐州分公司主要从事旅游业务，其与孙某、陈某母女二人签订了旅游合同是正常的从事其业务盈利的行为，根据合同约定八爪鱼徐州分公司有义务给孙某、陈某办理签证前往新加坡旅游，通常八爪鱼徐州分公司会主动履行办理签证义务。其次，签证的通过与否非八爪鱼徐州分公司所能控制。此次组团人数共19人，包括孙某、陈某母女二人，除孙某外其余18人均顺利通过签证审核，八爪鱼徐州分公司无理由只拒绝给孙某办理签证。故对八爪鱼徐州分公司提供的电子邮件复印件，证明其为孙某、陈某办理了签证，且孙某被拒签的事实，该院予以采信。

2. 担保函的真实性问题。八爪鱼徐州分公司提供担保函一份，为由苏州长颈鹿国际旅游有限公司（以下简称长颈鹿公司）为护照号G44977728的孙某向新加坡移民局提供的担保。虽然盖有长颈鹿公司的公章，后附有孙某的护照信息等，但担保函没有载明担保日期，也没有新加坡移民局的官方回复信息，不能说明八爪鱼徐州分公司为孙某提供了旅游担保，故该院不予采信。

3.2016年7月3日南京到新加坡航班与2016年7月7日新加坡到南京航班预订信息的真实性问题。八爪鱼徐州分公司提供的航班网站查询信息包含孙某、陈某等游客的信息，虽然是截图，但根据八爪鱼徐州分公司提供的酒店预订信息以及办理护照的信息具有关联性，结合出境旅游业的行业习惯，可以证明航班预订的真实性，故该院对航班信息的真实性予以确认。

原审法院认为：一，关于双方是否构成违约的问题。孙某、陈某与八爪鱼徐州分公司基于自愿共同签订了《团队出境旅游合同》，该合同应认定合法有效。孙某、陈某缴纳了旅游费用、办理签证的个人材料等，而八爪鱼徐州分公司也积极为孙某安排行程、办理签证、预订机票等，双方均已经尽到义务。首先，因孙某未能获得新加坡签证，是履行辅助服务者新加坡移民署的客观原因导致旅游合同无法履行，八爪鱼徐州分公司主观上没有过错，不构成违约。其次，合同约定孙某、陈某必须同时安排出团以及同住，但因孙某未获签证的客观上不可改变的原因，合同无法继续履行，八爪鱼徐州分公司也不能要求陈某履行不能履行的合同内容，所以孙某、陈某也不构成违约。二，关于合同解除的问题。孙某、陈某向八爪鱼徐州分公司缴纳了旅游费用并提供了办理签证所需资料，但因新加坡移民署对孙某拒绝发放签证，致使合同不能继续履行，属于合同第五章第十四条中已尽合理注意义务仍不能避免的事件，旅游者可以解除合同。陈某的签证虽然办理成功，但是因为合同附件 1 报名表中约定陈某、孙某必须同时安排出团以及同住，且陈某现年 16 岁，最好能与其母亲孙某共同出境旅游，所以孙某的签证拒签导致合同不能继续履行，陈某的情形亦符合合同第五章第十四条的约定。孙某、陈某要求解除合同的诉请符合双方合同约定，该院予以支持。三，关于孙某、陈某所交费用是否应当返还以及如何返还的问题。根据合同第五章第十四条的约定，此种情况下解除合同的，出境社应当扣除已向地接社或者履行辅助人支付且不可退还的费用后，将余款退还旅游者。八爪鱼徐州分公司已经为孙某、陈某购买了往返机票每人 2777 元，该费用八爪鱼徐州分公司已经实际支出且不可退还，故应当予以扣除；八爪鱼徐州分公司所主张的其他费用，包括预订了新加坡的酒店、车辆等，因为这些服务提供商与八爪鱼徐州分公司是长期合作关系，且有些花费与孙某、陈某的缺行没有必然关系，八爪鱼徐州分公司也无法给出支出费用的合法凭证，故该院对八爪鱼徐州分公司其他必要支出不予采信。八爪鱼徐州分公司应在扣除孙某、陈某往返新加坡机票费用后，将余款退还。四、关于八爪鱼公司责任承担的问题。八爪鱼徐州分公司为八爪鱼公司下属分公司，根据《公司法》第十四条的规定，分公司不具有独立法人资格，其民事责任由公司承担。因此，八爪鱼公司虽不是合同的签订方，但其仍应承担民事责任。

综上，该院依据《中华人民共和国合同法》第九十三条第二款、第九十六条第一款，《中华人民共和国旅游法》第六十七条，《中华人民共和国公司法》第十四条第一款，《中华人民共和国民事诉讼法》第一百四十四条，《最高人民法院关于审理旅游纠纷案件适用法律若干问题的规定》第十三条第一款之规定，判决：一，解除孙某、陈某与八爪鱼徐州分公司签订的《团队出境旅游合同》。二，八爪鱼徐州分公司于本判决生效后十日内返还孙某、陈某费用 4443 元；八爪鱼公司对八爪鱼徐州分公司上述不能清偿的债务承担补充清偿责任。三、驳回孙某、陈某的其他诉讼请求。

二审期间双方均未提交新证据。

本院二审查明的事实除与原审法院查明的事实一致外，另查明，二审期间，旅游者孙某、陈某与旅游经营者八爪鱼徐州分公司一致确认八爪鱼徐州分公司为促成孙某、陈某旅游所实际支出的签证费用为每人 300 元。

再查明，二审期间，八爪鱼徐州分公司陈述，其与履行辅助服务者航空公司之间存在长期包机协议，每月定期向航空公司支付款项；即使本次旅行没有成团，其仍然要支付航班费用。

【判决与理由】

本案二审期间的争议焦点为：一,八爪鱼公司、八爪鱼徐州分公司应否承担因涉案旅游合同解除所产生的违约责任；二,八爪鱼公司、八爪鱼徐州分公司应否返还涉案航空费用。

本院认为：一，关于八爪鱼公司、八爪鱼徐州分公司应否承担因涉案旅游合同解除产生的违约责任的问题。孙某、陈某与八爪鱼徐州分公司签订的旅游合同系双方真实意思表示，内容不违反法律、行政法规的强制性规定，该合同合法有效。导致涉案旅游合同不能继续履行的原因系因新加坡移民署未给孙某颁发签证，继而导致陈某因无监护人陪同不能出行，故在八爪鱼徐州分公司已经完成协助孙某、陈某办理签证的情况下，合同无法继续履行的过错不能归责于八爪鱼徐州分公司。因此，对孙某、陈某要求八爪鱼公司、八爪鱼徐州分公司承担相应违约责任的上诉主张，本院依法不予支持。二，关于八爪鱼徐州分公司应否返还涉案航空费用的问题。第一,八爪鱼徐州分公司二审自认其与履行辅助服务者航空公司之间存在长期包机协议，每月定期向航空公司支付款项，即使本次旅行没有成团，其仍然要支付航班费用。从其该项陈述可知，与航空公司达成长期包机协议并按期支付费用系八爪鱼徐州分公司为降低经营成本所采取的展业模式之一，因该笔费用金额系固定支出，并不因乘机人数的多少而发生变化，故应视为其在正常生产经营过程中所支出的成本，而非为了孙某、陈某出行而支出的特定航空费用，故根据八爪鱼徐州分公司原审提供的支付证据不能明确厘清其为孙某、陈某支付的具体航空费用金额。第二,八爪鱼徐州分公司在得知孙某被拒签导致合同无法继续履行后理应采取如退票等合理措施减少旅游者的损失，但其仍然为孙某、陈某确认机票，该行为明显存在过错。至于该笔费用能否取消、退票或转为未来抵用的现金额度系八爪鱼徐州分公司与航空公司之间的约定，效力不能及于孙某、陈某。第三,八爪鱼徐州分公司原审提交的航空费用网页截图显示存在6320.5元的航班更改费，如该笔费用确系八爪鱼徐州分公司因孙某、陈某不能出行而支出的不可退还的费用，则应从旅游费用中予以扣除，但八爪鱼徐州分公司并未举证证明该项损失系因孙某、陈某而产生，亦未向本院合理说明该笔费用产生的依据，应承担举证不能的不利法律后果。因此，八爪鱼徐州分公司应当向孙某、陈某返还其原审主张已产生的航空费用。

另外，双方当事人二审中一致认可八爪鱼徐州分公司为孙某、陈某支出了签证费 600 元，八爪鱼徐州分公司就该笔费用的产生并无过错，应当从孙某、陈某交纳的 10 100 元旅游费用中予以扣除，故八爪鱼徐州分公司应返还孙某、陈某的旅游费用为 10 100 元 –600 元 =9500 元。八爪鱼徐州分公司为八爪鱼公司下属分公司，根据《公司法》第十四条的规定，分公司不具有独立法人资格，其民事责任由公司承担。因此，八爪鱼公司虽不是合同的签订方，但其仍应承担民事责任。

综上，因二审中出现新的事实，导致原审法院计算旅游费用的返还金额有误，本院依法予以调整。八爪鱼在线旅游发展有限公司无正当理由未到庭参加诉讼，本院依法缺席审理并缺席判决。依据《中华人民共和国合同法》第九十三条第二款、第九十六条第一款，《中华人民共和国旅游法》第六十七条，《中华人民共和国公司法》第十四条第一款，《中华人民共和国民事诉讼法》第一百四十四条，《最高人民法院关于审理旅游纠纷案件适用法律若干问题的规定》第十三条第一款，《中华人民共和国民事诉讼法》第一百四十四条、第一百七十条第一款第（二）项之规定，判决如下：

一、维持江苏省徐州市泉山区人民法院（2016）苏 0311 民初 4520 号民事判决第一项，即解除原告孙某、陈某与被告八爪鱼在线旅游发展有限公司徐州分公司签订的《团队出境旅游合同》；

二、维持江苏省徐州市泉山区人民法院（2016）苏 0311 民初 4520 号民事判决第三项，即驳回原告孙某、陈某的其他诉讼请求；

三、变更江苏省徐州市泉山区人民法院（2016）苏 0311 民初 4520 号民事判决第二项“被告八爪鱼在线旅游发展有限公司徐州分公司于本判决生效后十日内返还原告费用 4443 元；被告八爪鱼在线旅游发展有限公司对被告八爪鱼在线旅游发展有限公司徐州分公司上述不能清偿的债务承担补充清偿责任”为“八爪鱼在线旅游发展有限公司徐州分公司于本判决生效后十日内返还孙某、陈某旅游费用 9500 元；八爪鱼在线旅游发展有限公司对八爪鱼在线旅游发展有限公司徐州分公司上述不能清偿的债务承担补充清偿责任”。

本判决为终审判决。

【本案涉及的法律问题】

一、在本案中，涉案旅游公司未证明为游客支付了机票预付款且不可退还，是否应当全额退还游客的团款？为什么？

二、在本案中，涉案游客要求退还机票费和酒店预订费，并要求旅游公司赔偿违约金，这是否合理？为什么？

三、本案中，因为涉案游客孙某签证未通过，因此其女儿也要求退团，旅行社是否应当无条件为其办理退团手续并全额退费？为什么？

四、本案中，涉案游客孙某状告旅行社没有给其办好出境签证属于违约行为，这一诉求没有得到法院的支持，试问法院的这一判决正确吗？为什么？

五、本案中，二审法院改判一审法院关于旅行社不用返还旅游者机票款的判决，把原判决返还4443元改判为返还9500元，这一判决合理吗？为什么？

【参考答案与法理分析】

一、在本案中，涉案旅游公司未证明为游客支付了机票预付款且不可退还，因此应当全额退还游客的团款，这是《旅游法》等相关法律法规的明确规定。

《旅游法》第六十五条规定："旅游行程结束前，旅游者解除合同的，组团社应当在扣除必要的费用后，将余款退还旅游者。"这一条规定被旅游法学界称为旅游者对旅游合同的"任意解除权"，是我国旅游法的创新，体现了对旅游者的旅游权的保护；同时，也体现了民事合同需要坚持自愿原则和公平原则。

如前所述，旅游者在旅游行程结束前既然具有法律赋予的任意解除权，那么不管由于什么原因导致旅游者提出解除合同，旅游经营者都不能予以拒绝，而且在本案中，还是由于出境旅游签证没有获得批准而导致相关旅游者母子二人退团，涉案旅行社更没有理由拒绝旅游者退团。否则，涉案旅行社就会涉嫌限制相关旅游者人身自由和违反缔约自愿原则。

正如一审和二审法院所阐明的那样，只要涉案旅行社不能举证证明其已经为旅游者支出了机票预付款且不能退还，就要把这些费用退还旅游者。签证费等已经支出，且有证据证明，旅行社扣除这些费用是合理的。所以，二审判决涉案旅行社退还旅游者9500元（扣除了600元已经支出的费用）并无不当。

二、在本案中，涉案游客要求退还机票费和酒店预订费，并要求旅游公司赔偿违约金。如上所述，依据相关法律规定，涉案旅行社退还不能举证的机票和酒店预订费是合理的要求，得到了二审法院的支持。但是，本案中的游客要求旅游公司赔偿其违约金，则不合理，因为旅行社并没有违约。游客的签证被拒签，从本案案情中看，这并不是由于旅行社的过错造成的，而是新加坡移民署因故拒签的。具体是什么原因导致，大使馆通常并不会给予明确的说明，但无论如何不是旅行社故意造成的，也不是旅行社工作疏忽造成的。新加坡移民署并不是旅行社的履行辅助人，该机构属于行政机关，其工作流程和要求等是旅行社无法控制的。因此，游客签证遭拒并不是旅行社的责任或违约，当然在这种情况下就不需要承担违约责任。

三、本案中，因为涉案游客孙某签证未通过，因此其女儿也要求退团，旅行社是否应当无条件为其办理退团手续并全额退费？如上所述，旅行社应当在扣除必要的费用，即已经为签证和预订机票等支出的费用后，将余款退还给旅游者。也就是说，并非游客提出退团就要全额退款，而是退回余款，旅行社可以扣除必要的费用，但这不是旅游者的违约费用，更不能扣除旅行社的利润，或者旅行社为旅游者签证的服务费等。

四、本案中，涉案游客孙某状告旅行社没有给其办好出境签证属于违约行为，这一诉求没有得到法院的支持。如上所述，法院的这一判决是正确的。因为旅行社在本案中并没有过错，也没有违约。旅游者的签证遭拒，是新加坡移民署的责任，不是旅行社的责任。而移民署是行政机关，它不是普通的民事主体，旅游者不可能去追究该行政主体的责任，也不能因此而追究旅行社的违约责任。

五、本案中，二审法院改判一审法院关于旅行社不用返还旅游者机票款的判决，把原判决返还 4443 元改判为返还 9500 元。这一判决是合理的，因为旅行社不能证明机票款实际已经支出，且不能退还。在旅游行业，组团社与地接社的财务结算通常是分阶段进行的，并非是每次出团都要单独结算。所以，涉案旅行社不能举证因本案游客的拒签而预订了机票，支出了预订费，因此，返还游客的机票款是应当的。

判例18　游客状告旅行社欺诈，未获法院支持

【案件索引】

无锡市中级人民法院民事判决书（2015）锡民终字第 2024 号：凌光某与苏州青年旅行社股份有限公司旅游合同纠纷二审民事判决书。

【基本案情】

上诉人凌光某因与被上诉人苏州青年旅行社股份有限公司（以下简称苏州青旅）旅游合同纠纷一案，不服无锡市锡山区人民法院（2015）锡法民初字第 00073 号民事判决，向本院提起上诉。本案现已审理终结。

凌光某一审诉称，2014 年 7 月，案外人孙某准备携其等四人赴呼伦贝尔市旅游，参团前，孙某向苏州青旅下属不具有独立法人资格的沧浪新城营业部工作人员咨询，工作人员口头回复凌光某虽系超过 60 周岁的老年人，但与普通成年人的收费标准一致，在旅游景区门票、机票、住宿、餐饮、旅游地交通等方面没有任何优惠。因其年龄较大且身患疾病，为方便出行，参团时选择了报价最高的路线。2014 年 7 月 16 日，其与孙某等四人与苏州青旅签订参团合约书，约定四人（两位普通成年人，一位超过 65 周岁的老年人，一位 12 周岁以下儿童）于 2014 年 8 月 3 日至 7 日参加苏州青旅组织的呼伦贝尔市北线双飞五日小康游。2014 年 8 月 2 日，双方签订正式旅游合同，并按约支付了旅游费用 25 300 元，苏州青旅出具了出团通知书。在前述合同及合约书中，双方约定三位成年游客的报名费用均为 7000 元。根据法律规定，在双方没有特殊约定的情况下，三位成年游客享受的各项服务标准理应一致。但凌光某发现，海拉尔返回上海浦东的机票儿童价格为 1290 元，根据《中国民用航空旅客、行李国内运输规则》第十五条之规定，2~12 周岁儿童机票价格为成年人机票价格的一半，而苏州青旅为同机的凌光某购买的机票价格仅为 1210 元，该机票价格不仅不同于同行的另两位成年游客购票价格，甚至低于儿童机票价格，苏州青旅的行为

构成欺诈。双方经协商未能达成一致意见，其向苏州市消费者权益保护委员会（以下简称苏州消委）投诉未果。故请求判令苏州青旅退还机票款 2580 元，并赔偿损失 7740 元。

苏州青旅一审辩称，凌光某参团的价格 7000 元是打包价，包含了机票、门票、吃住行、导游费用等，双方没有明确各项费用的报价；苏州青旅提供的行程单明确了机票是特价机票，双方还签订了旅游合同，附加了出团通知书，均明确约定机票是特价票；旅游机票确有浮动，但儿童机票是成人全价机票的 50% 而非打折机票的 50%，2580 元是凌光某自行推定的机票价格。综上，苏州青旅不存在欺诈行为，请求驳回凌光某的诉讼请求。

原审法院经审理查明，2014 年 7 月 16 日，孙某与苏州青旅签订参团合约书，约定孙某、周军、凌光某、周某某参加苏州青旅组织的呼伦贝尔北线双飞五日小康游，市场价为成人 7200 元 / 人，儿童 4400 元 / 人，优惠价成人 7000 元（含接送）/ 人，儿童 4300 元（含接送）/ 人。2014 年 8 月，周军作为旅游者代表与苏州青旅签订团队国内旅游合同，约定孙某、周军等参加该社组织的国内旅游，出发时间为 2014 年 8 月 3 日，结束时间为同年 8 月 7 日，旅游费用为成人 7000 元 / 人，儿童为 4300 元 / 人，合计 25 300 元。合同以出团通知书作为补充约定。出团通知书载明了行程安排，另载明，包含的费用为：1. 机票：上海 / 海拉尔往返机票（含机建燃油，不排除春秋航班，散客机票为特价票，不做退改签）；2. 住宿：根据游客报名费用提供四星、三星或经济型住宿；3. 用餐：4 早 3 正 2 风味餐（手把肉和鱼宴）；4. 交通：全程空调旅游车；5. 门票；6. 导服；7. 保险；8. 其他：含海拉尔机场的接送费用。不包含的费用为：1. 儿童不占床位、不含门票；2. 涉及到其他的自费项目导游会事先告知，根据客人意愿安排。2014 年 7 月 16 日、同年 8 月 2 日孙某、周军向苏州青旅支付了旅游费用合计 25 290 元，后凌光某等参加了该旅行团活动。2014 年 8 月 7 日，凌光某、周某某从海拉尔至上海浦东的登机牌显示，凌光某票价为 1210 元，周某某票价为 1290 元，周军及孙某登机牌未显示票价，周某某系未满 12 周岁儿童。因双方对苏州青旅履行合同中是否有价格欺诈存在争议，周军等向苏州消委投诉，苏州青旅沧浪新城营业部向该委作出情况说明，解释了机票价格及老人门票问题，认为在价格方面不存在欺诈行为。

原审审理中，孙某、周军提交情况说明称，旅游合同由周军代理凌光某签字，参团合约书由孙某代理凌光某签字，凌光某的旅游费用由其本人承担，周军、孙某系代为支付。凌光某明确认可孙某、周军签订参团合约书及旅游合同系代理其本人的行为。双方一致确认，本案旅游合同签订时未对 7000 元费用具体组成作出明确约定。

上述事实，有旅游合同、参团合约书、出团通知书、收据、登机牌、情况说明、苏州消委出具的情况说明书、苏州青旅沧浪新城营业部情况说明及原审庭审笔录等在案佐证。

原审法院认为，旅行社组织和安排旅游活动，应当与旅游者订立合同。旅游行程单是包价旅游合同的组成部分。包价旅游合同应当包含旅游行程安排，交通、住宿、餐饮等旅游服务安排和标准，旅游费用及其交纳的期限和方式等内容。本案凌光某虽未与苏州青旅直接签订旅游合同，但其直接参与了旅游活动，且对案外人与苏州青旅签订的旅游合同予以认可，并支付了旅游费用，故本案凌光某与苏州青旅之间应根据旅游合同确定权利义务关系。本案旅游合同及出团通知书包含了行程安排，交通、住宿、餐饮等旅游服务安排，旅游费用等内容，故本案合同为包价旅游合同。同时，凌光某又是本案旅游服务的消费者，经营者提供商品或者服务有欺诈行为的，应当按照消费者的要求增加赔偿其受到的损失，增加赔偿的金额为消费者购买商品的价款或者接受服务的费用的 3 倍。现凌光某主张苏州青旅就机票价格构成欺诈，其应提供相应证据证明。虽其提供了相关登机牌，但双方仅就旅游服务约定了总价，未约定各服务项目单项价格，故仅凭现有证据尚不足以证明苏州青旅提供服务存在欺诈行为。综上，原审法院依照《中华人民共和国旅游法》第五十七条、第五十八条、第五十九条，《中华人民共和国消费者权益保护法》第五十五条，《中华人民共和国民事诉讼法》第六十四条之规定，判决：驳回凌光某的诉讼请求。案件受理费 100 元，减半收取 50 元，由凌光某负担。

凌光某不服原审判决，向本院提起上诉称：1. 涉案旅游合同实为价格可上浮也可下调，为按实结算的合同，其与苏州青旅约定的 7000 元旅游费也未被固定不变。2. 苏州青旅在销售服务时，作出虚假陈述，告知其等 3 位成年人机票价格相同，事实上苏州青旅提供的机票价格并不一致，根据《欺诈消费者行为处罚办法》的规定，苏州青旅的行为构成欺诈，损害了其利益。3. 苏州青旅认可 3 张成人机票按同一标准收取票价，但在实际履行过程中，3 张成人机票价格又不一致。根据《中华人民共和国合同法》第六十一条、第六十二条第二项的规定，3 张成人机票的价格应认定为 2580 元，即为儿童机票价格 1290 元的 2 倍。4. 苏州青旅完全有条件为其等 3 位成年游客提供价格为 2580 元的机票，合同目的可以实现。即使其等 3 位游客不再向苏州青旅补交任何费用，苏州青旅也完全有条件为游客提供价格为 2580 元的机票。综上，在案涉机票符合上述条件的情况下，其诉讼主张理应得到支持。请求二审查明事实，撤销原判，改判支持其诉讼请求。

被上诉人苏州青旅辩称，在机建费、燃油费等类型费用调整时旅游合同价格才可上浮或下调，否则是固定不变的。原审认定事实清楚，适用法律正确，请求二审驳回上诉，维持原判。

二审经审理，对原审查明的事实予以确认。

【判决与理由】

本院认为，本案所涉旅游合同约定的旅游费用成人为 7000 元，该旅游费用包括机票、住宿、用餐、门票等费用，但未约定各服务项目的单项价格。苏州青旅为凌光某等提供乘坐飞机旅行的服务，现无证据证明苏州青旅降低了服务标准，违反了旅游合同约定。至于苏州青旅购买的机票是否优惠，属于苏州青旅组织旅游的自主行为，不属于旅游合同约定的内容。故凌光某提出的苏州青旅提供价格不一致的机票构成欺诈的上诉理由缺乏依据。

综上，凌光某提出的上诉理由不能成立，本院对其上诉请求不予支持。据此，依照《中华人民共和国民事诉讼法》第一百七十条第一款第（一）项的规定，判决如下：

驳回上诉，维持原判。本判决为终审判决。

【本案涉及的法律问题】

一、在本案中，旅游者状告旅行社涉嫌价格欺诈，未得到法院支持，为什么？

二、在包价旅游合同中，是否需要注明交通费、住宿费等各项支出的具体标准？为什么？

三、本案中涉及到旅行社购买的机票是否会得到优惠的问题。请问：旅行社购买的机票是否会获得优惠，这是不是属于旅游合同中应当约定的内容？为什么？

【参考答案与法理分析】

一、在本案中，旅游者状告旅行社涉嫌价格欺诈，未得到法院支持，原因是：本案中旅游者凌光某与旅行社签订的是包价旅游合同，《旅游法》第五十八条规定包价旅游合同应当采用书面形式，包括下列内容:（一）旅行社、旅游者的基本信息;（二）旅游行程安排;（三）旅游团成团的最低人数;（四）交通、住宿、餐饮等旅游服务安排和标准;（五）游览、娱乐等项目的具体内容和时间;（六）自由活动时间安排;（七）旅游费用及其交纳的期限和方式;（八）违约责任和解决纠纷的方式;（九）法律、法规规定和双方约定的其他事项。订立包价旅游合同时，旅行社应当向旅游者详细说明前款第二项至第八项所载内容，其中第（一）至（七）项即为旅游合同的主要条款，欠缺其中任何一项，旅游合同就不能成立。但是，具体到本案中的机票价格，在旅游合同中通常都不会具体地体现，只是有可能标出机票为经济舱还是商务舱等。从行业惯例和交易习惯上说，旅行社的包价旅游合同只会标出整个旅游合同项目的总价，不会对其中的交通、住宿、餐饮等标出具体的单价。通常旅行社的利润也就体现在它能购买到打折机票、折扣率高的住宿标准和餐饮标准方面。因此，本案中旅游者虽然能提供相关的登机牌，但并不能据此而证明涉案旅行社在机票价格上涉嫌欺诈。所以，一、二审法院均未支持本案中旅游者关于旅行社涉嫌机票价格欺诈的诉求，这并无不妥。

二、在包价旅游合同中，通常并不需要注明交通费、住宿费等各项支出的具体标准，这既是包价旅游合同的特点，也是国内外旅游行业的惯例。对此惯例，要从两个方面来思考。这一惯例既对旅行社有一定的好处，同时也有可能在特殊情况下给旅行社带来必要的损失。好处在于，旅行社在诸如本案中这种纠纷的条件下，不会涉嫌价格欺诈，而且在实际操作中，如果旅行社能买到折扣更高的机票，其利润会多一些。但是，对旅行社不利的结果是，如果旅游者解除旅游合同，它也不能以支出了具体的机票价款来扣除旅游者的团款，因为它无法举证实际上是花了多少钱购买机票。因此，通常要按正常机票价款退还旅游者。

三、本案中涉及到旅行社购买的机票是否会得到优惠的问题。通常，旅行社购买的机票是否会获得优惠，这并不是旅游合同中应当约定的内容。航空公司通常会根据旅行社全年组织的游客量来确定给予该旅行社的机票折扣，这取决于该旅行社的经营业绩。旅游者报团参加旅游，只要自己感觉旅游合同的总价能接受即可。至于旅行社是否能获得更多的优惠，这与旅行社的经营状况有关，不应当是旅游者关心的问题。

判例19　因航班延误拒绝登机，游客诉求全额退款未获法院支持

【案件索引】

上海市第二中级人民法院民事判决书（2014）沪二中民一（民）终字第2122号：中国旅行社总社（上海）有限公司（以下简称中旅上海公司）与瞿连某、姜巧某旅游合同纠纷二审民事判决书。

【基本案情】

上诉人中旅上海公司因旅游合同纠纷一案，不服上海市静安区人民法院（2014）静民三（民）初字第163号民事判决，向本院提起上诉。本案现已审理终结。

原审法院经审理查明，2013年11月19日，瞿连某、姜巧某作为甲方，中旅上海公司作为乙方签订了《上海市出境旅游合同（2004版）》，约定瞿连某、姜巧某参加中旅上海公司组织的柬埔寨5天3晚精致游（12月5日发团）。

原审法院经审理后认为，依法成立的合同，对当事人具有约束力。瞿连某、姜巧某与中旅上海公司签订了《上海市出境旅游合同（2004年版）》，双方的旅游合同法律关系成立，且合法有效，双方当事人均应履行各自的义务。根据庭审查明的事实，原定2013年12月5日晚上飞往柬埔寨的9C8575航班因天气原因未准时起飞，变更起飞时间至次日7时30分后，由于航空公司的原因仍未准时起飞。从旅游合同履行的角度而言，中旅上海公司未按照约定行程履行义务，但瞿连某、姜巧某并未提出解除合同，事实上，其选择了继续履行合同。在此情况下，瞿连某、姜巧某负有为履行合同而按时搭乘公共交通工具之义务。按照民用航空运营行业惯例，候机厅设有广播引导、电子告示等多项信息服务，游客候机时应集中在登机口专用区域，密切关注所搭乘航班的登机时

间。本案中瞿连某、姜巧某所在旅游团队的六名游客顺利登机，表明当时候机厅内具备让游客获悉登机时间并办理手续的条件。瞿连某、姜巧某作为有出境旅游意愿的成年人，理应知晓在候机厅需随时关注航班信息，但瞿连某、姜巧某未能尽到审慎注意义务。同时，对于中旅上海公司而言，其作为专业提供旅游服务的旅行社，对全团游客的旅游活动全程负有引导、协助义务，在发生航班延误等突发事件后应该采取有效及时的应对、补救措施。12 月 6 日 7 时许至 11 时许航班延误的四小时里，中旅上海公司对于行程缩短补偿问题的不完善处理，在一定程度上分散了游客获取登机信息的注意力。11 时许开始登机后，中旅上海公司应意识到当时处于航班长时间延误，且团里游客较为分散的特殊情形下，在召集、协助、提示游客登机以免误机等重要事宜上应尽到更高的注意义务，积极采取合理、充分的措施。从 13 时 14 分中旅上海公司工作人员向瞿连某、姜巧某发送短信的事实来看，中旅上海公司当时具备通过电话、短信等方式提醒瞿连某、姜巧某及时登机的条件和能力，却没有尽到通知义务，其行为构成违约。由于瞿连某、姜巧某未在合理时间段内登机，导致双方签订的旅游合同因合同目的无法实现而解除。

合同解除后，根据履行情况和合同性质，当事人可以要求恢复原状，并有权要求赔偿损失。在瞿连某、姜巧某已经向中旅上海公司支付的团费中，中旅上海公司对于因合同未实际履行而没有发生的费用，应予返还。中旅上海公司主张单人团费 6560 元中包含往返机票费用 2200 元、机餐费 30 元、地接团费 2550 元、电子签证费 200 元、向东方电视购物公司支付的 724 元等费用，其中可以退还的仅有地接社出具证明的 695 元。原审法院认为，对于机票费用 2200 元 / 人，有包机包位协议、春秋航空公司情况说明为证，特价机票不可签转、更改或退票的约定符合航空行业惯例，但费用总价中包含的机场建设费 90 元、暹粒当地税收 156 元仍可返还，故对已发生的机票费用 1954 元 / 人予以确认。对于机餐费 30 元 / 人，中旅上海公司仅提交工作人员的价格确认件为证，结合瞿连某、姜巧某未实际搭乘飞机的事实，不能证明该项费用已发生，法院对机餐费不予确认。对于地接团费 2550 元 / 人，中旅上海公司仅提交日本顶好国际旅行社上海办事处、柬埔寨顶好国际旅行社出具的情况说明作为凭证，对此法院认为，在中旅上海公司与地接社存在长期合作关系的情况下，中旅上海公司未提供银行转账记录等支付凭证，仅凭地接社的书面说明不足以证明中旅上海公司已经实际支付了相应款项。对于房费、餐费、景点费等费用可否退还的问题，应以相应酒店、餐厅、景点等实际经营者的约定内容为准，而中旅上海公司未能提供与相应酒店、餐厅、景点等实际经营者的协议、说明等证据，故中旅上海公司主张地接团费仅可退还 695 元 / 人的证据不足，应承担举证不能的法律后果。对于电子签证费 200 元 / 人，因瞿连某、姜巧某予以认可，法院确认电子签证费 200 元 / 人系实际发生的费用。对于中旅上海公司所称向东方电视购物公司支付的 724 元 / 人，应属中旅上海公司开展商业营销时产生的费用，与中旅上海公司为履行旅游合同而发生的费用缺乏关联性，法院对此费用不予确认。据此，中旅上海公司已向瞿连某、姜巧某收取的旅游费用合计 13120 元中，除了已经发生且不可退还的机票费用 3908 元及电子签证费 400 元以外，其余的 8812 元应退还给瞿连某、姜巧某。

关于瞿连某、姜巧某诉讼请求中的赔偿金问题，因本案合同解除系双方违约所致，不属于法律规定的旅行社具备履行条件，经旅游者要求仍拒绝履行合同，造成旅游者人身损害、滞留等严重后果之情形，法院对瞿连某、姜巧某主张中旅上海公司按照“退一赔一”支付赔偿金的诉讼请求不予支持。旅游合同解除后，实际损失为已发生且不可退还的机票费用3908元及电子签证费400元。因瞿连某、姜巧某与中旅上海公司在合同履行中均有违约，应各自承担与其违约情节相当的违约责任。综合考量本案事实以及瞿连某、姜巧某与中旅上海公司各自违约行为对合同履行的影响程度，法院酌情确定由中旅上海公司承担其中的 2600 元损失。由于瞿连某、姜巧某已向中旅上海公司预付全部费用，中旅上海公司应向瞿连某、姜巧某赔偿 2600 元。另外，法院需说明的是，旅游合同是游客支付旅游费用、旅行社提供旅游服务的服务合同。鉴于旅游合同的特殊性质，旅行社履行义务时除了完成双方约定的行程事项以外，亦应注重提升实际服务质量，通过细致、周到的服务安排，尽可能让游客获得精神层面的愉悦感受。本案中航班延误问题虽不能归咎于中旅上海公司，但中旅上海公司在航班延误后采取补救措施时未能尽到旅行社的较高注意义务，效果亦未达到让游客乐于接受的预期标准。双方产生争执后，中旅上海公司与游客沟通、协调等方面同样存在欠缺，最终导致本案的发生。希望中旅上海公司以本案为鉴，今后针对旅游中的突发状况制定更加完备的应对预案，加强服务人员岗位培训，提供更加人性化的服务措施，尽力为游客提供更加美好的精神享受。综上，为保障旅游者和旅游经营者的合法权益，规范旅游市场秩序，原审法院依照《中华人民共和国合同法》第八条、第九十四条第（四）项、第九十七条、第一百零七条、第一百二十条，《中华人民共和国旅游法》第七十条第一款之规定，判决：一，中国旅行社总社（上海）有限公司应于本判决生效之日起十日内向瞿连某、姜巧某合计退还人民币 8812 元；二、中国旅行社总社（上海）有限公司应于本判决生效之日起十日内向瞿连某、姜巧某合计赔偿人民币 2600 元；三、对瞿连某、姜巧某的其余诉讼请求不予支持。

原审判决后，上诉人中旅上海公司不服，向本院提起上诉称，飞机延误系不可抗力，并非其责。机场多次广播登机时间，被上诉人应当知晓。被上诉人以罢机要挟上诉人予以补偿，是过度维权，故被上诉人因延误登机而无法旅行系自身责任，与上诉人无关。由此，上诉人请求本院撤销原判，在查清事实的情况下依法改判上诉人退还被上诉人每人900元。

被上诉人瞿连某、姜巧某共同辩称，其并未罢机，且根本不知晓登机时间。上诉人作为组团社，有组织、协调、通知的义务，而上诉人未履行相关义务，应当承担主要责任。由此，被上诉人认为原审判决并无不当，请求本院驳回上诉，维持原判。

【判决与理由】

本院经审理查明，原审查明事实属实，本院予以确认。

本院另查明，上诉人与柬埔寨顶好国际旅行社签订的《出境旅游组团社与地接社合同》第六条接待费用结算约定：甲方（中旅上海公司）应当在旅游团进入目的地国境之日起7日内，用电汇方式把旅游团的全部旅行费用80%汇入乙方（柬埔寨顶好国际旅行社）账户。

本院审理中，上诉人提交银行付款通知及团费结算单，证明其于2014年4月1日将6431美元（当时折合人民币39 244元）支付柬埔寨地接社，该费用为实际发生的费用。被上诉人认为该证据是事后补办的，且与本案无关。上诉人称因团队较多，故采取事后结算的方法支付地接社的地接费用。上述事实，有上诉人于原审提交的《出境旅游组团社与地接社合同》、于二审提交的银行付款通知、本院调取的上海市静安区人民法院2014年7月29日庭审笔录及双方当事人的陈述为证。

本院认为，本案被上诉人因飞机延误而耽搁旅游行程，系不可抗力及航空公司对飞机调配所致，上诉人对于航班起飞时间的延误并无过错。原审认为上诉人与被上诉人因协商补偿问题的不完善处理，分散了被上诉人获取登机信息的注意力，且在召集、协助、提示游客登机以免误机等重要事宜上应尽更高的注意义务，而上诉人未尽通知义务，行为构成违约，故因承担赔偿责任。本院对此认为，被上诉人因航班延误而影响行程，可自行决定是否继续履行旅游合同。因影响旅游行程并非上诉人之过错，故上诉人是否决定继续履行旅游合同与双方协商补偿事宜并无关联。上诉人既同意与被上诉人协商补偿事宜，亦藉望能平息纠纷，顺利成行；被上诉人既选择继续履行合同，亦应遵守合同约定，搭乘上诉人所安排的公共交通工具，实现出行。事实上被上诉人在完成余下行程后，再行要求上诉人退还因游程缩短而减少的旅游费用符合法律规定。现被上诉人认为其延误登机，系上诉人未能及时通知所致，然上诉人所派遣的随团领队已协助被上诉人领取登机牌进入候机大厅，上诉人工作人员与被上诉人协商补偿方案的目的亦是希望被上诉人登机。上诉人作为旅游经营者，不存在有意拖延旅行者登机的动机，且机场亦多次以广播的形式催促尚未登机的游客及时登机，被上诉人认为其没有听到广播中自己的名字，有悖常理，故被上诉人延误登机，系其自身原因所致，上诉人对此未违约，故无须承担赔偿责任。原审认定上诉人违约，有所不妥，本院予以纠正。根据法律规定，因不可抗力影响旅游行程的，合同解除的，组团社应当在扣除向地接社或者履行辅助人支付且不可退还的费用后，将余款退还旅游者。上诉人虽提交银行付款通知及团费结算单，以证明其已支付地接社相关费用，但根据上诉人与柬埔寨顶好国际旅行社签订的《出境旅游组团社与地接社合同》就旅行费用的约定，与其实际付款时间显然有差异，且团费结算单及其原审出具的相关证明均是未经公证认证程序的境外文件，不符合证据形式，而上诉人对于该费用的交付所作陈述亦前后不一，故本院难以采信。其他已付费用，原审已查明并作出认定，并无不当，本院不再赘述。原审法院另外针对上诉人给以了说明，认为旅行社履行义务时除了完成双方约定的行程事项以外，亦应注重提升实际服务质量，通过细致、周到的服务安排，尽可能让游客获得精神层面的愉悦感受。本案中航班延误问题虽不能归咎于中旅上海公司，但中旅上海公司今后针对旅游中的突发状况应制定更加完备的应对预案，加强服务人员岗位培训，提供更加人性化的服务措施，尽力为游客提供更加美好的精神享受。本院认为该说明总体上并无不妥，希望中旅上海公司能认真理解，在今后工作中予以改进。综上，依照《中华人民共和国旅游法》第六十七条、《中华人民共和国民事诉讼法》第一百七十条第一款之规定，判决如下：

一、维持上海市静安区人民法院（2014）静民三（民）初字第 163 号民事判决主文第一、三项；

二、撤销上海市静安区人民法院（2014）静民三（民）初字第 163 号民事判决主文第二项。

本判决为终审判决。

【本案涉及的法律问题】

一、本案中，法院认定，涉案游客未按时搭乘公共交通工具，造成没有登机，其责任主要在游客本人。请问：法院这样认定合理吗？为什么？

二、本案中，法院认定，涉案旅行社没有尽到合理的通知义务，其行为构成违约。请问：法院这样认定合理吗？为什么？

三、在本案中，涉案旅游者在航班延误的情况下没有行使任意解除权，而是同意继续参加旅游，但却没有搭乘公司安排的公共交通工具，其行为构成违约，因此应当承担一定的违约后果。请问：法院这样判决合理吗？为什么？

四、在本案中，涉案旅行社提供的境外文件没有经过公证，不符合证据形式，因此法院不予采用。请问法院这样做符合法律规定吗？为什么？

【参考答案与法理分析】

一、本案中，法院认定，涉案游客未按时搭乘公共交通工具，造成没有登机，其责任主要在游客本人，从本案情况看，法院这样认定是合理的。理由是，二位游客并未因为航班延误而提出解除合同，而是愿意继续出境旅游。既然如此，他们两个就应当关注改变登机时间后的具体登机时间，作为成年人，他们应当注意收听候机厅里的广播，或者主动与领队联系，而事实上候机厅里多次广播催促本次航班乘客登机，领队也发了相关短信，从旅行社方面说已经尽到了一定的提醒义务，航空公司也尽到了提示义务。但是旅行社方面还是没有善尽提示义务，例如，领队可以直接打电话通知他们两位。从这个意义上说，法院认定游客本人对于自己没有登机负主要责任，是正确的。

二、本案中，法院认定，涉案旅行社没有尽到合理的通知义务，其行为构成违约，我们认为，法院这样认定也是合理的。理由是，作为专业提供旅游服务的旅行社，对出境旅游团队应当全程负有引导、协助、提示义务，尤其在发生航班延误的情况下，改变了登机时间，甚至改变了登机口，游客在不同地方等候，时间也比较久，很容易发生睡觉、分散注意力等情况。在这种情况下，随团领队或导游应当高度重视通知继续出境旅游的游客，不能仅仅用手机发出短信通知就算完成了通知义务。在本案中这种情况下，既然能够用手机发短信，在发现当事人未到现场的情况下，完全可以通过打手机等方式直接通知。但随团领队怠于进行这些直接服务，实属没有尽到合理的通知义务，法院判定其行为构成违约，并无不当。

三、在本案中，涉案旅游者在航班延误的情况下没有行使任意解除权，而是同意继续参加旅游，但却没有搭乘公司安排的公共交通工具，其行为构成违约，因此应当承担一定的违约后果。我们认为，法院这样判决比较合理。理由是，本案中旅游者的履约行为确实存在瑕疵，本可以登机而没有登机，因此，不能把没有登机的责任全推在旅行社方面，其提出旅行社应当“退一赔一”的要求也不尽合理，所以没有得到法院的支持。

四、在本案中，涉案旅行社提供的境外文件没有经过公证，不符合证据形式，因此法院不予采用。我们认为，法院这样判定符合法律规定。因为证明已经支出了相关费用且不能退还，这是旅行社应当承担的举证责任。在出境旅游业务中，既然费用支付给境外旅行社，就需要提供境外地接社提供的证明文件，且要经过公证形式，才符合合法有效的境外公证材料的形式要件。否则，这些材料的证明力就有虚假嫌疑。法院对不符合证据形式的材料不予采信是完全正确的。

判例20　旅游行政部门未集体讨论，作出的确认违法是否合适？

【案件索引】

武汉市中级人民法院行政判决书（2015）鄂武汉中行终字第00384号：湖北九州国际旅行社有限责任公司与武汉市旅游局旅游行政管理纠纷二审行政判决书。

【基本案情】

上诉人武汉市旅游局（以下简称市旅游局）因与被上诉人湖北九州国际旅行社有限责任公司（以下简称九州国际旅行社）旅游行政处罚纠纷一案，不服湖北省武汉市江岸区人民法院作出的（2015）鄂江岸行初字第00042号行政判决，向本院提起上诉。本院依法组成合议庭，公开开庭审理了本案。上诉人市旅游局的委托代理人叶鹏、钟满军，被上诉人九州国际旅行社的法定代表人周红及其委托代理人彭磊到庭参加诉讼。因本院司改，人员调动，不能如期结案，报请湖北省高级人民法院批准延长审理期限3个月。诉讼中，经征求各方当事人的意见，均表示愿意协调，本院启动协调和解程序，因意见不一，协调无果。本案现已审理终结。

原审法院经审理查明，2013年12月3日，游客向武汉市人民政府市长专线反映其在出境旅游时与导游发生纠纷而被集体滞留于境外。2013年12月4日，被告市旅游局予以受案处理。经调查，2013年11月29日，原告九州国际旅行社出境部负责人刘文涛受海外十堰旅行社武汉分公司员工秦海涛委托，以原告九州国际旅行社的名义向被告市旅游局报送《中国公民出国旅游团队名单表》，并提供了盖有该公司公章的出境旅游合同，但实际组团旅行社是海外十堰旅行社武汉分公司。被告市旅游局于2014年2月19日向原告九州国际旅行社作出了《行政处罚事先告知书》，并告知原告九州国际旅行社有权申请听证。

经原告九州国际旅行社申请，被告市旅游局拟定于 2014 年 3 月 21 日举行听证会，后又依其申请将听证会延期至 2014 年 4 月 3 日举行。根据听证意见以调查的事实，被告市旅游局于 2014 年 5 月 19 日对原告九州国际旅行社作出了《行政处罚决定书》(武旅罚（2014）02 号)，决定给予其：1. 处责令改正，并处人民币一万元罚款；2. 责令停业整顿一个月；3. 对直接负责的主管人员周红、刘文涛各处人民币二千元罚款的行政处罚。原告九州国际旅行社对该处罚决定不服，向湖北省旅游局申请行政复议，湖北省旅游局于 2014 年 10 月 13 日作出了《行政复议决定书》(鄂旅复决（2014）01 号)，决定维持被告市旅游局作出的上述处罚。

原审法院认为，根据《中华人民共和国旅游法》第八十七条，国家旅游局《旅游行政处罚办法》第十一条、第十五条的规定，被告市旅游局具有对辖区内旅行社的违法行为进行处罚的职权。

一，认定事实方面。《中华人民共和国旅游法》第三十条规定，旅行社不得出租、出借旅行社业务经营许可证，或者以其他形式非法转让旅行社业务经营许可。本案中，海外十堰旅行社武汉分公司作为组团社，应当根据《中国公民出国旅游管理办法》及《湖北省中国公民出境旅游团队名单表审核管理办法》的规定，向湖北省旅游主管部门报送审核名单表，原告九州国际旅行社不是本案旅游团的组团社，却为海外十堰旅行社武汉分公司出具名单表，并提供旅游合同、领队人员证件等相关资料交由海外十堰旅行社武汉分公司向旅游主管部门报送审核出境，该行为构成上述规定的“以其他形式非法转让旅行社经营许可的行为”。原告九州国际旅行社主张该行为系其公司出境部负责人刘文涛的个人行为，但名单表上加盖了原告九州国际旅行社的公章，且其法定代表人在调查中也认可其知晓刘文涛的该行为，故原告九州国际旅行社的该观点不能成立。

二，适用法律方面。《中华人民共和国旅游法》第九十五条第二款规定，旅行社违反本法规定，未经许可经营本法第二十九条第一款第二项、第三项业务，或者出租、出借旅行社业务经营许可证，或者以其他方式非法转让旅行社业务经营许可的，除依照前款规定处罚外，并责令停业整顿；情节严重的，吊销旅行社业务经营许可证；对直接负责的主管人员，处二千元以上二万元以下罚款。本案中，被告市旅游局根据其查明的事实，认定原告九州国际旅行社为其他公司出具名单表的行为构成“以其他形式非法转让旅行社经营许可的行为”，对其处以一万元罚款、责令停业整顿一个月，并对直接负责的主管人员处以二千元的罚款符合上述规定，并无不当。

三，执法程序方面。被告市旅游局接到投诉举报后，进行了立案调查，对相关人员进行了调查询问并告知原告九州国际旅行社享有听证的权利，经其申请依法举行了听证会，充分听取了当事人的陈述和申辩，作出行政处罚后将处罚决定书向原告九州国际旅行社予以了送达，其执法程序符合法律规定。原告九州国际旅行社主张听证主持人事后搜集证据，但根据《旅游行政处罚办法》第三十七条的规定，旅游主管部门应当充分听取当事人的陈述和申辩并制作笔录，对当事人提出的事实、理由和证据进行复核，故听证主持人针对双方争议较大的事实予以核实，该行为并无不当，且核实的相关材料亦未作为被告市旅游局作出本案行政处罚的证据。经过听证后，被告市旅游局充分听取了原告九州国际旅行社的申辩意见，将对其作出的行政处罚幅度降到了法律规定的最低幅度，该程序并无不当。但根据《旅游行政处罚办法》第五十条第三款的规定，对情节复杂的案件或者因重大违法行为给予公民3万元以上罚款、法人或者其他组织20万元以上罚款，取消出国（境）旅游业务经营资格，责令停业整顿，吊销旅行社业务经营许可证、导游证、领队证等行政处罚的，旅游主管部门负责人应当集体讨论决定。本案中，被告市旅游局对原告九州国际旅行社作出的处罚中第二项内容为责令其停业整顿一个月，按照上述规定应当由被告市旅游局负责人集体讨论决定。负责人集体讨论制度是《中华人民共和国行政处罚法》明确规定的原则，是行政机关对情节复杂或者重大违法行为给予较重的行政处罚的重要程序，是规范行政处罚自由裁量权的必要环节。依照《最高人民法院关于执行〈中华人民共和国行政诉讼法〉若干问题的解释》第二十六条及《最高人民法院关于行政诉讼证据若干问题的规定》第一条的规定，被告应当在收到起诉状副本之日起10日内提供作出具体行政行为的证据，逾期提交证据视为被诉具体行政行为没有相应的证据，被告市旅游局未在举证期限内向本院提交相关证据证明其在本案处罚决定前经过负责人集体讨论决定，视为行政程序违法。综上，被告市旅游局在经过听证程序听取原告九州国际旅行社的陈述申辩后，已将对原告九州国际旅行社作出的行政处罚降低到了法律规定的最低幅度，其作出的行政处罚认定事实清楚、适用法律正确，但程序违法。据此，依据《中华人民共和国行政诉讼法》第七十四条第一款第（二）项之规定，判决如下：确认被告武汉市旅游局对原告湖北九州国际旅行社有限责任公司作出的行政处罚决定书[武旅罚（2014）02号]违法。

上诉人市旅游局不服原审判决，向本院提起上诉称，根据《中华人民共和国行政处罚法》的规定，集体讨论是行政机关对重大违法行为作出行政处罚决定时的内部讨论程序，无须行政相对人的参与。而集体讨论资料属于行政机关内部保密资料,《中华人民共和国行政诉讼法》也并未规定行政机关需要提交内部讨论文件，因此上诉人认为无须举证。原审法院于 2015 年 2 月 4 日对案件公开开庭审理时，并未对集体讨论这一环节进行任何审查，也没有向上诉人释明需要提供作出处罚决定时的行政机关内部讨论文件。《中华人民共和国行政诉讼法》(修订后) 第三十九条规定人民法院有权要求当事人提供或者补充证据。原审法院休庭后，于 2015 年 3 月 31 日向上诉人代理人询问是否经过集体讨论，并要求上诉人提供集体讨论资料。上诉人明确回答经过了集体讨论，并于 4 月 29 日提交了集体讨论会议纪要，因此，上诉人认为已经完成了举证义务。故原审法院以上诉人未在收到起诉状副本后十日内提供集体讨论决定“视为程序违法”，并根据《中华人民共和国行政诉讼法》第七十四条第一款第（二）项确认上诉人行政处罚决定违法是完全错误的。鉴于原审判决认定上诉人作出的行政处罚事实清楚、适用法律正确，因此，恳求上级人民法院依法改判，驳回被上诉人的诉讼请求。

被上诉人湖北九州国际旅行社有限责任公司辩称，1. 上诉人所说行政处罚法第三十八条规定重大行为应当进行讨论，因而不存在内部讨论的问题，也不属于保密的范围，上诉人作为行政机关有义务将履行程序的环节提交给法院，法律规定要进行集体讨论的，只有提交了证据才能证明进行了集体讨论。2. 不存在法院对举证进行释明的问题，法律有相关规定，要求行政机关对行政行为进行举证。3. 被告应该在收到起诉状副本 10 日内提供证据及所依据的规范性文件，被告没有在法定期限内提供证据的视为没有相应证据证明，一审判决符合法律规定。

【判决与理由】

各方当事人向原审法院提交的证据、法律依据均随案卷移送本院。二审中，各方当事人坚持原审质辩意见，原审法院对证据的认证正确，本院对原审判决采信的证据、认定的事实予以确认。

本院认为，根据《中华人民共和国旅游法》第八十七条，国家旅游局《旅游行政处罚办法》第十一条、第十五条的规定，上诉人市旅游局具有对辖区内旅行社的违法行为进行处罚的职责。市旅游局对九州国际旅行社不是本案旅游团的组团社，却为海外十堰旅行社武汉分公司出具加盖了原告九州国际旅行社公章的名单表，并提供其旅游合同、领队人员证件等相关资料交由海外十堰旅行社武汉分公司向旅游主管部门报送审核出境的行为，根据《中华人民共和国旅游法》第三十条的规定，认为构成以其他形式非法转让旅行社经营许可，并根据《中华人民共和国旅游法》第九十五条第二款的规定，对九州国际旅行社作出责令改正、罚款一万元、责令停业整顿一个月的行政处罚决定，认定事实清楚，证据确凿，适用法律正确，处罚适当。在外部执法程序方面，市旅游局接到投诉举报后，按照《中华人民共和国行政处罚法》及《旅游行政处罚办法》的规定进行了立案、调查、行政处罚事先告知、听证、作出处罚决定并送达，且告知相对人不服处罚决定依法享有的救济权利及途径，上述执法程序合法。

《中华人民共和国行政处罚法》及《旅游行政处罚办法》规定行政机关负责人集体讨论内部行政程序的主要价值在于促进行政机关内部公开和接受监督，防止个人主观随意和权力滥用。就本案而言，即便按照原审判决推定市旅游局对九州国际旅行社作出行政处罚决定未经集体讨论程序，该内部行政程序对被诉行为是否合法所具有的价值也要在综合考量的情况下作出判断。该内部程序的缺失，既不对行政相对人的知情权、陈述申辩权、申请听证权等权利构成损害，也未对行政处罚决定的合法性、合理性产生实质性影响。原审判决确认涉案行政处罚决定违法不妥。据此，依照《中华人民共和国行政诉讼法》第八十九条第一款第（二）项之规定，判决如下：

一、撤销湖北省武汉市江岸区人民法院作出的（2015）鄂江岸行初字第00042号行政判决；

二、驳回被上诉人湖北九州国际旅行社有限责任公司的诉讼请求。

本案一、二审案件受理费各50元及邮寄送达费20元均由湖北九州国际旅行社有限责任公司负担。

本判决为终审判决。

【本案涉及的法律问题】

一、本案中二审法院的改判理由是否合理，为什么？

二、本案对旅游行政主管部门有什么启示？

【参考答案与法理分析】

一、我们认为，本案中二审法院的改判理由值得商榷。理由如下：

对比一、二审法院判决可以发现，一审法院从事实认定、法律适用和执行程序三个方面对本案争议问题进行了分析，阐述了裁判理由。

首先，从事实认定方面看。根据法院查明的事实，原告九州国际旅行社并不是本案旅游团的组团社，但它却为海外十堰旅行社武汉分公司提供了相关资料，供其向旅游主管部门报送审核出境，该行为构成了非法转让旅行社经营许可的行为。

其次，在法律适用方面。《中华人民共和国旅游法》第九十五条第二款规定，旅行社违反本法规定，未经许可经营本法第二十九条第一款第二项、第三项业务，或者出租、出借旅行社业务经营许可证，或者以其他方式非法转让旅行社业务经营许可的，除依照前款规定处罚外，并责令停业整顿；情节严重的，吊销旅行社业务经营许可证；对直接负责的主管人员，处二千元以上二万元以下罚款。据此，一审法院确认市旅游局对原告九州国际旅行社罚款、责令停业整顿等处罚方式，并无不当。

最后，在执行程序方面。一审法院认为，根据《旅游行政处罚办法》第五十条第三款的规定，对情节复杂的案件或者因重大违法行为给予公民 3 万元以上罚款、法人或者其他组织 20 万元以上罚款，取消出国（境）旅游业务经营资格，责令停业整顿，吊销旅行社业务经营许可证、导游证、领队证等行政处罚的，旅游主管部门负责人应当集体讨论决定。本案处罚方式中涉及对旅行社的停业整顿，按照上述法律规定应当由旅游局负责人集体讨论决定。

此外，依照《最高人民法院关于执行〈中华人民共和国行政诉讼法〉若干问题的解释》第二十六条的规定，在行政诉讼中，被告对其作出的具体行政行为承担举证责任。被告应当在收到起诉状副本之日起十日内提交答辩状，并提供作出具体行政行为时的证据、依据；被告不提供或者无正当理由逾期提供的，应当认定该具体行政行为没有证据、依据。这是其一。其二，按《最高人民法院关于行政诉讼证据若干问题的规定》第一条的规定，根据《行政诉讼法》第三十二条和第四十三条的规定，被告对作出的具体行政行为负有举证责任，应当在收到起诉状副本之日起十日内，提供据以作出被诉具体行政行为的全部证据和所依据的规范性文件。被告不提供或者无正当理由逾期提供证据的，视为被诉具体行政行为没有相应的证据。

而在本案中，作为被告的市旅游局未按上述规定，按期履行举证责任，一审法院认定被告市旅游局作出本案处罚决定前未经负责人集体讨论决定，属于程序违法。最终判决被告武汉市旅游局对原告湖北九州国际旅行社有限责任公司作出的行政处罚决定书违法。

二审法院在事实认定和法律适用方面与一审法院保持一致，但是，对于作出行政处罚决定前未经旅游主管部门负责人集体讨论的行为是否构成行政程序违法，二审法院的观点与一审法院截然不同。二审法院认为:“即便按照原审判决推定市旅游局对九州国际旅行社作出行政处罚决定未经集体讨论程序，该内部行政程序对被诉行为是否合法所具有的价值也要在综合考量的情况下作出判断。”认为即使市旅游局未经集体讨论就作出了处罚决定，但并未损害原告旅行社的合法权利（包括：知情权、陈述申辩权、申请听证权等），也未影响行政处罚决定的合法性、合理性。因此，二审法院认为一审法院原审判决确认涉案行政处罚决定违法不妥，最终判决撤销了原审判决。

司法裁判本质上是一个法律推理的过程。我国司法所采用的法律推理的基本模式是“司法三段论”，包括：大前提法律规范、小前提法律事实、推导出结论即裁判结果。

一审法院的裁判过程是严格按照司法三段论的模式进行的，分步推理，层层递进。首先，依据的大前提是《中华人民共和国旅游法》第九十五条第二款，小前提是原告旅行社存在非法转让旅行社业务经营许可的行为，得出的结论是被告市旅游局对原告旅行社的处罚决定于法有据，并无不妥。其次，依据的大前提是《旅游行政处罚办法》第五十条第三款，小前提是被告市旅游局未经集体讨论作出处罚决定，得出的结论是市旅游局作出的处罚决定程序违法。其中，在确认小前提，即被告市旅游局作出决定前是否经过集体讨论决定时，一审法院再次使用了司法三段论。依据大前提是《最高人民法院关于执行〈中华人民共和国行政诉讼法〉若干问题的解释》第二十六条的规定，以及《最高人民法院关于行政诉讼证据若干问题的规定》第一条的规定，小前提是被告市旅游局未按期履行举证责任，得出的结论是被告市旅游局没有相应的证据，认定被告市旅游局未经集体讨论即作出了行政处罚决定。综上可见，一审法院的整个裁判过程逻辑严密，思路清晰，理由充分，于法有据。

而二审法院在事实认定和法律适用上与一审法院并无二致，但是最终却得出了不同的裁判结果。同样的大前提、同样的小前提、同样的司法三段论推理模式，为何最终结论截然不同呢？我们细分析二审法院的裁判理由，不难发现，二审法院在司法三段论的基础上，使用了价值判断的方法，即在面临程序公正和实体公正之时，二审法院选择了实体公正。

这里所谓的价值判断，就是在司法裁判活动中，根据一定的价值取向判断争议所涉及的法律利益，实现法律所追求的公平正义。从法学方法论上来说，价值判断就是指在运用司法三段论的过程中，运用特定的价值观念来认定事实、选择与解释法律，并最终作出裁判。①

在司法实践中，价值判断的应用通常具体地表现在确定小前提和大前提，并实现大、小前提的有效连接上。

首先，在确定小前提方面。社会生活中存在的各种事实只是客观事实，并非法律事实，而有些事实则可能仅仅属于道德范畴，不在法律调整和规制的范围之内，诸如：遇见老人跌倒应该不应该扶起的问题。此外，对案件事实进行法律关系分析，也是一个价值判断的过程。在实践中影响案件发生的因素有很多，往往诸多因素还交织混杂在一起，难解难分。面对这类事实纠缠状况时，裁判者就需要秉承一定的价值判断，对这些事实中的一些因素要进行取舍，还需要对保留下来的事实因素进行层级区分和优先级比较，判断其对案件结果的影响程度，并以此作为基础事实来支撑最终的裁判结果。当遇到法律中不好确定的概念时，裁判者需要运用价值判断，将实践中的具体案件事实进行类型化，并与法律规定中的事实类型一一对应起来，从而使之由客观事实转化为法律事实。例如：在商事交易中，商业风险与情势变更的判断和适用，就需要进行价值判断予以确定。

其次，在确定大前提方面。法律规定常常是模糊而抽象的，这就需要依赖价值判断来确定大前提。即使在法律有明文规定的情况下，如何选定大前提，如何掌握法律规定的目的，如何准确把握立法者的立法本意，这些都需要裁判者运用自己的价值判断去完成。当遇到法律漏洞、法律规定缺失的情形时，裁判者的价值判断将在司法裁判中最大程度地发挥作用。

最后，在确定大、小前提连接点方面。通过价值判断来解释法律，在法律事实的基础上，寻找与其最紧密联系的法律规范。如前所述，法律规范通常是模糊和抽象的，其预设规定的事实，一般是典型性和概括性的，但是具体到个案之中，其在实践中的表现形式却是千差万别的，“世界上没有完全相同的两片树叶”，更不用说两件法律事实了。因此，如何解释法律及其预设的事实，并将其对应和适用于具体的案件事实之中，通常需要裁判者以一定的价值判断为基础，对相关事实进行综合考量。同时，特定的案件事实能否涵摄于法律规范之下，也需要进行价值判断。

此外，价值判断也有其固有缺陷，即具有一定的主观性。价值判断的进行不可避免地受到裁判者个人的主观因素的影响。因教育背景、成长环境、个人好恶、工作经验和价值标准的不同，不同的裁判者可能会形成不同的价值取向。

---

① 王利明：《法学方法论》，中国人民大学出版社2012年2月第1版，第556~557页。

需要强调的是，司法实践中的价值判断不同于一般意义上的价值判断，其将会直接或间接地影响案件的裁判结果，并对涉案各方当事人的切身利益产生重大影响。如果允许裁判者自由、任意地进行价值判断，而不加任何限制，则很难保证裁判的公正性和一致性。裁判者价值取向的不同，则还有可能导致同案不同判的结果发生，这将会严重损害司法的权威性和公信力。为避免前述情况的发生，就需要对价值判断的适用情形和适用规则进行规范。

从法理上说，首先，价值判断的适用情形应有一定的限制。当法律规定明确的情况下，一般不需要进行价值判断，裁判者遵循立法权高于司法权的原则，直接按照立法的规定，通过法律预设的价值判断进行裁判即可，裁判者不应当以自身的价值取向替代立法的价值判断。裁判者只有在以下三种情况下，才可能运用自身的价值立场进行价值判断。一是在特定事件上，法律规范缺失，法律对此种特定的社会关系根本没有规定。二是法律规范之间存在矛盾和冲突，包括同一部法律内部先后规定之间存在冲突，还包括不同的部门法对问题的规定存在冲突。三是虽然法律已经有了规定，但由于社会的发展和时代的变迁，立法原本作出价值判断的基础和背景已发生了实质的变化，如继续适用此项规定，将会突破法律公平正义的理念。

其次，价值判断应有一定的适用规则。第一，应遵循立法者的价值判断。凡是立法者已经做出了价值判断，裁判者应当遵循，不得以自身的价值判断替代立法者的价值判断。法律作为调整社会关系的准则，其本身就体现了一定的价值诉求，立法者在立法过程中，必然会面对着各种各样的价值冲突和价值取舍，所以，立法者通过法律所体现出的价值判断，也是立法目的和精神的体现。例如，关于善意取得，《中华人民共和国物权法》第一百零六条规定："无处分权人将不动产或者动产转让给受让人的，所有权人有权追回；除法律另有规定外，符合下列情形的，受让人取得该不动产或者动产的所有权。"虽然法律对善意取得规定了一定的适用条件，但是立法者的价值取向十分明显，即优先保护交易安全，而非财产所有权。这就要求裁判者在运用价值判断时，应首先探究法律的价值取向，发现立法者的价值判断，尽量避免自身的价值取向对案件裁判的影响。

第二，应在文义的范围内进行价值判断。裁判者应首先明确具体条文的文义范围，探求条文背后立法者的价值考量。如从文义中不能直接找到答案，则应当通过立法目的、立法历史资料、法律变迁等方式确定立法的预设价值标准。

第三，应根据法律上的价值体系进行价值判断。法律作为社会生活规范，本身就是实现一定价值的工具。① 在进行价值判断时，裁判者不能片面地作出判断，而应当以法律构建的价值体系为基础，整体、综合、全面地分析各种价值冲突，并作出取舍。

第四，价值判断应当符合价值共识。价值判断应当以一定的价值共识为基础。寻找价值共识，有利于裁判结果符合法律公平正义的理念，还可以有效地避免出现形式合法而实质不公的现象。

第五，作出价值判断时应当考量价值位阶。如立法者已经通过立法明确了一定的价值位阶，裁判者就应当按照法律的规定作出裁判。但如果法律没有明确规定，则应当首先考虑是否存在达成共识的价值位阶，裁判者不能以自身的价值标准替代达成共识的价值位阶。

第六，价值判断应当符合社会发展的需要。法为人而立，非人为法而生。法律解释的最终目标在于完善法律，使法律更契合社会、伦理、经济的发展与变迁。② 立法者不可能在立法时就预见了法律适用的一切情形。而且我国是成文法国家，法律一经颁发，就可能面临着落后于社会的发展变化，即法律具有滞后性。随着社会的发展、时代的变迁，社会的价值观念也会随之而发生变化，裁判者在进行价值判断时，应当与时俱进地将当前社会主流价值观融入法律解释之中。

第七，价值判断应当遵循指导性案例。我国虽然不是判例法国家，但是我国最高人民法院已经实行发布指导性案例的制度，不断地发布一些指导性案例，供各级地方人民法院在审判类似案件时参照。这些指导性案例，通常具有一定的典型性和权威性，其中所体现出来的价值判断，可作为裁判者对类似案件进行价值判断的基本准则。

最后，价值判断应当在司法三段论的框架范围内使用。也就是说，价值判断不可脱离司法三段论而单独存在，其可以在司法三段论的体系中，帮助确定大前提、小前提，并在法律规定不明确或法律没有规定的情况下，为司法裁判者提供价值指引。然而，价值判断不是法律规范，不能直接作为裁判的依据。

在本案中，二审法院在作出最终判决时似乎也找到一个大前提，即《中华人民共和国行政诉讼法》第八十九条第一款第（二）项之规定："原判决、裁定认定事实错误或者适用法律、法规错误的，依法改判、撤销或者变更。"如果二审法院要推导出原审判决错误、应予以撤销的结论，还需要明确小前提，即一

① 张文显：《马克思主义法理学》，辽宁人民出版社2009年版，第101页。

② 王利明：《法学方法论》，中国人民大学出版社2012年2月第1版，第620页。

审法院或者存在事实认定错误，或者存在适用法律法规错误的行为，或者两者都存在问题。前文已对一审法院的裁判思路进行了梳理，在此不再赘述。不难看出，一审法院在事实认定、法律适用和裁判程序三方面并无错误。二审法院在裁判理由部分阐述了“即便未经集体讨论”也并未损害原告旅行社的合法权利，同时，也未对行政决定的合法性、合理性产生实质影响。这一阐述旨在论述涉案旅游行政主管部门的行政程序即使存在瑕疵，也不足以认定其行政程序违法。然而，遗憾的是，这一理由和论述，并不能弥补司法三段论中小前提的缺失，即一审法院的裁判并无错误之处。可见，二审法院在只有大前提，而无小前提的情况下，以自己的价值判断作为裁判依据，由此推导出一审法院的裁判结论是错误的结论显然并不妥当。因为《旅游行政处罚办法》第五十条第三款规定了作出行政处罚决定前“应当”履行负责人集体讨论程序。这一规定是对决策程序的明确规定，反映出立法者优先保护程序公正的价值理念。显然，一审法院遵循立法者的价值判断，认定被告市旅游局行政处罚决定程序违法，是十分正确的。如果这一认定是正确的，那么涉案旅游行政主管部门作出的行政处罚决定就有程序上的不合法嫌疑。二审法院对此未作任何分析和评论，直接作出结论说这一程序上有瑕疵的行为并不影响其作出的行政处罚决定的“合法性”，这一评价欠缺内在的逻辑是十分明显的。

此外，一审法院的裁判结果也是其“裁判智慧”的体现。被告市旅游局行政处罚决定程序违法，一审法院却没有判决撤销行政处罚决定，而是判决为“确认违法”。根据一审法院已查明的证据，可以认定原告九州国际旅行社确实存在违法行为，应受到行政处罚。被告市旅游局在事实认定、法律适用，以及处罚幅度方面均无明显不当，但是如仅仅因为在决策时未经集体讨论，程序存在瑕疵，就撤销处罚决定，将会导致真正的违法者逃避了处罚，造成实体不公，将会大大影响司法公信力，也不利于对旅游市场的行政管理和规制。一审法院最终采用了确认违法的判决方式，既维持了处罚决定的效力，又对行政决定中程序违法的事实进行了司法确认。违法者原告九州国际旅行社得到了应有的处罚。同时，也督促被告市旅游局在今后的执法过程中能够按照法律的规定，严格履行各项执法程序，确保程序正当，不留缺陷。

综上，我们认为，本案二审法院的判决欠妥当。一审原判的证据确实充分，事实认定清楚，法律适用准确，裁判程序合法，应予维持。

二、本案对旅游行政主管部门的启示，可作如下分析：

本案被告市旅游局在诉讼中辩称，集体讨论是行政机关对重大违法行为作出行政处罚决定时的内部讨论程序，无须行政相对人的参与。而集体讨论资料属于行政机关内部保密资料，《中华人民共和国行政诉讼法》也并未规定行政机关需要提交内部讨论文件，因此其无须举证。

被告市旅游局的上述抗辩旨在主张自己无举证责任，不负举证义务。但是，在行政诉讼中，法律明显地更倾向于保护行政相对人，而作出行政行为的被诉行政机关则要承担更多的责任，履行更多的义务，尤其在举证责任分配上，行政机关的举证义务明显地要更多。《中华人民共和国行政诉讼法》第三十四条规定，被告对作出的行政行为负有举证责任，应当提供作出该行政行为的证据和所依据的规范性文件。被告不提供或者无正当理由逾期提供证据，视为没有相应证据。但是，被诉行政行为涉及第三人合法权益，第三人提供证据的除外。该法第三十七条规定，原告可以提供证明行政行为违法的证据。原告提供的证据不成立的，不免除被告的举证责任。《最高人民法院关于行政诉讼证据若干问题的规定》第一条规定，根据行政诉讼法第三十二条和第四十三条的规定，被告对作出的具体行政行为负有举证责任，应当在收到起诉状副本之日起十日内，提供据以作出被诉具体行政行为的全部证据和所依据的规范性文件。被告不提供或者无正当理由逾期提供证据的，视为被诉具体行政行为没有相应的证据。被告因不可抗力或者客观上不能控制的其他正当事由，不能在前款规定的期限内提供证据的，应当在收到起诉状副本之日起十日内向人民法院提出延期提供证据的书面申请。人民法院准许延期提供的，被告应当在正当事由消除后十日内提供证据。逾期提供的，视为被诉具体行政行为没有相应的证据。

我们认为，行政机关在履行行政管理职责、作出行政行为时，尤其是在涉及行政相对人切身利益时，例如，在作出行政处罚、行政许可等时，应当依法行政，并按照法律法规的要求，履行必要和合法的程序、手续，既要保证实体正义，又要注重程序正当，努力做到行政行为本身和作出行政行为的程序都能经得起推敲、质疑和查证，不要留任何瑕疵。同时，在整个行政程序中，行政机关都要有意识地留存各类文件和证据，尤其是那些涉及作出最终行政行为的依据和法律根据，都应当归档备查。一旦遇到司法审查时，可适时地提供相关证据。在法治国家、法治政府和法治社会一体化推进的今天，根据党的十九大精神，行政机关工作人员一定要严格按照习近平总书记的要求，真正养成法治思维方式，真正努力地以法治思维方式来处理和解决行政管理工作中的一切问题。“把公权力关在制度的笼子里”讲的就是这个道理。

判例21　因证据形式不完备，旅游局作出的行政处罚被撤销

【案件索引】

德州市德城区人民法院行政判决书（2015）德城行初字第13号：德州市百事通国际旅行社有限公司与德州市旅游局行政处罚纠纷一审行政判决书。

【基本案情】

原告德州市百事通国际旅行社有限公司因不服被告德州市旅游局对其作出的德旅罚字（2015）第2号行政处罚决定，向本院提起行政诉讼。本院受理后，同日向被告送达了起诉状副本及应诉通知书。本院依法组成合议庭，于2015年4月14日公开开庭审理了本案。本案现已审理终结。

被告认定原告的违法事实：被告在对车牌号为鲁A×××××旅游大巴车检查时得知：1.该旅游团导游为杜晓某，无导游证，未携带组团旅行社派团单、组团社和地接社确认件，只提供一张德州部分散客名单。2.游客报名地点是德州市齐河县九州游旅行社、德州市观光假日国际旅行社天衢路门市部、临清百事通旅行社、高唐书画之乡旅行社、聊城白云旅行社、阳光旅程。3.该团导游杜晓某称该直通车的组织者是齐河百事通门市部宋某。4.19日事发地：德州百事通国际旅行社法定代表人赵某当场承认此团是德州百事通国际旅行社的业务。2015年1月15日，被告德州市旅游局以原告德州市百事通国际旅行社有限公司违反了《旅游法》第九十六条第二款和《旅行社条例》第五十五条第四款、第五款的规定对原告德州市百事通国际旅行社有限公司作出了德旅罚字（2015）第2号行政处罚决定，决定给予原告责令改正、处5万元罚款、停业整顿1个月的行政处罚。被告在举证期限内提交了作出该具体行政行为的证据、依据：1.《旅游法》第八十三条、八十五条、八十八条之规定。2.《旅游法》第九十六条第二款，《旅行社条例》第五十五条第四款、第五款之规定。3.旅游投

诉来电、来访登记表。4. 立案审批表。5. 现场执法视频。6. 德州市旅游局现场检查笔录。7. 现场执法视频（42 分 30 秒 ~45 分）视频文字记录。8. 德州市旅游局旅行社营业部备案材料。9. 德州市旅游局询问笔录。10. 德州市旅游局局长办公会议记录。11. 行政处罚告知书及送达回证。12. 听证会通知书。13. 听证申请书。14. 授权委托书。15. 听证会笔录、听证会光盘。16. 德州市旅游局党组办公会记录。17. 行政处罚决定书及送达回证。（详见证据清单）庭审中提交执法人员刘某、高某某、王某某执法证件。

原告诉称，一，被告作出的行政处罚决定存在严重和明显的法律缺陷。1. 被告作出的行政处罚决定明显缺乏事实根据。被告对案件事实的认定仅依据的是原告法定代表人的一份询问录像，没有其他证据予以佐证。被告在听证程序中没有提供原始载体，也没有注明制作的方法、制作时间、制作人等必要的信息，不符合证据规定的要求。也未提供该视频文字记录。该录像是对原告法定代表人的询问资料，在证据种类上属于当事人陈述，被告只截取了原告法定代表人自认的部分，却不接受原告法定代表人对违法行为的否认部分，以一份不完整的当事人陈述作为处罚的唯一证据，该处罚决定显然不具备合法要件。2. 被告剥夺原告的程序权利作出的行政处罚决定无效。被告在此次执法活动中，没有给原告了解案件情况的机会和权利，在没有查明事实的情况下被告便认定该旅行团的负责人是宋某，在此基础上询问原告法定代表人该业务员是不是原告的工作人员，原告的法定代表人只能实事求是承认该业务员确实是其员工，但原告法定代表人致电该业务员，却得知该旅行团非其负责的。原告的法定代表人立刻将这一事实向被告执法人员反映，但被告执法人员并未听取原告法定代表人的陈述。事后原告向被告提供相关证人的证言和其他证明，证实该旅行团与原告并无关系，但被告未在听证程序中予以出示，更不听取原告的任何申辩。故被告违反法定程序，剥夺原告的法定权利作出的行政处罚决定没有拘束力。二，被告处罚决定的法律依据错误。被告认为原告的行为触犯了《旅游法》第九十六条第二款的规定，目的是让旅行社对其工作人员的资质承担法律责任。该旅行团的领队是一个名叫杜晓某的人，此人与原告没有任何关系，不是原告的员工也不是原告的雇佣人员。被告认为原告同时触犯了《旅行社条例》第五丨五条第四款“将旅游业务委托给没有资质的旅行社”，这个团的领队如果是原告提供的，就不存在原告将旅行团委托给其他旅行社的情况；如果这个团是原告委托给其他旅行社的，那么这个领队就是其他旅行社提供的，原告无须对该领队的资质负责，更不应该接受处罚。被告适用这两条法律作为处罚依据，不仅缺乏事实根据，而且法律之间相互冲突。被告的处罚明显有为了处罚而处罚的嫌疑，违背了行政处罚法的立法初衷。三，被告对同一法律事实作出不同的认定违背合理行政的原则。通过将被告对同一违法事实作出的两份不同的行政处罚决定进行对比得出，被告对该同一违法事实作出了不同的认定。被告认定该旅行团由原告负责，可推出其他旅行社将散客委托给原告负责，而被告又认定其他被处罚人将旅游业务委托给了不具有相应资质的旅行社，可推导出被告认为接受其他旅行社委托的是一个不具备资质的旅行社，但被告认可原告具备资质。被告对案件事实的认定自相矛盾，同一事实给出不同的认定结果。综上所述，被告的处罚决定存在严重和明显的法律缺陷，适用法律错误，违背行政管理的基本原则，请求法院认定被告作出的德旅罚字（2015）第2号行政处罚决定无效。原告举出的证据：1. 赵某的证言；2. 刘伟的证明。证人赵某、宋某出庭。原告举出上述证人证言证明涉诉旅行团不是原告组织的，也没有原告的客人。

被告辩称，一，被告作出的行政处罚决定认定事实清楚。2014年6月20日被告根据群众举报，联合德州市交通运输局、德城区工商局联合执法，在德州市高速东出口对鲁A×××××旅游大巴进行现场执法检查，根据违法线索，决定对原告违法经营行为立案调查。查明以下事实：原告系依法设立的有资质的旅行社，法定代表人赵某，在齐河设立百事通营业部，该营业部负责人为宋某。宋某将招揽的客人交给杜晓某，杜晓某于2014年6月20日带领客人前往秦皇岛途中被查获。经查原告未与游客签订旅游合同，杜晓某非原告公司员工、无导游证。上述事实有立案审批表、现场检查笔录、询问调查笔录、录音、视频资料等证据证实。事实清楚，证据确实充分，依法应予认定。二，被告于2015年1月15日作出德旅罚字（2015）第2号行政处罚决定适用法律正确。原告的行为违反了《旅游法》第九十六条第二项和《旅行社条例》第五十五条的规定，被告适用该条规定对原告作出行政处罚适用法律正确。三，被告作出处罚决定的程序合法。被告接群众举报后，2014年6月20日联合其他执法机关，对包括原告在内的数家旅行社涉嫌违法经营的行为进行现场检查，根据初步查明的事实，决定正式立案调查。在调查过程中，被告依法对相关责任人及证人进行了调查询问并制作笔录，依法调取了相关书证及其他证据。在对原告进行处罚前，告知原告拟处罚的内容，及原告有权进行陈述和申辩，并有权申请听证。最后根据原告的听证申请，向原告送达了《听证受理通知书》《听证会通知书》，并于2014年10月16日进行了公开听证。2015年1月15日作出行政处罚决定并送达原告。综上，被告作出的处罚决定认定事实清楚、适用法律正确、处罚程序合法，原告的诉讼请求不能成立，请求驳回原告的诉讼请求。

经庭审质证，原告对被告的举证质证认为，对被告依据《旅游法》相关规定有权对原告进行处罚没有异议，对被告执法人员执法资格有异议，认为不能体现执法当日被告执法人员有执法资格。对被告提交的认定事实的证据（被告证据清单 3、5、6、7、8、9），原告对证据 8 德州市旅游局旅行社营业部备案材料无异议，对其他认定事实的证据的真实性均有异议，认为证据 5 现场执法视频显示时间为 2012 年 6 月 11 日，与行政处罚决定书上记载的执法日期明显不符，存在修改的嫌疑，结尾处明显存在不当剪切的痕迹，该视频也不是原始载体，没有注明制作方法、制作时间、制作人和证明对象，不符合法律规定的关于录音、录像等视听资料的形式要求。该视频不能证明原告存在违法事实，在录像中录制时间显示 19：15 时车上的导游解释得很清楚，这个团不是百事通发的而是齐河九州游旅行社发的，而且该导游与百事通并无任何关系。在 28：27 时杜晓某说只是宋某个人找的他，与百事通并无劳动关系。包车合同显示的是山东神州旅行社，与原告无关。原告法定代表人出现在该录像 42：39 处，没有法定的执法人员，没有工作人员做记录，只是有个不知名的工作人员对法定代表人说“齐河百事通的团”，原告法定代表人还一再向该人确认“是齐河百事通的啊？”该工作人员确定说是齐河百事通的。全程没有告知相对人具体的情况，也没有给相对人了解具体情况的时间和机会，就把罪名扣在了原告的头上。而且原告的法定代表人只承认是“对，是齐河发过来的，是齐河营业部发过来的”，自始至终并没有承认是百事通发的团。对证据 6 现场检查笔录有异议，认为没有执法人员签名，笔录的内容和被告认定的违法事实不符。证据 7 现场执法视频（42 分 30 秒 ~45 分）视频文字记录与视频内容不符，记录不全。证据 9 询问笔录与事实不符，有多次涂改的痕迹，笔录中涉及赵某的内容被涂改，对杜晓某所说内容的真实性不予认可，笔录中 2 个杜晓某的签名并非都是杜晓某本人所签。被告反驳原告认为，证据 3 来电、来访登记表被告有存档，是真实的。提交的视频是刻录的，不是原始载体，但是内容是一致的，没有剪切。现场询问原告法定代表人的是被告执法人员，有执法证件。杜晓某不是原告员工，但是是受原告下属营业部负责人宋某指派。执法记录仪记录日期与执法时间不符是没有调试好时间。现场检查笔录开头没有填写完整不影响被告对违法事实的认定。视频文字记录只记录了与本案有关联、能够证实被告作出处罚认定事实的部分。杜晓某的询问笔录是手写体有涂改符合常规，在涂改的位置执法人员都要求被调查人按了手印。关于杜晓某的 2 个签字 1 个是执法人员为确保笔录的完整性自行书写，排在后面的是杜晓某的亲笔签名，两个签名不能说明笔录是伪造的。被告对原告提交的刘伟的证明的真实性没有异议，对证明对象有异议，只是证明了赵某和九州游合作的情形与本案无关，九州游也因为与没有资质的赵某合作已经被处罚。对赵某的证言质证认为，赵某没有在被告执法现场，对现场大巴车上的客人是哪家旅行社招徕的没有发言权，赵某没有权利对杜晓某的认知发表意见，应以杜晓某的笔录和视频资料为准。宋某是原告的员工，其陈述不具有证明效力。

对被告举出的证明其执法程序合法的证据（证据3、4、8、10、11、12、13、14、15、16、17），原告对被告执法文的真实性没有异议，对证明内容有异议。对听证笔录和视频资料有异议，不能证明程序的合法性。被告在视频中提及的杜晓某的多个笔录没有在听证过程中展示，被告在现场对原告法定代表人赵某的笔录被告没有提交。对被告执法人员刘某签字的执法记录均不予认可，刘某与原告有个人恩怨。被告反驳原告认为，被告所举证据能证明被告程序合法，举证权利在被告，原告无权干涉。原告所说其法定代表人与被告执法人员有个人恩怨与本案无关，原告也没有举证证明。

被告适用的法律依据是《中华人民共和国旅游法》第九十六条第二款“安排未取得导游证或者领队证的人员提供导游或者领队服务的，由旅游主管部门责令改正，没收违法所得，并处五千元以上五万元以下罚款”以及《旅行社条例》第五十五条第四款“将旅游业务委托给不具有相应资质的旅行社”、第五款“未与接受委托的旅行社就接待旅游者的事宜签订委托合同”，由旅游行政管理部门责令改正，处2万元以上10万元以下的罚款的规定。原告认为被告以原告违反上述法律法规对原告进行处罚适用法律错误，两法律条文之间相互冲突。如果导游是原告提供的，就不存在原告将旅行团委托给其他旅行社的情况。如果是原告委托给其他旅行社的，原告无须对导游的资质接受处罚。被告也没有对适用《旅行社条例》条款对原告进行处罚提交相关事实证据，其缺乏事实理由作出的行政处罚决定不符合法律规定。

合议庭对被告提交的证据评议认为，被告举出的证据、依据能够证明其有权对旅行社违反旅游市场秩序的行为进行处罚，亦能够证明被告在对原告处罚时履行了调查取证、听证、负责人集体讨论等行政程序，且原、被告对此均无异议，合议庭对被告举出证明上述事实的证据、依据予以确认。

被告为证实原告具有违法事实，举出了对杜晓某的询问笔录和现场执法录像。合议庭评议认为，杜晓某陈述其系原告员工宋某所安排的导游，原告予以否认，被告没有其他旁证印证，合议庭对被告提供的该证据的证明力不予认可；另，被告录像显示其执法人员在对原告法定代表人赵某询问时首先是执法人员先说明是“齐河百事通发的团”然后赵某才回答的，且《中华人民共和国行政处罚法》第三十七条第一款规定，行政机关在调查或者检查时，执法人员不得少于两人，并应向当事人或者有关人员出示证件。被告提供的现场视频中，被告工作人员并没有向原告法定代表人赵某出示任何证件，而是直接告诉赵某“齐河百事通”，赵某的回答不能排除是为其齐河百事通营业部作出的有利回答，并不能以此认定是原告对被告确认的违法行为的自认。因此，被告提供的证据不能证实原告下属齐河百事通营业部安排未取得导游证或者领队证的人员提供导游或者领队服务，亦不能充分证实原告有被告认定的“安排未取得导游证或者领队证的人员提供导游或者领队服务”的事实。

另，被告处罚决定认定原告有“将旅游业务委托给不具有相应资质的旅行社”和“未与接受委托的旅行社就接待旅游者的事宜签订委托合同”违法事实存在。合议庭评议认为，被告举出的证据不能充分证实原告有上述违法事实的存在。

经审理查明，2014 年 6 月 19 日，被告根据群众举报在德州市高速东出口对鲁 A××××× 旅游大巴进行现场检查，对车上人员进行了登记，对带团人杜晓某进行了询问，对原告法定代表人赵某进行了询问。2014 年 9 月 17 日被告对原告作出德旅罚告字（2014）第 4 号行政处罚告知书，告知原告拟对原告给予 5 万元罚款、责令停业整顿 1 个月的行政处罚。原告于 2014 年 9 月 22 日向被告提交听证申请，要求进行听证。被告于 2014 年 10 月 16 日举行了听证，2015 年 1 月 8 日局长办公会进行了讨论。2015 年 1 月 15 日被告以原告违反《旅游法》第九十六条第二款和《旅行社条例》第五十五条第四款、第五款的规定对原告作出了德旅罚字（2015）第 2 号行政处罚决定，决定给予原告责令改正、处 5 万元罚款、停业整顿 1 个月的行政处罚。原告不服诉至法院。

【判决与理由】

本院认为，被告作为市级旅游主管部门依法享有对旅游市场实施监督管理的法定职权，有权对旅行社违反旅游市场秩序的行为进行处罚。在对违反旅游市场管理秩序的行为进行处罚时必须认定事实清楚，证据充分。本案中，被告依据录音、录像和现场调查笔录、询问笔录等证据认定原告违反了《旅游法》第九十六条第二款“安排未取得导游证或者领队证的人员提供导游或者领队服务”和《旅行社条例》第五十五条第四款“将旅游业务委托给不具有相应资质的旅行社”和第五款“未与接受委托的旅行社就接待旅游者的事宜签订委托合同”的规定，因而对原告进行了处罚。而被告提交的证据证明不了其所认定的事实，被告对原告作出的行政处罚主要证据不足，依法应予撤销。需要指出的是，被告在适用法律法规上存在瑕疵，《中华人民共和国旅游法》第九十六条不存在第二款应为第（二）项，《旅行社条例》第五十五条亦不存在第四款、第五款，应为第（四）项、第（五）项。原告要求认定被告作出的行政处罚决定无效的诉讼请求，其理由依法不能成立，本院不予支持。依照《中华人民共和国行政诉讼法》（修改前）第五十四条第（二）项第1目之规定，判决如下：

撤销被告德州市旅游局2015年1月15日作出的德旅罚字（2015）第2号行政处罚决定。驳回原告要求认定该行政处罚决定无效的诉讼请求。

案件受理费50元，由被告负担。

如不服本判决，可在判决书送达之日起十五日内提起上诉，向本院递交上诉状，并按对方当事人的人数递交上诉状副本，上诉于山东省德州市中级人民法院。

【本案涉及的法律问题】

一、在本案中，一审法院认定被告旅游局提交的证据证明不了其所认定的事实，被告对原告旅行社作出的行政处罚主要证据不足，依法应予撤销。试问：法院这样判决是否合理？从本案来看，旅游局作出行政处罚决定的基本程序和注意事项是什么？

二、一般地说，行政案件中法定证据有哪些，有什么提交要求？

三、从本案来看，旅游行政主管部门执法人员应遵守哪些行为规范？

四、本案中旅游局在提交证据方面主要存在哪些问题？在行政诉讼案件中行政机关提交证据应当注意什么？

【参考答案与法理分析】

一、在本案中，一审法院认定被告旅游局提交的证据证明不了其所认定的事实，被告对原告旅行社作出的行政处罚主要证据不足，依法判决予以撤销。我们认为，法院这样判决是合理的，于法有据。其根据主要是该涉案旅游局作出的行政处罚决定在程序和证据上都存在不符合法律规定的问题。

从本案来看，旅游局作出行政处罚决定的基本程序和注意事项如下：

首先，旅游主管部门在监督检查、接到举报、处理投诉或者接受移送、交办的案件，发现当事人的行为涉嫌违反旅游法律、法规、规章时，如符合相关条件，应当在7个工作日内立案（案件情况复杂的，经承办机构负责人批准，立案时间可以延长至14个工作日内[①]）。立案时应当考虑条件包括：该行为可能受到行政处罚，行为发生在本部门的管辖范围之内，违法行为未过追责时效（旅游行政处罚的追诉时效为2年[②]）。

其次，调查取证。执法人员在现场检查中若发现旅游违法行为时，认为证据以后难以取得的，可以先行调查取证，并在10日内决定是否立案和补办立案手续。执法人员在调查、检查时，可以采取的措施包括：进入有关场所进行检查、勘验、先行登记保存证据、录音、拍照、录像；询问当事人及有关人员，要求其说明相关事项和提供有关材料；查阅、复制经营记录和其他有关材料。[③]在证据可能灭失或者以后难以取得的情况下，经旅游主管部门负责人批准，执法人员可以采取先行登记保存措施，并移转保存。先行登记保存有关证据，应当当场出具先行登记保存证据决定书，载明先行登记保存证据的名称、单位、数量以及保存地点、时间、要求等内容，送达当事人。对登记保存的证据应当在7日内，及时进行记录、复制、拍照、录像、公证等证据保全措施。需要鉴定的，应依法送交有关机构进行鉴定并将所需时间告知当事人。

调查终结后，应当分情况进行处理：

一是违法事实不成立或违法行为轻微，依法可以不予以行政处罚的。经行政机关依法审批后，作出不予行政处罚决定，向当事人送达《不予行政处罚决定书》。如调查期间已采取证据保全措施的，应解除先行登记保存措施并告知当事人。

二是确有违法行为，应当受到处罚的。首先应当履行先行告知义务，并听取当事人的申辩和陈述。如作出较大数额罚款、没收较大数额违法所得（数额较大是指：对自然人为1万元人民币以上，对法人或者其他组织为5万元人民币以上）、取消出国（境）旅游业务经营资格、责令停业整顿以及吊销许可证、导游证或领队证行政处罚的，应当依法履行听证程序，然后经行政机关依法审批后，作出行政处罚决定。对情节复杂的案件或者因重大违法行为给予公民3万元以上罚款、法人或者其他组织20万元以上罚款，取消出国（境）旅游业务经营资格，责令停业整顿，吊销旅行社业务经营许可证、导游证、领队证等行政处罚的，应当履行旅游主管部门负责人集体讨论程序后作出决定。

---

① 参见：《旅游行政处罚办法》第二十一条。

② 参见：《旅游行政处罚办法》第十八条。

③ 参见：《旅游行政处罚办法》第二十七条。

处罚决定作出后应当向当事人送达《行政处罚决定书》。涉及罚款的，应同时向当事人送达《行政处罚缴款书》。根据《旅游行政处罚办法》第五十一条的规定，行政处罚决定书的内容应当包括：

（一）当事人的姓名或者名称、证照号码、地址、联系方式等基本情况；

（二）违反法律、法规或者规章的事实和证据；

（三）行政处罚的种类和依据；

（四）行政处罚的履行方式和期限；

（五）逾期不缴纳罚款的后果；

（六）不服行政处罚决定，申请行政复议或者提起行政诉讼的途径和期限；

（七）作出行政处罚决定的旅游主管部门名称和作出决定的日期，并加盖部门印章。

如当事人按期履行了行政处罚决定，则行政处罚程序终结，结案归档。如当事人逾期不履行行政处罚决定，旅游主管部门可以按照每日百分之三的标准加处罚款（加处罚款的数额不得超出罚款额），并可以向有管辖权的人民法院申请强制执行。申请强制执行前，旅游主管部门应当以书面形式催告当事人履行义务。催告通知应当载明：履行期限、履行方式；涉及金钱给付的，应当有明确的金额和给付方式。催告书送达10日后当事人仍未履行义务的，可以申请强制执行。

当事人不服行政处罚决定的，有申请行政复议和提起行政诉讼的权利，申请期间行政处罚不停止执行。

三是涉嫌构成犯罪的。经行政机关依法审批后，移送司法机关处理。

法律规定行政执法机关在依法查处违法行为过程中，发现违法事实涉及的金额、违法事实的情节、违法事实造成的后果等，可能涉嫌破坏社会主义市场经济秩序罪、妨害社会管理秩序罪等罪，依法可能追究刑事责任的，必须依法向公安机关移送。

根据我国《刑法》的规定，破坏社会主义市场经济秩序罪包括：生产、销售伪劣商品罪，走私罪，妨害对公司、企业的管理秩序罪，破坏金融管理秩序罪，金融诈骗罪，危害税收征管罪，侵犯知识产权罪，扰乱市场秩序罪。妨害社会管理秩序罪包括：扰乱公共秩序罪，妨害司法罪，妨害国（边）境管理罪，妨害文物管理罪，危害公共卫生罪，破坏环境资源保护罪，走私、贩卖、运输、制造毒品罪，组织、强迫、引诱、容留、介绍卖淫罪，制作、贩卖、传播淫秽物品罪。

根据《行政执法机关移送涉嫌犯罪案件的规定》第六条规定，行政执法机关向公安机关移送涉嫌犯罪案件，应当附有下列材料：

（一）涉嫌犯罪案件移送书；

（二）涉嫌犯罪案件情况的调查报告；

（三）涉案物品清单；

（四）有关检验报告或者鉴定结论；

（五）其他有关涉嫌犯罪的材料。

行政处罚程序终结后，应当制作结案报告，报告内容应当包括：案由、案源、立案时间、当事人基本情况、主要案情、案件办理情况、复议和诉讼情况、执行情况、承办人结案意见等内容。结案后应当立卷归档，做到一案一卷，文书齐全，手续完备，装订规范。案卷材料可以分为正卷、副卷。主要文书、外部程序的材料立正卷，请示报告与批示、集体讨论材料、涉密文件等内部程序的材料立副卷。案卷应当统一归档，任何单位、个人不得非法修改、增加、抽取案卷材料。

在本案中，旅游局在执法时，工作人员未出示执法证，其取得的笔录证据上没有行政相对人的签字，而是执法人员代签；录相资料中的时间显示也存在不一致的问题。诸如此类的证据形式上的瑕疵，不能充分证明旅游行政部门认定的违法事实，因而据此事实而作出的行政处罚便失去事实基础，被法院判决撤销并无不当。这警示行政执法人员，在执法程序和作出行政处罚程序方面，都要严格按照法定程序行事，否则，即使行政相对人有违法行为，也有可能因行政执法人员的程序违法而使其违法行为得不到应得的处罚。行政执法人员要充分认识程序正义的价值，并坚持程序正义优于实体正义的原则，以法治思维方式分析和处理相关问题。

二、依据现行法律规定，行政诉讼案件的证据类型一共有 7 种，包括：书证、物证、视听资料、证人证言、当事人的陈述、鉴定结论、勘验笔录和现场笔录。[①] 每一类证据都必须符合法定的提交要求。

1. 书证提交要求

（一）提供书证的原件，原本、正本和副本均属于书证的原件。提供原件确有困难的，可以提供与原件核对无误的复印件、照片、节录本。

（二）提供由有关部门保管的书证原件的复制件、影印件或者抄录件的，应当注明出处，经该部门核对无异后加盖其印章。

（三）提供报表、图纸、会计账册、专业技术资料、科技文献等书证的，应

① 参见：《中华人民共和国行政诉讼法》第三十一条。

当附有说明材料。

（四）被告提供的被诉具体行政行为所依据的询问、陈述、谈话类笔录，应当有行政执法人员、被询问人、陈述人、谈话人签名或者盖章。

2. 物证提交要求

（一）提供原物。提供原物确有困难的，可以提供与原物核对无误的复制件或者证明该物证的照片、录像等其他证据。

（二）原物为数量较多的种类物的，提供其中的一部分。

3. 视听资料提交要求

（一）提供有关资料的原始载体。提供原始载体确有困难的，可以提供复制件。

（二）注明制作方法、制作时间、制作人和证明对象等。

（三）声音资料应当附有该声音内容的文字记录。

（四）外国语视听资料的，应当附有由具有翻译资质的机构翻译的或者其他翻译准确的中文译本，由翻译机构盖章或者翻译人员签名。

4. 证人证言、当事人的陈述提交要求

（一）写明证人的姓名、年龄、性别、职业、住址等基本情况。

（二）有证人的签名，不能签名的，应当以盖章等方式证明。

（三）注明出具日期。

（四）附有居民身份证复印件等证明证人身份的文件。

5. 鉴定结论提交要求

被告向人民法院提供的在行政程序中采用的鉴定结论，应当载明委托人和委托鉴定的事项、向鉴定部门提交的相关材料、鉴定的依据和使用的科学技术手段、鉴定部门和鉴定人鉴定资格的说明，并应有鉴定人的签名和鉴定部门的盖章。通过分析获得的鉴定结论，应当说明分析过程。

6. 勘验笔录和现场笔录提交要求

被告向人民法院提供的现场笔录，应当载明时间、地点和事件等内容，并由执法人员和当事人签名。当事人拒绝签名或者不能签名的，应当注明原因。有其他人在现场的，可由其他人签名。法律、法规和规章对现场笔录的制作形式另有规定的，从其规定。[①]

三、关于旅游行政主管部门的执法人员应当遵守的行为规范，可作如下分析：

---

① 参见：《最高人民法院关于行政诉讼证据若干问题的规定》第十条至十五条，第十七条。

首先，法律对旅游执法人员的执法行为有严格的要求。根据《旅游行政处罚办法》第二十八条的规定，执法人员在调查、检查时，应当遵守下列规定：

（一）不得少于两人；

（二）佩戴执法标志，并向当事人或者有关人员出示执法证件；

（三）全面、客观、及时、公正地调查违法事实、违法情节和危害后果等情况；

（四）询问当事人时，应当告知其依法享有的权利；

（五）依法收集与案件有关的证据，不得以诱导、欺骗等违法手段获取证据；

（六）如实记录当事人、证人或者其他有关人员的陈述；

（七）除必要情况外，应当避免延误团队旅游行程。

其次，在作出行政处罚时应当秉承审慎的原则。在作出决定前，旅游主管部门应当以书面形式告知当事人作出行政处罚决定的事实、理由、依据，应当充分听取当事人的陈述和申辩并制作笔录，对当事人提出的事实、理由和证据，应当进行复核。当事人提出的事实、理由或者证据成立的，应当予以采纳；不能成立而不予采纳的，应当向当事人说明理由。不得因当事人申辩而加重处罚。旅游主管部门还可以就违法行为的性质、情节、危害后果、主观过错等因素，以及选择的处罚种类、幅度等情况，向当事人作出说明。

四、在本案中，涉案旅游局在提交证据方面存在的问题，可作如下分析：

在本案中，被告旅游局向法庭提交了视频资料、书证、现场笔录等多份证据，但对比法律要求，可以发现，其中有些证据存在瑕疵甚至缺陷，其中比较突出的有两方面的问题：

第一，现场执法视频。这些视频原本旨在证明作为被告的旅游行政执法人员，其执法行为合法合规，处置得当，而原告的法定代表人对违法事实亲口承认，供认不讳。但是，这些视频不仅在证据形式上存在缺陷，即这些视频不是原始载体，没有注明制作方法、制作时间、制作人和证明对象，而且经对比可发现，执法视频中显示的时间与行政处罚决定书所载时间明显不符。更为有意思的是，视频内容中现场执法人员在询问原告的法定代表人时有不当行为，存在诱导性提问嫌疑。

第二，现场检查笔录，提交形式上存在缺陷。即这些笔录上没有执法人员签名，并且出现了执法人员“代替”被询问对象签名的情况。或许这只是执法人员的一时失误，为图方便，信手写上的。或许是因为笔录内容记载有误，当事人不认可，拒绝签字，执法人员无奈只好自己签字。又或许笔录内容和签字都是执法人员事后补写的。无论真实情况如何，由于证据形式上存在的这些缺陷，必然会引起裁判者对证据的合法有效性表示怀疑，导致其提供的证据存疑，证明力大大下降，甚至不被采信。

在当今我国深化司法体制改革的大背景下，特别强调“以审判为中心”，审判的核心就是对证据进行审查和质证，审查其是否合法有效。若是非法证据，就要予以排除。而案件各方当事人的角力点也是在举证质证方面。可以说，证据乃是案件的核心。有法官说：“审案子，就是审证据。”证据不仅要符合前述法定提交要求，在形式上做到合法有效，在法庭上还需经受“证据三性”的检验，即：真实性、合法性、关联性。上述本案的两份重要证据执法视频和现场笔录因为不符合法定提交要求，证据形式上存在缺陷，导致真实性、合法性存疑。

“证据三性”不仅是裁判者审查涉案证据的标准，也应当是证据筛选的重要考量依据。行政机关在选择提交证据时，应当预先审查证据的真实性、合法性、关联性。对于存在形式缺陷，其真实性、合法性存疑的证据，如与案件的关联性不强，或不是不可替代的证据，能不提交可以不提交。

经验表明，当一个案件事实有多份证据证明时，将证据全部打包提交，并不一定是最佳的选择。提交时应当从“证据三性”的角度，对各个证据进行严格审查，避免出现证据之间的矛盾和冲突。若单一证据可以完成证明任务的，不用提交其他证据。

由于行政诉讼案件的特殊性，原被告在掌握资源和证据收集能力上存在很大差异。大量证据往往都掌握在作为被告的行政机关一方。行政机关在提交证据时，如不加选择，则可能出现：被告（行政机关）将一份证据作为证明事实A的证据提交法院，后来，这份证据又被原告（行政相对人）作为证明事实B的证据使用。行政诉讼法及相关证据规则要求行政机关承担较多的举证义务，履行较高的证明责任，行政机关在行政诉讼中需要完成的任务是，证明其作出的行政行为合法有效，是一个“证是”的过程。而行政相对人需要完成的任务则是，找出行政机关行为的不当之处，证明行政行为违法，是一个“证否”的过程。一般“证是”难，而“证否”易。如同攻城对战，一方守城，必须一丝不苟，不出一丝差错，才可万无一失；另一方攻城，只要找寻一个漏洞或突破口，即有可能突破整条防线。行政机关如同守城一方，为保城池不失，应当缩短战线，重点布防。证据在精而不在多，多一份证据就可能多一份证明责任。所以，行政机关应当对证据进行合理的甄别和筛选，用最少的证据完成证明任务，是为上策。

此外，原告在质证中对被告作出行政行为的法律依据也颇有质疑，认为其援引的法律规制之间存在冲突，不可能同时适用在一个案件中。被告适用的法律依据是《中华人民共和国旅游法》第九十六条第二款，涉及对安排未取得导游证或者领队证的人员提供导游或者领队服务的处罚。《旅行社条例》第五十五条第四款，涉及将旅游业务委托给不具有相应资质的旅行社的处罚。三个法律条文，针对三个违法事实，是三个不同的行政处罚。行政机关在援引法律条文时，应当首先确定当事人的具体违法事实，按照最密切联系的原则，选择最适合的法律依据，避免出现法条的盲目堆砌，导致违法事实不清，适用法律不明。

判例22　状告旅游局等行政侵权，旅游公司的索赔未获法院支持

【案件索引】

呼伦贝尔市中级人民法院（2015）呼行终字第 8 号：大帐汗公司与发改局、旅游局、工商局、草原明珠公司撤销经营性服务价格收费证及行政赔偿纠纷二审行政判决书。

【基本案情】

上诉人新巴尔虎右旗金海岸大帐汗度假村有限责任公司、上诉人新巴尔虎右旗发展和改革局因撤销经营性服务价格收费证及行政赔偿纠纷一案，不服新巴尔虎右旗人民法院（2014）新右行初字第 6 号行政判决，于 2015 年 3 月 6 日向本院提起上诉，本院受理后，依法组成合议庭，于 2015 年 4 月 10 日公开开庭审理了本案，本案现已审理终结。

一审法院经审理查明，根据原告新巴尔虎右旗金海岸大帐汗渡假村有限责任公司（以下简称大帐汗公司）提出申请法院向内蒙古自治区新巴尔虎右旗工商行政管理局（以下简称工商局）调取的证据，即原告大帐汗公司与第三人新巴尔虎右旗草原明珠旅游开发管理有限责任公司（以下简称草原明珠公司）设立、变更登记的相关材料，查明原告大帐汗公司与第三人草原明珠公司设立登记时间分别为 2005 年 10 月 10 日和 2008 年 5 月 14 日，双方企业法人营业执照的经营范围内均未被核准审批“旅游景区的管理与经营”这一项目。2009 年 3 月 15 日原告大帐汗公司被工商局依法吊销企业法人营业执照。2014 年 3 月 28 日第三人草原明珠公司的经营范围进行了变更登记，在原有的基础上增加一项即“旅游景区的管理与经营”。本案作出被诉具体行政行为的行政机关为被告新巴尔虎右旗发展和改革局（以下简称发改局），原告大帐汗公司从未向被告发改局申请办理过该景区“经营性服务价格收费证”事宜。2011 年 5 月第三人

草原明珠公司向被告发改局申请办理“经营性服务价格收费证”，并提供其企业法人营业执照、组织机构代码证、金海岸景区经营管理权转让协议，根据呼伦贝尔市工商行政管理局呼工商费字（2009）24 号文件和呼伦贝尔价格认证中心呼价认证字（2009）24 号文件，被告发改局依照《内蒙古自治区经营性服务价格管理办法》的相关规定，于 2011 年 6 月 9 日向第三人草原明珠公司发放了证号为 B03-12-005 的“内蒙古自治区经营性服务价格收费证”，有效日期为 2011 年 5 月至 2014 年 3 月，认定其收费性质是经营性收费。根据被告新巴尔虎右旗旅游局（以下简称旅游局）新右旅发（2006）41 号文件，查明 2001 年新巴尔虎右旗旗委、政府根据呼伦湖西岸湖水、沙滩、草原以及当地独具特色的巴尔虎民俗风情等资源特色，将此景区正式命名为“金海岸旅游景区”，并进行了规划和开发。自 2002 年以来，景区内基础设施投资额已达 2000 余万元，接待设施日益改进，档次明显提高，相继开发了大帐汗蒙古营、呼伦艾里、王爷府、达赉湖民俗旅游点、牧歌草原度假村 5 处旅游接待点。被告旅游局于 2002 年 7 月 4 日取得该景区门票收取标准每人次 8 元的批复。年审报告书中体现：有效日期 2005 年 7 月至 2008 年 3 月。被告旅游局从 2006 年开始提出上调景区门票价格的请示，2007 年被国家旅游局评定为 AA 级景区，2009 年 8 月 7 日呼伦贝尔市工商行政管理局作出景区门票收费标准每人次 20 元的批复。工商部门与物价管理部门合并后变一个牌子，其两个部门职能分离，即工商行政管理职能与物价管理职能分别管理，2010 年 6 月 21 日物价管理部门划转到发改部门，同时物价管理人员与职能全部划转。

一审法院认为，根据《关于加强经营性服务价格收费证管理的通知》《内蒙古自治区经营性服务价格管理办法》（内蒙古自治区人民政府令第 159 号）的相关规定，“内蒙古自治区经营性服务价格收费证”是确认实施政府定价、政府指导价的经营性服务收费单位开展经营性服务活动并实施收费的合法凭证，由自治区发展和改革委员会统一印制，各级价格主管部门审核发放，其核发范围是实行政府指导价、政府定价的经营性服务价格。被告发改局在其职权范围内向第三人草原明珠公司审核发放该证的办理流程当中，未尽到充分审查审核义务，在第三人草原明珠公司企业法人营业执照的经营范围内不含“旅游景区的管理与经营”项目的情形下，向第三人草原明珠公司颁发证号为 B03-12-005 的“内蒙古自治区经营性服务价格收费证”，而颁发该证的前提是申请人必须具有经营旅游景区的主体资格，本案第三人草原明珠公司在申请颁发“内蒙古自治区经营性服务价格收费证”时并不具备经营旅游景区的资格，故被告发改局作出该具体行政行为的主要证据不足，依照《中华人民共和国行政诉讼法》

第五十四条第（二）项第1目的规定，颁发该“内蒙古自治区经营性服务价格收费证”的具体行政行为应予撤销。但根据《最高人民法院关于执行〈中华人民共和国行政诉讼法〉若干问题的解释》第五十七条第二款“有下列情形之一的，人民法院应当作出确认被诉具体行政行为违法或者无效的判决：（一）……；（二）被诉具体行政行为违法，但不具有可撤销内容的；（三）……”的规定，现该证有效期限已过，不具有可撤销内容，应当作出确认被告发改局作出的该具体行政行为违法的判决。根据《最高人民法院关于执行〈中华人民共和国行政诉讼法〉若干问题的解释》第四十二条“公民、法人或者其他组织不知道行政机关作出的具体行政行为内容的，其起诉期限从知道或者应当知道该具体行政行为内容之日起计算。其他具体行政行为从作出之日起超过5年提起诉讼的，人民法院不予受理。”的规定，原告大帐汗公司的起诉并没有超过起诉期限，故被告发改局、被告旅游局与第三人草原明珠公司对原告大帐汗公司的起诉已超过诉讼保护的起诉期限的答辩理由不能成立，法院依法不予支持。原告大帐汗公司提出的行政侵权赔偿请求，根据《中华人民共和国行政诉讼法》第六十八条第一款赔偿主体“行政机关或者行政机关工作人员作出的具体行政行为侵犯公民、法人或者其他组织的合法权益造成损害的，由该行政机关或者该行政机关工作人员所在的行政机关负责赔偿”的规定，被告旅游局、被告工商局与第三人草原明珠公司不是本案颁发“经营性服务价格收费证”的行政机关，故不是行政赔偿诉讼的赔偿义务机关。原告大帐汗公司因其未向被告发改局申请“经营性服务价格收费证”，故被告发改局作出的被诉具体行政行为未侵犯原告大帐汗公司的门票收益权，原告大帐汗公司提出被告发改局、被告旅游局、被告工商局、第三人草原明珠公司承担因侵权造成损失1500万元的诉讼请求不能成立，法院依法不予支持。依照《中华人民共和国行政诉讼法》第六十八条第一款、《最高人民法院关于执行〈中华人民共和国行政诉讼法〉若干问题的解释》第五十七条第二款第（二）项之规定，判决：一，确认被告新巴尔虎右旗发展和改革局2011年6月9日向第三人新巴尔虎右旗草原明珠旅游开发管理有限责任公司颁发的证号为B03-12-005的“内蒙古自治区经营性服务价格收费证”的具体行政行为违法；二，驳回原告要求被告新巴尔虎右旗发展和改革局、被告新巴尔虎右旗工商行政管理局、被告新巴尔虎右旗旅游局与第三人新巴尔虎右旗草原明珠旅游开发管理有限责任公司赔偿因侵权造成损失1500万元的诉讼请求。

上诉人大帐汗公司上诉称，一审法院认定事实不清，适用法律错误。一，2006年自治区旅游局考核景区等级，依据大帐汗公司的投资规模、接待能力、服务内容、硬件环境批准金海岸为 AA 景区，金海岸才称为景区，才具备门票的收费条件。门票收费的目的是“用来补偿景区投资成本和基础设施的维修维护”。二，2005 年 7 月大帐汗公司对金海岸投资建设景区时，旅游局就申请景区门票许可证，2006 年景区基础设施建设完工，招商引资建设的投资利润，便成了旅游局的部门收入。旅游局与草原明珠公司合伙侵占了 2006 年、2007 年金海岸景区的门票收入，侵犯了企业经营自主权。三，鉴于行政机关办理门票收费许可证不具有合法性，于良是自然人，被旅游局委托成旅游局“经营管理权”的授托人。2008 年旅游局与草原明珠公司签订《转让协议》，继续收取门票的行为违反了《中华人民共和国民法通则》第七十一条、第七十五条的规定，侵犯了大帐汗公司景区财产经营管理权，该《转让协议》是违法的、无效的。四，金海岸景区只有一个投资主体和法人经营主体，就是大帐汗公司，只有大帐汗公司具备申领“经营性价格收费证”的资格。工商局依据旅游局的《转让协议》吊销了大帐汗公司的营业执照，把大帐汗公司的经营财产写进草原明珠公司的经营范围并注册为有限责任公司，工商局未依法审查其真实性，对不符合条件的申报予以登记，为草原明珠公司注册公司执照，剥夺了大帐汗公司申领“经营性价格收费证”的资格，工商局违法吊销、违法颁证，应承担侵权赔偿责任。五，发改局依据旅游局的《转让协议》为草原明珠公司颁发“经营性价格收费证”，成为违法颁证者，应承担部分侵权赔偿责任。六，草原明珠公司在没有合法准入金海岸景区的许可文件、许可用地的条件下，强占大帐汗公司经营用地范围，取得公司注册，取得收费证，进行了 9 年的侵害，应依法追究其法律责任。综上，根据《最高人民法院关于审理行政许可案件若干问题的规定》第十三条，旅游局、发改局、工商局共同作出行政侵权行为，使大帐汗公司在 2006 年至 2014 年丧失财产收益达 1500 万元以上，依据《中华人民共和国行政诉讼法》第六十八条第 1 款的规定，四被上诉人应赔偿大帐汗公司被非法侵占 9 年的经济损失 1500 万元。请求二审法院查明事实，正确适用法律，支持大帐汗公司的上诉请求。上诉请求：一，依法撤销新巴尔虎右旗人民法院（2014）新右行初字第 6 号行政判决书第二项，改判四被上诉人赔偿大帐汗公司经济损失 1500 万元；二，二审诉讼费由四被上诉人承担。

被上诉人发改局庭审答辩称，大帐汗公司叙述的事实不能成立，发改局严格履行了审查义务，并且按照《内蒙古自治区经营性服务价格管理办法》核发的证照，发改局作出的具体行政行为程序合法。大帐汗公司的上诉请求不能成立，请求二审法院依法驳回大帐汗公司的上诉请求。

被上诉人旅游局庭审答辩称，旅游局并非行政行为的实施人及相对人，原审判决认定事实清楚，适用法律正确，程序合法，大帐汗公司的请求无事实依据、法律依据，上诉理由不成立，应予驳回。

被上诉人工商局、被上诉人草原明珠公司的答辩意见与被上诉人旅游局的答辩意见一致。

上诉人发改局上诉称，一，发改局颁发给草原明珠公司的“经营性服务价格收费证”不存在违法情形，发改局严格履行了审查义务，按照《内蒙古自治区经营性服务价格管理办法》规定的办证程序核发。发改局在一审开庭中提交的《经营管理权转让协议》明确了草原明珠公司具有管理权，该管理权又经呼伦贝尔市工商局呼工商费字（2009）24号文件和呼伦贝尔市价格认证中心呼价认证字第（2009）24号文件的批复，所以草原明珠公司的收费行为是依法获得的，根据《经营性价格管理办法》中的办证程序没有要求工商部门应先进行批复的强制性规定。一审法院认为草原明珠公司不具备经营旅游景区资格，给其颁发“经营性价格收费证”的行为违法是错误的。二，大帐汗公司虚构事实，其依据事实不能成立。金海岸景区自2002年由新右旗政府开发，并对该景区进行道路改造、通电、景区围栏、景区大门、景区内基本设施的建设，2002年旅游局开始收取门票。大帐汗公司是在2006年入驻景区的，入驻前后大帐汗公司都清楚进入景区收取门票，现大帐汗公司认为其是全部景区的投资方，按照谁投资谁受益的说法，大帐汗公司应享有景区门票的收益权。但金海岸景区共有5家经营户，大帐汗公司只是其中一家，大帐汗公司表示认可，同时根据大帐汗公司举证的《开发协议书》第一条，也佐证了大帐汗公司只是获得了金海岸景区内的一个经营户的经营权利。现大帐汗公司虚构获得了整个景区的经营权，认为发改局发证或旅游局转让经营权侵犯了其合法权益，要求撤销收费证并赔偿损失1500万元，所依据的事实不能成立。三，大帐汗公司的诉讼请求超过法定时效。一审开庭过程中，大帐汗公司当庭陈述是在2013年1月知道的，根据法律规定大帐汗公司应当在知道后的三个月内提起诉讼，大帐汗公司起诉时间为2013年9月，已超过诉讼时效。一审法院适用了《最高人民法院关于执行〈中华人民共和国行政诉讼法〉若干问题的解释》第四十二条的规定，认为大帐汗公司不知道发改局的颁证行为而适用五年的规定，与法庭查明的事实完全不符，望二审法院依照法律规定予以改判。综上，发改局作出的具体行政行为程序合法，一审认定违法缺少法律依据。大帐汗公司依据的事实不存在，超过诉讼时效。因此，上诉请求：撤销新右旗法院（2014）新右行初字第6号行政判决书，依法改判。

被上诉人大帐汗公司庭审答辩称，发改局的上诉请求没有事实基础和法律依据，应当依法驳回其上诉请求。一，2005 年 4 月大帐汗公司根据政府立项和土地审批，开始建设金海岸景区，总投资达到 1000 多万元，足以证明大帐汗公司是金海岸景区唯一、实际的投资人。2006 年以前金海岸景区从未收取过门票，2006 年开始正式收取门票。发改局称金海岸景区自 2002 年就进行了道路改造与事实不符，2002 年新右旗政府没有对金海岸景区进行任何投资，当时景区是一个自然状态。一审查明道路是在 2006 年大帐汗公司对金海岸景区进行大规模建设完成以后，新右旗政府根据协议而建设的配套工程。现在金海岸景区内有 4 家经营户。二，《转让协议》是违法协议，草原明珠公司的营业执照是新右旗的营业执照，不是金海岸的营业执照，该营业执照是违法注册的。论证报告中的营业项目和资料都是大帐汗公司的资产项目。价格批复景区门票每人 20 元，是批给旅游局和工商局的，不是给草原明珠公司的，所以草原明珠公司收取门票的行为是不合法的，发改局发证是违法的行为。三，关于诉讼时效的问题。根据《行政诉讼法》第四十二条的规定，大帐汗公司的请求符合法律规定，发改局认为大帐汗公司超过诉讼时效的上诉请求与法律规定不相符。综上，希望二审法院驳回发改局的上诉请求。

原审被告旅游局述称，发改局履行形式审查及颁发经营性收费证并非行政许可行为，经营性价格收费证在 2014 年 3 月已经失效，不具备可撤销性。原审对发改局的判决有瑕疵，同意发改局的上诉意见。

原审被告工商局、原审第三人草原明珠公司的陈述意见与旅游局陈述意见一致。

经审理查明，2005 年 4 月 1 日新巴尔虎右旗人民政府召开会议，专题研究金海岸旅游景区招商优惠政策事宜，并形成会议纪要。会议决定为金海岸别墅部落提供通电、通水、通路的便利条件，景区土地可以使用 25 年，免收景区内使用草场的相关费用。2005 年 4 月 2 日于秋军以呼伦贝尔神洲旅行社有限公司（乙方）的名义与新巴尔虎右旗人民政府（甲方）签订《关于共同开发金海岸旅游景区部分区域旅游资源的协议书》，约定：由甲方提供金海岸旅游景区现达布席乐图民俗旅游点以南地段的开发经营权，供乙方投资开发建设水上娱乐、餐饮业、住宿业、民族歌舞表演、文艺节目等旅游项目。2005 年呼伦贝尔神洲旅行社有限公司设立大帐汗公司，2005 年 9 月 26 日大帐汗公司取得企业法人营业执照，经营范围：娱乐、餐饮、住宿，国家法律法规规定应经审批的未获得审批前不得生产经营。2009 年 3 月 15 日工商局作出新右工商企处字（2009）第 01 号行政处罚决定书，因大帐汗公司逾期未年检，对其处罚吊销营业执照。

2006 年 5 月 29 日旅游局作出新右旅发（2006）28 号《关于金海岸景区经

营管理权对外承包的通知》，内容为：经旗委、旗政府研究同意，2006年4月旅游局与天津市惠信通商贸有限公司就金海岸旅游景区经营权承包事宜签订协议，旅游局将金海岸景区经营权有期限、有条件、有偿承包给天津市惠信通商贸有限公司经营，天津市惠信通商贸有限公司负责景区门票经营、景区内卫生管理、景区秩序监管等工作，将于2006年5月31日正式开始收费，对外开放经营。天津市惠信通商贸有限公司设立了草原明珠公司，2008年5月14日草原明珠公司取得企业法人营业执照，经营范围：住宿、餐饮、娱乐服务、旅游产品的经销，《食品卫生许可证》《特种行业证》（在许可有效期内从事经营活动）、国家法律法规规定应经审批的未获得审批前不得生产经营；营业期限：自2008年5月14日至2018年5月13日。2008年5月22日旅游局（甲方）与草原明珠公司（乙方）签订《金海岸景区经营管理权转让协议》，内容为：甲方将本辖区内的金海岸旅游景区经营权和管理权在本协议期内有条件、有偿转让给乙方，甲方转让景区经营权只是在自身拥有景区财产权的权利范围内，将其中的景区经营权有期限、有条件、有偿地让渡给乙方，转让期限自2008年11月1日起至2016年10月31日止，共计8年。2010年3月10日草原明珠公司向工商局提交公司变更登记申请书，申请将该公司的实收资本变更为30万元。2011年6月9日发改局为草原明珠公司颁发证号为B03-12-005的“内蒙古自治区经营性服务价格收费证”，有效日期为2011年5月至2014年3月。

2002年7月8日呼伦贝尔市物价局向新巴尔虎右旗物价局、旅游局作出呼价费字（2002）48号文件，即《关于对旅游景点门票收取标准的批复》，批复金海岸旅游景点门票收取标准每人每次为8元。内蒙古自治区发展和改革委员会为旅游局发放证号为B03-12-0002号的收费许可证，收费项目：金海岸景区门票、拴马桩景区门票，日期2005年7月至2008年3月。2007年12月5日内蒙古自治区旅游局作出内旅规划发（2007）46号《关于批准2007年内蒙古自治区第一批A级旅游区（点）的通知》，批准新巴尔虎右旗呼伦湖金海岸旅游景区为AA级旅游区。2009年5月21日旅游局作出新右旅发（2009）27号文件，向工商局请示上调金海岸旅游景区门票价格。2009年6月1日工商局作出新右工商局字（2009）10号文件，向呼伦贝尔市工商行政管理局申请提高金海岸旅游景区门票价格。2009年8月3日呼伦贝尔市价格认证中心根据草原明珠公司的委托，作出呼价认证字（2009）24号《关于呼伦湖金海岸旅游景区门票价格的可行性论证报告》，建议将呼伦湖金海岸旅游景区门票价格由8元/人次调整为20元/人次。2009年8月7日呼伦贝尔市工商行政管理局作出呼工商费字（2009）24号文件《对呼伦湖金海岸旅游景区门票收费标准的批复》，批复该景区门票收费标准为 20 元 / 人次。

另查明，大帐汗公司在营业执照被吊销后，于 2009 年 6 月 15 日在工商局注册个体工商户营业执照，名称为阿拉坦额莫勒镇金海岸度假村，经营者姓名为王宇。

又查明，从工商局调取本案中提及的经营户的信息：阿拉坦额莫勒镇金海岸呼伦艾力旅游点，经营场所是金海岸旅游景区，经营范围是景区服务、水上服务、饮食服务，执照有效期是 2002 年 6 月 26 日至长期；新巴尔虎右旗呼伦湖金海岸王爷府生态旅游度假村，经营场所是西旗满西公路 95 公里处，经营范围是旅游、中餐、娱乐、服务，执照有效期是 2003 年 6 月 26 日至长期；阿拉坦额莫勒镇达赉湖民俗旅游点，经营场所是金海岸旅游景区大门南侧，经营范围是中餐、烟酒、饮食服务，执照有效期是 2005 年 7 月 12 日至长期；新巴尔虎右旗牧歌草原旅游有限责任公司，住所地是旅游局办公楼，经营范围是水上游艇、沙滩摩托、湖边休闲娱乐项目及旅游商品销售，成立日期是 2006 年 6 月 1 日，经营截止日期是 2030 年 5 月 31 日。

上诉人大帐汗公司、上诉人发改局、被上诉人旅游局、被上诉人工商局、被上诉人草原明珠公司在二审期间均未提交新证据。

【判决与理由】

关于发改局给草原明珠公司颁发“内蒙古自治区经营性服务价格收费证”的问题。发改局在草原明珠公司的经营范围不包括旅游景区管理与经营的情况下，向草原明珠公司发放“内蒙古自治区经营性服务价格收费证”，未尽到必要的审查义务，发改局作出该具体行政行为违法。另该“内蒙古自治区经营性服务价格收费证”的有效日期是 2011 年 5 月至 2014 年 3 月，现已超过有效期，不具有可撤销内容。

关于发改局、旅游局、工商局、草原明珠公司是否存在侵权的问题。根据《中华人民共和国行政诉讼法》第六十八条第一款的规定，旅游局、工商局、草原明珠公司不是颁发“内蒙古自治区经营性服务价格收费证”的行政机关，不是赔偿义务机关。大帐汗公司从未向发改局申请金海岸景区门票的“内蒙古自治区经营性服务价格收费证”，大帐汗公司亦不能证明发改局向草原明珠公司颁发“内蒙古自治区经营性服务价格收费证”的具体行政行为侵犯了其合法权益，故对大帐汗公司主张发改局、旅游局、工商局、草原明珠公司赔偿其经济损失的请求，不予支持。

关于起诉期限的问题。2011年6月9日发改局为草原明珠公司颁发“内蒙古自治区经营性服务价格收费证”，大帐汗公司称其当时不知道该具体行政行为，而是在2013年1月才知道此事，依照《最高人民法院关于执行〈中华人民共和国行政诉讼法〉若干问题的解释》第四十一条的规定，大帐汗公司的起诉并未超过起诉期限。

综上，原审判决审判程序合法，判决结果正确，上诉人大帐汗公司、上诉人发改局的上诉理由不能成立。依照《中华人民共和国行政诉讼法》第六十一条第（一）项之规定，判决如下：

一、维持新巴尔虎右旗人民法院（2014）新右行初字第6号行政判决；

二、驳回上诉人新巴尔虎右旗金海岸大帐汗度假村有限责任公司的其他诉讼请求。

本判决为终审判决。

【本案涉及的法律问题】

一、在本案中，一、二审法院均判决涉案发改局批准草原明珠公司收费证的具体行政行为违法，而没有判决撤销该具体行政行为，这样判决是否合理，是否有法律依据？

二、本案中涉及到经营性服务价格收费证问题，试问：发改局或物价局等相关部门颁发这样的收费证需要具备哪些条件？

三、本案中一审原告大帐汗公司提出相关涉案机关和公司涉嫌行政侵权，诉请予以赔偿，没有得到法院的支持，为什么？

四、本案中涉及到起诉期限问题，试问：我国法律对起诉期限主要有哪些规定，本案一、二审法院对原告起诉期限的认定是否得当？为什么？

【参考答案与法理分析】

一、在本案中，一、二审法院均判决涉案发改局批准草原明珠公司收费证的具体行政行为违法，而没有判决撤销该具体行政行为，这样判决是合理的，有法律依据。理由是，根据《关于加强经营性服务价格收费证管理的通知》《内蒙古自治区经营性服务价格管理办法》（内蒙古自治区人民政府令第159号）相关规定，“内蒙古自治区经营性服务价格收费证”是确认实施政府定价、政府指导价的经营性服务收费单位开展经营性服务活动并实施收费的合法凭证，由自治区发展和改革委员会统一印制，各级价格主管部门审核发放，其核发范围是实行政府指导价、政府定价的经营性服务价格。而本案中的被告发改局在其职权范围内向第三人草原明珠公司审核发放该证的办理流程当中，未尽到充分审查、审核义务，在草原明珠公司企业法人营业执照的经营范围内不含“旅游景区的管理与经营”项目的情形下，向该公司颁发证号为 B03-12-005 的“内蒙古自治区经营性服务价格收费证”，而颁发该证的前提是申请人必须具有经营旅游景区的主体资格，但该公司在申请颁发“内蒙古自治区经营性服务价格收费证”时并不具备经营旅游景区的资格，故发改局作出该具体行政行为的主要证据不足，依照《中华人民共和国行政诉讼法》第五十四条第（二）项第 1 目的规定，颁发该“内蒙古自治区经营性服务价格收费证”的具体行政行为应予撤销。但是，在作出此判决时，该收费证有效期已过，不具有撤销的内容，因此，法院根据《最高人民法院关于执行〈中华人民共和国行政诉讼法〉若干问题的解释》第五十七条第二款的规定，即“有下列情形之一的，人民法院应当作出确认被诉具体行政行为违法或者无效的判决：（一）……；（二）被诉具体行政行为违法，但不具有可撤销内容的……”，作出了确认被告发改局作出的该具体行政行为违法的判决，并无不当。

二、本案中涉及到经营性服务价格收费证问题。试作分析如下：

根据《内蒙古自治区经营性服务价格管理办法》第二条的规定，经营性服务价格，是指经营者以提供场所、设施、技术、信息、知识、劳务、中介、传递等方式开展有偿服务的收费。经营性服务价格包括三种方式：政府指导价、政府定价、市场调节价。其中，政府指导价、政府定价适用于：重要的公用事业服务价格和公益性服务价格；不具备市场竞争条件或者市场竞争不充分的重要经营性服务价格；自治区人民政府确定的其他经营性服务价格。政府指导价、政府定价的经营性服务价格实行目录管理。根据《内蒙古自治区发展和改革委员会关于规范和调整我区旅游景区门票等服务价格管理的通知》公布的《内蒙古自治区实行政府指导价管理的景区名单》，本案涉及的呼伦湖“金海岸”旅游景区（新右旗），属于公共资源，实行政府指导价。根据 2008 年 10 月 1 日实施的《内蒙古自治区经营性服务价格管理办法》（以下简称《办法》）的规定，政府指导价、政府定价的经营性服务价格，实行经营性服务价格收费证管理制度。经营者应当在营业后 30 日内，向政府价格主管部门领取经营性服务价格收费证。该收费证的审核、颁发、年审等问题《办法》未做规定，而是交由政府价格主管部门具体负责。这应当视为法律赋予政府价格主管部门的行政自由裁量权。在不违法法律、法规强制性规定的情况下，行政主管部门可以在自己的权力范围内，设定相关审批标准及程序。行政裁量行为中，行政机关保有法律法规规定范围内的个案处置权限，司法机关对此应予尊重。

本案一、二审法院均认定被告发改局向经营范围未包括“旅游景区管理与经营”的企业颁发价格收费证，构成程序违法。我们认为，这样认定似乎缺乏法律依据。本案被告发改局作为政府价格主管部门，在自己的权力范围内，有权具体规定价格收费证的申请材料、审核范围、审核标准及办理程序，诉讼中发改局明确表示企业经营范围并不在其审核范围之内。因此，本案中发改局向企业颁发价格收费证的行为，从法理上说，并不构成程序违法。

我们认为，司法权对行政行为的审查是一种监督行为，而非干预，其目的在于保证政府行政权不被滥用、合法运行。根据行政诉讼法的要求，对行政行为的司法审查主要集中在合法性审查，只有在行政行为明显不合理或显失公平的情况下，才涉及合理性审查。当法律没有规定或规定不明确时，应当给行政自由裁量权留出足够的空间，司法权不宜过多介入。

三、本案中一审原告大帐汗公司提出相关涉案机关和公司涉嫌行政侵权，诉请予以赔偿，没有得到法院的支持，这是正确的。理由是，二审法院认为，根据《中华人民共和国行政诉讼法》第六十八条第一款的规定，旅游局、工商局、草原明珠公司不是颁发“内蒙古自治区经营性服务价格收费证”的行政机关，不是赔偿义务机关。大帐汗公司从未向发改局申请金海岸景区门票的“内蒙古自治区经营性服务价格收费证”，大帐汗公司亦不能证明发改局向草原明珠公司颁发“内蒙古自治区经营性服务价格收费证”的具体行政行为侵犯了其合法权益，故大帐汗公司主张发改局、旅游局、工商局、草原明珠公司赔偿其经济损失的请求，二审法院不予支持，是完全正确的。

行政侵权通常是指行政机关和法律、法规授权的组织在行使国家行政职权过程中，侵犯了公民、法人和其他组织的合法权益的违法行政行为和事实行为。具体说来，是指国家行政机关及其工作人员等在行使行政职权的过程中不法侵害了行政管理相对人的合法权益，从而依法承担行政法律责任的行为。

行政侵权的要件有如下四个：

1. 侵权主体。侵权主体所要解决的问题是国家对哪些组织或个人的侵权行为所造成的损害承担赔偿责任，即要明确承担行政侵权赔偿责任的主体范围。根据我国《国家赔偿法》的有关规定，我国行政侵权赔偿的主体是行政主体及其工作人员。行政主体包括法定的行政主体（行政机关）和授权的行政主体（授权组织）。工作人员包括公务员，法律、法规授权或受行政机关委托行使行政职权的个人。

2. 违法行为。违法行为即违法行使职权的行为，它是行政侵权赔偿责任中的一个构成要件。只要是行使职权的违法行为都可以引起国家赔偿责任，都属于执行职务的行为，它不仅包括违法的具体行政行为，也包括违法的事实行为。

3. 损害事实。损害事实是指国家行政机关及其工作人员在行使行政职权过程中实施的侵权行为使被侵权人的人身或财产权益受到的实际损害。

人身损害包括：（1）被侵权人的人身自由受到非法限制或剥夺；（2）人的健康受到损害，导致伤、残、病等；（3）人的名誉、荣誉受到损害，导致精神痛苦等；（4）人的生命权被非法剥夺，导致死亡。

财产损害包括：（1）被侵权人的一定财产的全部或部分丧失；（2）财产的外部变形或数量减少，导致其价值降低或失去价值；（3）财产的变质、破损，导致其价值降低或失去价值；（4）可得利益的丧失，如失去原本可取得的利息、利润或其他收入等。

在本案中，第一，旅游局、工商局和草原明珠公司不是颁发"内蒙古自治区经营性服务价格收费证"的行政机关，因此，即使应当赔偿，这些机关或组织也不是本案中的赔偿义务机关。第二，大帐汗公司从未向发改局申请过金海岸景区门票的"内蒙古自治区经营性服务价格收费证"，因此，发改局也不是其赔偿义务机关。第三，在本案中大帐汗公司不能证明发改局向草原明珠公司颁发"内蒙古自治区经营性服务价格收费证"的具体行政行为侵犯了其合法权益，导致其失去原本可取得的利息、利润或其他收入等。所以，该公司诉称旅游局、工商局和草原明珠公司有行政侵权行为，不可能得到法院支持。尤其是草原明珠公司根本不是行政机关，何来行政侵权行为。

四、本案中涉及起诉期限问题。结合本案，试作如下分析：

行政行为属于公法范畴，一旦作出即具有拘束力，其创设或确认的权利义务关系随即形成，非经有权机关和法定程序不得改变。行政权力对当事人所造成的影响力是显而易见的，为了防止行政权力滥用，防止违法的行政行为损害当事人的合法权益，法律同时为当事人构建了必要的救济途径，即：当事人不服行政机关的行政行为，可以向法院提起行政诉讼，要求法院判决撤销某具体行政行为，使权利义务关系恢复到本来的状态。从理论上说，任何具体行政行为都有可能被法院撤销。为了避免行政行为的合法性争议时间过长，使行政行为长期处于不稳定状态，也为了督促当事人尽快行使诉权，有必要对行政诉讼的提起设定必要的合理期限，即起诉期限。

我国行政诉讼制度脱胎于民事诉讼，起诉期限是比照民法中除斥期间和民事诉讼法中诉讼时效制度变造而来的。但是，由于属于公法诉讼的行政诉讼与属于私法诉讼的民事诉讼，在立法理念、制度设计等方面有很大差异，行政诉讼中的起诉期限与民事诉讼中的除斥期间和诉讼时效，也存在很大不同。民事诉讼中诉讼时效一旦经过，当事人未向法院提起诉讼，由此带来的后果便是其胜诉权的丧失，但其诉权并未消灭。从裁判方式上看，诉讼时效过期的案件，法院判决驳回诉讼请求，属于实体法的范畴。两相对比，在行政诉讼的起诉期限经过，当事人未向法院提起诉讼，又无正当理由的，其诉权丧失。从裁判方式上看，起诉期限经过的案件，法院会不予受理或裁定驳回起诉，属于程序法的范畴。此外，起诉期限属于程序法意义上的法定期限，不能中断或中止，只有在特殊情况下才可以申请延长，或者对被耽误的时间进行扣除。诉讼时效则是可以中断或中止，甚至重新起算的。

起诉期限并非适用于所有的行政案件。根据《最高人民法院关于适用〈中华人民共和国行政诉讼法〉若干问题的解释》第十二条的规定，对行政机关不依法履行、未按照约定履行协议提起诉讼的案件，参照民事诉讼的法律规定，适用诉讼时效的规定；对行政机关单方变更、解除协议等行为提起诉讼的案件，适用行政诉讼法及其司法解释关于起诉期限的规定。

我国现行法律中，涉及行政诉讼起诉期限的主要规定有:《中华人民共和国行政诉讼法》第四十五条、第四十六条、第四十八条,《最高人民法院关于执行〈中华人民共和国行政诉讼法〉若干问题的解释》第四十一条、第四十二条、第四十三条、第四十四条,《最高人民法院关于适用〈中华人民共和国行政诉讼法〉若干问题的解释》第四条、第十二条，最高人民法院行政审判庭关于对如何理解《关于执行〈中华人民共和国行政诉讼法〉若干问题的解释》第四十一条、第四十二条规定的请示的答复。

上述法律规定概括起来，其主要内容为：第一，经过行政复议的案件起诉期限为十五日。第二，直接起诉的案件起诉期限为六个月。第三，因不可抗力、人身自由受到限制或者不可归咎于其自身的原因耽误起诉期限的，被耽误的时间不计算在起诉期限内。第四，行政机关作出具体行政行为时，未履行告知义务，起诉期限从公民、法人或者其他组织知道或者应当知道诉权或者起诉期限之日起计算，但从知道或者应当知道具体行政行为内容之日起最长不得超过 2 年。公民、法人或其他组织不知道行政机关作出具体行政行为的内容，但后来知道了具体行政行为的内容，而不知道诉权和起诉期限的，应适用最高人民法院《关于执行〈中华人民共和国行政诉讼法〉若干问题的解释》第四十一条的规定确定起诉期限，但最长不得超过该解释第四十二条规定的期间。第五，公民、法人或者其他组织不知道行政机关作出的具体行政行为内容的，其起诉期限从知道或者应当知道该具体行政行为内容之日起计算。对涉及不动产的具体行政行为从作出之日起不超过 20 年，其他具体行政行为从作出之日起不超过 5 年。

此外，还有一些针对某些案件类型关于诉讼期限的特别规定。例如，《最高人民法院关于审理行政赔偿案件若干问题的规定》第二十二条："赔偿请求人单独提起行政赔偿诉讼，可以在向赔偿义务机关递交赔偿申请后的两个月届满之日起三个月内提出。"第二十三条："公民、法人或者其他组织在提起行政诉讼的同时一并提出行政赔偿请求的，其起诉期限按照行政诉讼起诉期限的规定执行。行政案件的原告可以在提起行政诉讼后至人民法院一审庭审结束前，提出行政赔偿请求。"第二十四条："赔偿义务机关作出赔偿决定时，未告知赔偿请求人的诉权或者起诉期限，致使赔偿请求人逾期向人民法院起诉的，其起诉期限从赔偿请求人实际知道诉权或者起诉期限时计算，但逾期的期间自赔偿请求人收到赔偿决定之日起不得超过一年。"《最高人民法院关于审理房屋登记案件若干问题的规定》第八条："当事人以作为房屋登记行为基础的买卖、共有、赠与、抵押、婚姻、继承等民事法律关系无效或者应当撤销为由，对房屋登记行为提起行政诉讼的，人民法院应当告知当事人先行解决民事争议，民事争议处理期间不计算在行政诉讼起诉期限内；已经受理的，裁定中止诉讼。"

起诉期限直接关系到当事人的诉权，也是法院应当首先关注和予以查明的问题，如起诉期限经过，又无正当理由的，则可以不予受理或直接裁定驳回起诉，无须进入实体审理，有利于节约司法资源。

本案中原告的起诉期限是否已经经过，是诉讼各方争议的焦点问题之一。一、二审法院都在裁判理由部分专门做了回应。两审法院虽然一致认为原告的起诉期限没有经过，但是仔细比较可以发现，两审法院所依据的法律规定略有不同。一审法院依据的是《最高人民法院关于执行〈中华人民共和国行政诉讼法〉若干问题的解释》（以下简称《解释》）第四十二条："公民、法人或者其他组织不知道行政机关作出的具体行政行为内容的，其起诉期限从知道或者应当知道该具体行政行为内容之日起计算……其他具体行政行为从作出之日起超过 5 年提起诉讼的，人民法院不予受理。"二审法院依据的是《解释》第四十一条："行政机关作出具体行政行为时，未告知公民、法人或者其他组织诉权或者起诉期限的，起诉期限从公民、法人或者其他组织知道或者应当知道诉权或者起诉期限之日起计算，但从知道或者应当知道具体行政行为内容之日起最长不得超过 2 年。"上述两个法律条文都是对起诉期限的特别规定。在法条所述的特殊情形下，起诉期限可以突破通常六个月的时间限制，延长至两年或五年。《解释》第四十一条针对行政机关作出行政行为时，未履行告知义务，即未向当事人告知诉权或起诉期限的情况。触发此特殊情形的诱因来源于行政机关的不作为。《解释》第四十二条针对当事人不了解行政行为内容的情形。触发此特殊情形的诱因仅来源于当事人自己主张的“不知情”，即只要当事人主张自己对行政行为不知情，如无相反证据证明当事人知道或应当知道，则可以援引此条款，适用五年的特殊起诉期限。

本案中发改局为草原明珠公司颁发“内蒙古自治区经营性服务价格收费证”的行政行为，原告并非行政相对人，发改局没有义务向其告知诉权或起诉期限，也就不存在因行政机关未履行告知义务，而触发《解释》第四十一条规定的特殊起诉期限。因此，我们认为，本案二审法院援引该条款，认定原告未超过起诉期限，实有不妥。一审法院对此问题的裁判理由充分，适用法律正确，应予维持。

判例23 漂流项目经营权受侵犯，经营者要求行政赔偿获法院支持

【案件索引】

怀化市中级人民法院行政判决书（2015）怀中行终字第1号：杨某某、王某某、洪江市人民政府与原审第三人湖南省洪江市玉龙水电有限责任公司侵犯经营自主权及行政赔偿纠纷案二审行政判决书。

【基本案情】

关于上诉人杨某某、王某某，上诉人洪江市人民政府与原审第三人湖南省洪江市玉龙水电有限责任公司侵犯经营自主权及行政赔偿纠纷一案，芷江侗族自治县人民法院于2014年10月17日作出（2014）芷行初字第12号行政判决，上诉人杨某某、王某某，上诉人洪江市人民政府不服，向本院提起上诉。本院依法组成合议庭，于2015年1月29日公开开庭审理了本案，现已审理终结。

原审法院查明，原告杨某某、王某某合伙经营公溪河流域漂流。王某某先后三次办理了水路运输许可证。杨某某、王某某先后三次办理了个体工商户营业执照，经营范围及方式：深渡乡公溪河旅游运输（丁岩潭—横岩漂流）服务，执照有效期：2003年4月8日至2003年8月1日、2004年6月7日至2004年8月1日、2005年8月10日至2008年8月1日。2003年4月7日原告在办理漂流营业执照的过程中向洪江市工商局书面承诺："公溪河水域如果国家搞项目开发，我们无条件地予以执行，并自行终止漂流项目，所造成损失均由我们自己负责，不给国家找麻烦。特此承诺。"原告为证明其无法经营漂流所造成的损失提供了两份《价格认证结论书》，一份由湖南省怀化市价格认证中心出具，编号为怀市价认证（2012）102号，上载价格认证范围和内容为洪江市深渡旅游服务中心岩鹰洞风景区公溪河漂流经营损失，包括：2004年1月—2011年12月期间的经营收入，其价格认证结论为270.80万元；另一份由洪江市价格认

证中心出具，编号为洪市价认字（2013）1号，其关于原深渡旅游服务中心漂流接待站部分房屋的修建成本价格认证结论为36 284.00元。

2002年9月25日，被告与徐某签订了《关于公溪河流域水力资源开发经营协议书》，该协议约定被告将公溪河流域电力开发项目（按四级电站规划，含首期开发的玉龙岩水电站）的开发经营权授予徐某，徐某在湖南省洪江市成立公溪河流域电力开发项目公司。协议签订后，徐某和其他股东成立了湖南省洪江市正龙水电有限责任公司来开发经营公溪河流域电力项目，后湖南省洪江市正龙水电有限责任公司更名为湖南省洪江市玉龙水电有限责任公司。2004年11月8日怀化市发展和改革委员会下发怀发改能（2004）39号《关于洪江市公溪河流域梯级水电站可行性研究报告（代立项）的批复》，同意公溪河流域梯级电站开发，并且将原规划四级开发调整为六级开发，导致原告在公溪河旅游漂流经营无法进行。原告不服，向湖南省怀化市中级人民法院提起行政诉讼，请求法院判决确认被告审批第三人在公溪河流域上修建电站的行政行为，侵害了原告的漂流经营权；判令被告同第三人共同赔偿给原告造成的经济损失费274.40万元。湖南省怀化市中级人民法院将案件移交洪江人民法院审理，原告不服，提起上诉。二审期间原告向湖南省怀化市中级人民法院申请撤回起诉和上诉，二审裁定准许原告撤回起诉和上诉。之后原告以请求判决确认被告与徐某签订的《关于公溪河流域水力资源开发经营协议书》侵害了原告的漂流经营权；判令被告行政违法，侵权乱签“协议”，赔偿给原告造成的经济损失费274.40万元为由提起行政诉讼，经湖南省怀化市中级人民法院（2014）怀中行初字第35号《行政裁定书》将本案移交该院审理。

原审法院认为，原告杨某某、王某某取得了公溪河流域漂流经营执照和水路运输许可证，杨某某、王某某即具有合法漂流经营自主权，其漂流经营自主权的合法权益应受法律保护。被告洪江市人民政府与徐某签订的《关于公溪河流域水力资源开发经营协议书》系行政合同。由于《关于公溪河流域水力资源开发经营协议书》的签订和公溪河流域梯级电站的修建，造成了杨某某、王某某的漂流经营无法进行，因此《关于公溪河流域水力资源开发经营协议书》侵害了杨某某、王某某的漂流经营自主权，洪江市人民政府应对杨某某、王某某漂流无法经营造成的损失承担赔偿责任。根据《中华人民共和国国家赔偿法》的相关规定，洪江市人民政府应对杨某某、王某某的财产直接损失36 284.00元承担赔偿责任，而对杨某某、王某某的漂流经营损失270.80万元，因其属于间接损失，不承担赔偿责任。湖南省洪江市玉龙水电有限责任公司不是行政机关，不是国家赔偿的义务主体，因此对杨某某、王某某的损失不承担赔偿责任。本案杨某某、王某某以不同的法律事实和诉求提起诉讼，不属于重复诉讼。由于杨某某、王某某在其漂流经营权存续期间向法院提起诉讼，本案未超过法律规定的诉讼期限。综上所述，依照《中华人民共和国行政诉讼法》第六十八条第一款和《中华人民共和国国家赔偿法》第四条第（四）项、第三十六条第（八）项及《最高人民法院关于执行〈中华人民共和国行政诉讼法〉若干问题的解释》第五十七条第二款第（二）项之规定，判决：一，被告洪江市人民政府与徐某签订的《关于公溪河流域水力资源开发经营协议书》侵犯了原告杨某某、王某某的漂流经营自主权。二，被告洪江市人民政府赔偿原告杨某某、王某某人民币共计 36 284.00 元。限于本判决发生法律效力后之日起 10 日内支付。三，驳回原告杨某某、王某某的其他诉讼请求。本案案件受理费 50 元，由洪江市人民政府负担。

上诉人杨某某、王某某上诉称：1. 一审法院迫于洪江市人民政府的权势，不敢作出公正的赔偿判决。2. 上诉人所评估的有形资产损失和无形资产损失均是上诉人的直接损失，是本案判决赔偿的唯一事实和法律依据。《中华人民共和国国家赔偿法》第四条第四款也是指造成损失的其他违法行为，而不是指现有损失。该法律没有规定什么间接与直接损失之分。3. 洪江市人民政府侵害上诉人的漂流经营权，其赔偿从公溪河流域电站电价分成款中承付，既合理，又合法。综上，原审判决认定事实基本清楚，但适用法律理解不正确，请求二审撤销原审判决第二项的数据认定，改判洪江市人民政府承担上诉人全部经济损失 274.4 万元。

上诉人洪江市人民政府上诉称：1. 从程序上来说，本案已超过起诉期限，应当驳回杨某某、王某某的起诉。2. 从实体上看，一审判决洪江市人民政府侵犯杨某某、王某某经营自主权并赔偿损失是错误的，杨某某、王某某的诉讼请求应当驳回。综上，洪江市人民政府与徐某签订的《关于公溪河流域水力资源开发经营协议书》合法有效，洪江市人民政府没有实施侵害杨某某、王某某的漂流经营权的行为，且杨某某、王某某的起诉已超过起诉期限，一审判决认定洪江市人民政府侵犯杨某某、王某某漂流经营自主权，赔偿损失是错误的，请求怀化市中级人民法院依法撤销一审判决的第一、第二项，并驳回杨某某、王某某的所有诉讼请求。

原审第三人庭上陈述称：同意洪江市人民政府的观点。

杨某某、王某某答辩称：1. 答辩人的诉讼没有超过时效。2. 被答辩人侵犯了答辩人的自主经营权。3. 答辩人的有形资产评估不是向春梅的房屋评估。4. 答辩人要求被答辩人赔偿有法有据。一审法院对本案判决事实认定清楚，证据确凿，只是赔偿数据的认定有意维护被答辩人。请求怀化市中级人民法院依法驳回被答辩人的无理上诉请求，并按答辩人杨某某、王某某所提供的合法有效的评估金额274.4万元，由被答辩人洪江市人民政府予以赔偿。

洪江市人民政府在庭上辩称，因为上诉了，不需要答辩。

本案当事人所提交证据材料均已随案移送本院。依照《最高人民法院关于行政诉讼证据若干问题的规定》的规定，对本案证据材料进行了审核，原判认定的证据有效，可以作为本案定案依据。

本院经审理查明，原审判决认定事实与二审法院查明的事实无异。

【判决与理由】

关于起诉期限是否已过的问题。本案侵犯经营自主权的行为发生在2002年，水路运输许可证的截止日期是2011年12月31日，王某某和杨某某第一次提起诉讼的时间是2013年，其在漂流经营存续期间向人民法院提起行政诉讼，未超过法律规定的起诉期限。

关于是否侵犯经营自主权的问题。杨某某、王某某于2002年8月办理了水路运输许可证，并取得了经营执照，其漂流经营自主权的合法权益受法律保护。洪江市人民政府与徐某签订的《关于公溪河流域水力资源开发经营协议书》，造成了杨某某和王某某的漂流经营无法正常进行，侵害漂流经营自主权的事实存在。故洪江市人民政府应对其漂流无法经营造成的直接损失承担赔偿责任，洪江市人民政府上诉提出一审判决认定其侵犯杨某某、王某某经营自主权并赔偿损失是错误的，与事实不符，其上诉理由不能成立。

关于赔偿数额认定的问题。国家赔偿系法定赔偿，赔偿项目、赔偿方式、赔偿数额等均由国家赔偿法明文规定。行政赔偿属国家赔偿的一种。《中华人民共和国国家赔偿法》第四条第（四）项规定："行政机关及其工作人员在行使行政职权时有下列侵犯财产权情形之一的，受害人有取得赔偿的权利：（四）造成财产损害的其他违法行为。"第三十六条第（八）项规定："侵犯公民、法人和其他组织的财产权造成损害的，按照下列规定处理：（八）对财产权造成其他损害的，按照直接损失给予赔偿。"杨某某、王某某对原审法院判决认定的事实没有异议，只是对判决赔偿的数额有异议，杨某某、王某某主张漂流经营损失为270.80万元，属于可预期利益，是间接损失，不属于国家赔偿的范畴，其认为所评估的有形资产和无形资产都是直接损失的理由于法无据，本院不予采信。

综上所述，原审法院认定事实清楚，证据确凿充分，审判程序合法，适用法律正确，本院予以确认，上诉人洪江市人民政府和上诉人杨某某、王某某的上诉理由均不能成立，本院不予支持。据此，依照《中华人民共和国行政诉讼法》第六十一条第（一）项之规定，判决如下：

驳回上诉，维持原判。本判决为终审判决。

【本案涉及的法律问题】

一、本案涉及经营漂流项目需要取得许可的问题。试问：经营漂流项目需要履行的手续是什么？

二、本案涉及行政赔偿中直接损失与间接损失的区别问题。在本案中，原告提出的间接损失没有得到赔偿，为什么？

三、什么是重复起诉，本案为什么不属于重复起诉？

四、本案的起诉期限应当如何确定，为什么？

五、法院判决确认被告侵害了原告的自主经营权，并应赔偿原告经济损失，但未判决撤销被告的行政行为，这样判决是否妥当，为什么？

【参考答案与法理分析】

一、本案涉及经营漂流项目需要取得许可的问题。下面，试对经营漂流项目需要履行的手续作一分析。

全国各地对漂流项目的规定不尽相同，准入门槛也有高有低。从总体来说，对于漂流这类有一定危险性的旅游项目，各地主管部门在审批问题上通常持审慎态度。在本案中，法院是以原告办理了个体工商户营业执照并获得水路运输许可证，认定原告具有经营漂流项目的主体资质。本案发生在2002年左右，当时的工商营业执照申办程序有着更强的行政管理色彩，更多的是行政管理机关意志的体现。最终工商主管部门向原告核发了具有经营漂流业务的个体工商户营业执照，可以视为主管部门对原告经营主体资格的认可，法院据此认定原告具有漂流业务经营权，并无不妥。

另外，水路运输许可证是依据《中华人民共和国水路运输管理条例》《中华人民共和国水路运输管理条例实施细则》《国内水路运输经营资质管理规定》设立的、经营者从事营业性水路运输的资格凭证。漂流项目虽然不同于传统意义上的水上运输，但是，因其涉及人员乘用皮筏艇、橡皮艇等船具，且主要活动是在水上进行，因此，不少地区都将取得水路运输许可证作为经营漂流业务的前置条件。

国内还有些地区针对经营漂流业务设置了专门的经营许可。例如，安徽省六安市依据《安徽省风景名胜区管理条例》设立了漂流旅游审批。申请条件为：符合旅游产业发展规划；符合旅游市场发展的需求；取得旅游行政管理部门的批复。申请材料包括：申请人身份证明及复印件；申请报告；有关人员的资格证书及复印件；经营区域使用权说明或协议书；漂流区域地形地貌图及配套设施建设平面图；漂流区域水文资料复印件；旅游定点经营可行性研究报告。可见，六安市是将漂流作为旅游项目进行审批管理的。

同样位于安徽省的安庆市，对漂流项目存在着不同的认知。安庆市依据如下办法，即《安徽省实施〈中华人民共和国体育法〉办法》（安徽省人民代表大会常务委员会公告第43号）第35条："各级体育行政部门负责本地区体育经营活动的指导、监督和管理，其他有关行政部门在各自职责范围内对体育经营活动进行监督、管理。从事涉及人身安全和公共安全的体育经营项目，应当经体育行政部门审查同意"，设立了漂流经营项目的审批，将漂流作为体育项目进行管理。申请条件为：经营者是已经登记注册的企业。与六安市不同，安庆市限制非企业组织经营漂流项目。同时要求体育场所符合安全、消防、卫生和环保条件，体育器材、设施要符合《高危险性体育项目经营许可管理办法》和《体育场所开放条件与技术要求》，并要求从业人员需要具备专业知识并应经过培训后才可上岗。申请材料包括：《安徽省高危险性体育项目经营活动行政许可申请表》，工商营业执照正副本（复印件）、经营活动可行性报告（报告中须说明单位名称、场所地址，场所内每一河流面积、深度及救护人员数、救护设施等相关情况），救生员、医务人员的资格证书（全部用复印件），工作人员（包括救生员等）健康证明，漂流场所平面图（复印件）、房地产权证或场地租赁合同及出租方房地产权证（复印件），漂流场所管理规定、救生员管理规定、救生员岗位职责、溺水事故处理措施等相关制度（复印件）。特别需要注意的是，其审批流程适用从事涉及人身安全和公共安全的高危体育经营项目的审批流程，并由体育局负责具体审批管理工作。

二、本案中涉及行政赔偿中的直接损失与间接损失的区别，间接损失之所以得不到赔偿，理由如下：

2012年最新修订的《中华人民共和国国家赔偿法》第三十六条规定："侵犯公民、法人和其他组织的财产权造成损害的，按照下列规定处理：（一）处罚款、罚金，追缴、没收财产或者违法征收、征用财产的，返还财产。（二）查封、扣押、冻结财产的，解除对财产的查封、扣押、冻结，造成财产损坏或者灭失的，依照本条第三项、第四项的规定赔偿。（三）应当返还的财产损坏的，能够恢复原状的恢复原状，不能恢复原状的，按照损害程度给付相应的赔偿金。（四）应当返还的财产灭失的，给付相应的赔偿金。（五）财产已经拍卖或者变卖的，给付拍卖或者变卖所得的价款；变卖的价款明显低于财产价值的，应当支付相应的赔偿金。（六）吊销许可证和执照、责令停产停业的，赔偿停产停业期间必要的经常性费用开支。（七）返还执行的罚款或者罚金、追缴或者没收的金钱、解除冻结的存款或者汇款的，应当支付银行同期存款利息。（八）对财产权造成其他损害的，按照直接损失给予赔偿。”根据上述法律规定可知，国家赔偿中涉及的财产损失，以返还和赔偿为主要形式，其中第（八）项特别提出了“直接损失”的概念，该条款作为国家赔偿财产性损失的兜底条款和基本原则，在司法实践中被广泛地引用。那么什么是直接损失，直接损失包括哪些内容，与其相对的间接损失又指什么呢？

对于“直接损失”和“间接损失”这一对概念，学术界一直存在着争论。一种观点认为，直接损失与间接损失应当按照侵权行为与损害结果之间的因果关系进行区分，损害结果是由侵权或者违约行为直接所引发的，视为直接损失；损害结果并非损害行为直接引发的或有其他因素介入才导致损害结果的发生，应当视为间接损失。① 此观点也曾被司法机关所认同，出现于相关司法解释中。如：1999 年最高人民检察院颁布的《关于人民检察院直接受理立案侦查案件立案标准的规定（试行）》（高检发研字 [1999]10 号）附则第（三）项规定：“本规定中的‘直接经济损失’，是指与行为有直接因果关系而造成的财产损毁、减少的实际价值。‘间接经济损失’，是指由直接经济损失引起和牵连的其他损失，包括失去的在正常情况下可能获得的利益和为恢复正常的管理活动或者挽回所造成的损失所支付的各种开支、费用等。”

另一种观点认为，直接损失与间接损失的区分标准应当以受损标的为基础，侵权或者违约等损害行为直接作用于受损标的的，由此所产生的损失为直接损失，此种情况之外的其他损失均为间接损失。

按照此种划分标准，直接经济损失是因侵权行为直接作用于受害人的财产权客体所造成的财产损失，或者受害人为了补救受到侵害的民事权益所做的必要支出；间接经济损失是指由于受害人受到损害而发生的可得利益的损失。②最高人民法院在 2000 年颁布的《关于民事、行政诉讼中司法赔偿若干问题的

① 曾世雄：《损害赔偿法原理》，中国政法大学出版社2001年版，第137页。
② 张新宝：《中国侵权行为法》，中国社会科学出版社1998年版，第98页。

解释》(法释[2000]27号)中就采用此种观点，对国家赔偿法中的“直接损失”所包括的具体情形进行了规定。其中，第十二条规定：“国家赔偿法第二十八条第(七)项规定的直接损失包括下列情形：(一)保全、执行过程中造成财物灭失、毁损、霉变、腐烂等损坏的。(二)违法使用保全、执行的财物造成损坏的。(三)保全的财产系国家批准的金融机构贷款的，当事人应支付的该贷款借贷状态下的贷款利息。执行上述款项的，贷款本金及当事人应付的该贷款借贷状态下的贷款利息。(四)保全、执行造成停产停业的，停产停业期间的职工工资、税金、水电费等必要的经常性费用。(五)法律规定的其他直接损失。”

总之，对直接损失与间接损失的区分方式，适用标准不尽相同，但在我国现行法律中，国家赔偿只针对直接损失，间接损失已被排除在财产损失赔偿范围之外，这已是不争的事实。

在本案中，原告所主张的“270.80万元经营损失”，是以其既往的营业收入为参照而推算出来的，属于预期利益，或称可得利益，是营业者通过经营在未来可能获得的营业收益，并不属于已遭受的既有损失。从损害行为与损害结果之间的因果关系上看，营业者能否在未来获得该营业收益，则需要考虑多种其他因素，例如，气候和气温对参与漂流游客数量的影响，社会整体经济形势状况，营业者的经营管理能力，员工的勤勉尽责程度，等等。从损害行为是否直接作用于受损标的来看，经营损失是经营者未来的收益，是目前还没有发生的，可以说在损害行为发生时，受损标的尚不存在，也就更不存在损害行为对损害标的的直接作用了。因此，本案中原告主张的“经营损失”不论适用上述哪种观点或区别标准，都不能被认定为直接损失，也无法得到国家赔偿。

三、本案中涉及“重复起诉”的概念。本案之所以不属于重复起诉，可作如下分析：

《最高人民法院关于适用〈中华人民共和国民事诉讼法〉的解释》第二百四十七条规定：“当事人就已经提起诉讼的事项在诉讼过程中或者裁判生效后再次起诉，同时符合下列条件的，构成重复起诉：(一)后诉与前诉的当事人相同；(二)后诉与前诉的诉讼标的相同；(三)后诉与前诉的诉讼请求相同，或者后诉的诉讼请求实质上否定前诉裁判结果。当事人重复起诉的，裁定不予受理；已经受理的，裁定驳回起诉，但法律、司法解释另有规定的除外。”由此可知，判断是否属于重复起诉，应当从诉讼主体、诉讼标的和诉讼请求三方面进行。值得注意的是，法律对构成重复诉讼持审慎态度，要求前后两次诉讼需要在上述三个方面都同时相同，才能构成重复诉讼。一旦被判定为重复诉讼，则当事人的诉权直接归于消灭，尚未受理裁定的不予受理，已经受理的裁定驳回起诉。适用“裁定”的这类裁判方式，是在程序法意义上的裁判，即不论当事人的诉讼具体内容如何，在还未正式进入实体审理的过程中，在程序上被直接予以否定。这对当事人权益的影响不言而喻。因此，法律规定严格控制对重复诉讼的认定，判定条件从严从紧，尽量让大部分的案件不因程序上的瑕疵而得不到审理的机会。

具体到本案而言，虽然前后两次各方诉讼主体相同，但是第二次诉讼，原告依据的法律事实和所主张的诉讼请求与首次诉讼不尽相同。因此，法院最终判定本案原告不构成重复诉讼是十分正确的。

四、关于本案的起诉期限应当如何确定，可作如下分析：

本案是针对被告侵犯原告漂流项目经营权的诉讼，原告的经营权是通过办理个体工商户营业执照和申领水路运输许可证而获得的。其中，水路运输许可证的有效期至 2011 年 12 月 31 日，可以认为在此期限内，原告均享有合法的经营权。本案所涉侵犯原告经营自主权的行为发生于 2002 年，自侵害行为发生至水路运输许可证到期前，侵害行为一直存在，并未消失，可以认为原告的自主经营权一直在被侵犯中，该侵害行为是持续性的，原告第一次提起诉讼的时间是其在漂流经营存续期间，因此按照法律规定未超过起诉期限。

五、在本案中，法院判决确认被告侵害了原告的自主经营权，并应赔偿原告经济损失，但未判决撤销被告行政行为，这样判决并无不当。理由是：

行政诉讼的基本判决方式包括：撤销或部分撤销行政行为；判决行政机关重新作出行政行为；判决行政机关在一定期限内履行法定义务；确认行政行为违法，但不撤销行政行为。本案从裁判结果上看，应当属于最后一种情形，判决行政机关的行政行为违法，但不撤销原行政行为。这种情形又分为两种，即：行政行为不可撤销和行政行为不需撤销。《中华人民共和国行政诉讼法》第七十四条规定：“行政行为有下列情形之一的，人民法院判决确认违法，但不撤销行政行为：（一）行政行为依法应当撤销，但撤销会给国家利益、社会公共利益造成重大损害的；（二）行政行为程序轻微违法，但对原告权利不产生实际影响的。行政行为有下列情形之一，不需要撤销或者判决履行的，人民法院判决确认违法：（一）行政行为违法，但不具有可撤销内容的；（二）被告改变原违法行政行为，原告仍要求确认原行政行为违法的；（三）被告不履行或者拖延履行法定职责，判决履行没有意义的。”我们认为，本案应当属于行政行为

"不可撤销"的情形，撤销该行政行为会给国家利益、社会公共利益造成重大损害。

本案被告与第三人所签订的《关于公溪河流域水力资源开发经营协议书》，建设公溪河流域梯级电站，项目投资巨大，关系重大民生，如判决撤销该行政协议书，势必造成国家重大损失。而且从原告的诉讼请求来看，原告旨在主张获得一定赔偿，法院因势利导，结合案件实际情况，确认了被告签署行政协议书的具体行政行为侵犯了原告的合法权益，并根据国家赔偿法的相关规定，认可原告部分赔偿诉请，但未将行政协议书予以撤销，并无不妥。

判例24　唐某某诉旅游局信息不公开，其诉求获法院支持

【案件索引】

日照市东港区人民法院行政判决书（2014）东行初字第59号：唐某某与日照市东港区旅游局不履行法定职责纠纷一审行政判决书。

【基本案情】

原告唐某某诉被告日照市东港区旅游局不履行政府信息公开法定职责一案，向本院提起行政诉讼。本院受理后依法组成合议庭公开审理了本案，现已审理终结。

原告唐某某诉称，原告行使法律赋予公民的监督权，通过申请政府信息公开的方式，促进被告提高依法行政的意识和能力，以此达到“全面推进依法行政，进一步加强法治政府建设”的目的。鉴于被告未能按照《政府信息公开条例》的规定主动公开其“2013年政府信息公开工作年度报告”，原告以国内挂号信函方式（邮件编号XA39602547237）于2014年4月30日向被告发出政府信息公开申请书，请求被告以电子邮件形式公开其2013年政府信息公开工作年度报告。该申请书于2014年5月4日送达被告。根据《政府信息公开条例》第二十四条的规定，被告最迟应在2014年5月23日前对原告的政府信息公开申请作出答复，但至原告起诉时，被告仍对原告的申请置之不理，属不作为的行政违法行为，请求判令被告限期对原告的政府信息公开申请予以答复。

以上事实，原告提供了其向被告提出政府信息公开申请的证据：1. 政府信息公开申请书的寄送信息，向被告寄出挂号信的收据及发送的电子信函，证明原告向被告提出政府信息公开申请的内容以及申请书发出的时间和地点。2. 中国邮政查询单，证明被告收到原告《政府信息公开申请书》的时间以及接收人。

被告日照市东港区旅游局辩称，一，被告已按《政府信息公开条例》的规定公开了信息。被告按《政府信息公开条例》的规定，设立了日照市东港区旅

游局网站，网址 http：//www.dgta.cn，对被告的工作职责、领导班子分工、科室职能及联络方式进行了公开。另外，被告由于工作原因在春节、端午节、五一节、国庆节等节点及重要工作时间按步骤分别情况汇总，并通过政务网站发布，公民可随时查阅，原告也可在被告的网站查阅相关信息。二，被告没有侵犯原告的合法权益，原告不具备诉讼主体资格。根据《中华人民共和国行政诉讼法》第二条的规定："公民、法人或者其他组织认为行政机关和行政机关的工作人员的具体行政行为侵犯其合法权益，有权依照本法向人民法院提起诉讼。"原告唐某某不具备诉讼主体资格。综上，被告已按《政府信息公开条例》的规定公开了政府信息，其行为没有侵犯原告的合法权益，原告不具备诉讼主体资格，请求依法驳回原告的诉讼请求。

经审理查明，2014 年 4 月 30 日，原告以挂号信的形式向被告日照市东港区旅游局提交了政府信息公开申请书，请求被告以电子邮件的形式向原告公开该局 2013 年政府信息公开工作年度报告。被告于 2014 年 5 月 4 日收到该政府信息公开申请书后一直未予答复。因此，原告诉至本院，请求责令被告限期对原告的政府信息公开申请予以答复。

【判决与理由】

本院认为，本案双方当事人争议的焦点问题是，一、原告是否具备诉讼主体资格。二，被告是否已按法律规定公布了政府信息公开工作年度报告。关于第一个焦点问题，《中华人民共和国政府信息公开条例》第三十一条规定："各级行政机关应当在每年 3 月 31 日前公布本行政机关的政府信息公开工作年度报告"，即政府信息公开工作年度报告属被告应当主动公开的政府信息。而《最高人民法院关于审理政府信息公开行政案件若干问题的规定》第三条规定："公民、法人或者其他组织认为行政机关不依法履行主动公开政府信息义务，直接向人民法院提起诉讼的，应当告知其先向行政机关申请获取相关政府信息。对行政机关的答复或者逾期不予答复不服的，可以向人民法院提起诉讼。"上述规定对原告诉讼主体资格并未作限制性规定，故原告唐某某具备原告诉讼主体资格。关于第二个焦点问题，《中华人民共和国政府信息公开条例》第三十二条规定："政府信息公开工作年度报告应当包括下列内容：（一）行政机关主动公开政府信息的情况；（二）行政机关依申请公开政府信息和不予公开政府信息的情况；（三）政府信息公开的收费及减免情况；（四）因政府信息公开申请行政复议、提起行政诉讼的情况；（五）政府信息公开工作存在的主要问题及改进情况；

（六）其他需要报告的事项。”由此可见，被告已在其政务网站公开的内容并非政府信息公开工作年度报告的内容，故其关于已按《政府信息公开条例》的规定公开了政府信息的辩解意见不成立，本院不予采纳。综上所述，在每年 3 月 31 日前公布本行政机关的政府信息公开工作年度报告是被告的法定职责，而被告未在法定时间内公布其 2013 年政府信息公开工作年度报告。根据《中华人民共和国政府信息公开条例》第二十四条“行政机关收到政府信息公开申请，能够当场答复的，应当当场予以答复。行政机关不能当场答复的，应当自收到申请之日起 15 个工作日内予以答复；如需延长答复期限的，应当经政府信息公开工作机构负责人同意，并告知申请人，延长答复的期限最长不得超过 15 个工作日”的规定，对于原告要求被告公开 2013 年政府信息公开工作年度报告的申请，被告应予答复。被告逾期未予答复，原告诉至本院，请求判令被告公开 2013 年政府信息公开工作年度报告，本院予以支持。据此，依照《中华人民共和国行政诉讼法》第五十四条第（三）项，《中华人民共和国政府信息公开条例》第二十四条、第三十一条、第三十二条，《最高人民法院关于审理政府信息公开行政案件若干问题的规定》第三条、第十条之规定，判决如下：

被告日照市东港区旅游局于本判决生效之日起十五个工作日内对原告唐某某的政府信息公开申请作出答复。

如不服本判决，可以在判决书送达之日起十五日内向本院递交上诉状，并按对方当事人的人数提出副本，上诉于山东省日照市中级人民法院。

【本案涉及的法律问题】

一、本案涉及政府信息公开制度。试问：政府信息公开的条件和程序是什么？政府信息公开类案件中原告的诉讼主体资格如何确定？本案原告是否有诉讼主体资格？

二、本案中旅游局是否已经履行了信息公开义务？

三、本案对旅游行政管理部门有何启示？

【参考答案与法理分析】

一、关于本案原告是否具备主体资格的问题，涉及到政府信息公开的条件和程序问题，以及政府信息公开类案件中原告诉讼主体资格如何确定的问题。现对这些问题分析如下：

政府信息公开是指政府机关将其在履行职责过程中制作或者获取的，以一定形式记录、保存的信息，依法、及时、准确地公布。政府信息公开有利于提高政府工作的透明度，促进依法行政，同时也是法律赋予政府机关的法定义务。

政府信息公开分为主动公开和依申请公开。

主动公开是指政府机关在其职权范围内，依照法律规定主动将政府信息向社会公布。这类信息多是涉及国计民生，甚至关系到人民群众的切身利益；还有的涉及政府的职能和具体办事程序，是人们日常工作、生活中与政府部门打交道中所不可或缺的；还有的是政府希望人民群众广泛知晓的信息，甚至是希望人们在获取信息后能够积极地参与政府的某项活动或工作。《中华人民共和国政府信息公开条例》对各级人民政府及行政机关必须主动公开的信息进行了规定，并对各级机关重点公开的信息进行了完全列举。具体包括：

县级以上各级人民政府及其部门应当重点公开的信息：[①]

（一）行政法规、规章和规范性文件；

（二）国民经济和社会发展规划、专项规划、区域规划及相关政策；

（三）国民经济和社会发展统计信息；

（四）财政预算、决算报告；

（五）行政事业性收费的项目、依据、标准；

（六）政府集中采购项目的目录、标准及实施情况；

（七）行政许可的事项、依据、条件、数量、程序、期限以及申请行政许可需要提交的全部材料目录及办理情况；

（八）重大建设项目的批准和实施情况；

（九）扶贫、教育、医疗、社会保障、促进就业等方面的政策、措施及其实施情况；

（十）突发公共事件的应急预案、预警信息及应对情况；

（十一）环境保护、公共卫生、安全生产、食品药品、产品质量的监督检查情况。

设区的市级人民政府、县级人民政府及其部门重点公开的信息[②]：

（一）城乡建设和管理的重大事项；

（二）社会公益事业建设情况；

（三）征收或者征用土地、房屋拆迁及其补偿及补助费用的发放、使用情况；

---

① 参见：《中华人民共和国政府信息公开条例》第十条。

② 参见：《中华人民共和国政府信息公开条例》第十一条。

（四）抢险救灾、优抚、救济、社会捐助等款物的管理、使用和分配情况。

乡（镇）人民政府及其部门应当重点公开的信息[①]：

（一）贯彻落实国家关于农村工作政策的情况；

（二）财政收支、各类专项资金的管理和使用情况；

（三）乡（镇）土地利用总体规划、宅基地使用的审核情况；

（四）征收或者征用土地、房屋拆迁及其补偿及补助费用的发放、使用情况；

（五）乡（镇）的债权债务、筹资筹劳情况；

（六）抢险救灾、优抚、救济、社会捐助等款物的发放情况；

（七）乡镇集体企业及其他乡镇经济实体承包、租赁、拍卖等情况；

（八）执行计划生育政策的情况。

依申请公开是指政府机关依照公民、法人或者其他组织的申请，对涉及其自身生产、生活、科研等特殊需要的政府信息予以公开。

对于上述两种通过不同方式公开的政府信息，当事人如果要提起诉讼，法律对其诉讼主体资格有着不同的规定。对依申请公开的政府信息提起诉讼的，诉讼主体资格要求的较为宽松，原则上有权利申请的信息公开的主体，都享受提起诉讼的权利。法律对原告诉讼主体资格没有严格的限定，其原因在于对于政府主动公开的信息，当事人提起行政诉讼，是对政府工作的一种监督，这种监督是为法律所提倡和鼓励的，尤其是在目前积极构建法治中国的大背景下。法治政府正是建设法治中国中不可或缺的重要组成部分。政府信息公开，增强政府行政工作的透明度，促进阳光行政、透明执法，离不开人民群众的监督和支持，通过行政诉讼也是人民群众行使监督权的一种重要表现形式。

对于政府主动公开的政府信息，当事人提起行政诉讼前，需要履行必经的前置程序。

本案中原告申请公开的“政府信息公开工作年度报告”是政府机关年度信息公开的集中呈现，属于政府应当主动公开的信息。公民、企业或其他组织对政府主动公开的信息提起行政诉讼时，法律对此类情形设定了前置程序。《最高人民法院关于审理政府信息公开行政案件若干问题的规定》第三条规定：“公民、法人或者其他组织认为行政机关不依法履行主动公开政府信息义务，直接向人民法院提起诉讼的，应当告知其先向行政机关申请获取相关政府信息。对行政机关的答复或者逾期不予答复不服的，可以向人民法院提起诉讼。”笔者认为这不能认为是法律对当事人诉讼主体资格的限定。这是鉴于主动公开的政府信息

① 参见：《中华人民共和国政府信息公开条例》第十二条。

的特殊性而进行的必要规定。其原因有二：一方面，政府主动公开的信息是面向全社会公布的，是针对不特定对象实施的，具有普遍的适用性的，性质上属于抽象行政行为，其行政相对人不确定。在行政诉讼法修改前，此类抽象行政行为一般不具有可诉性。但是如果当事人在提起行政诉讼前，事先向政府申请信息公开，在未获答复或对答复不满意的情况下，再去法院提起行政诉讼，这就将对抽象行政行为的诉讼，转化为了对具体行政行为的诉讼，行政相对人具体而明确，即申请信息公开的申请人。另一方面，由于主动公开的政府信息涉及面广，影响性大，在通过行政诉讼进行司法审查之前，应当留给政府自我更正的机会和时间。为此，法律要求当事人在去法院进行诉讼前，先去政府申请信息公开，旨在通过当事人的申请，向政府"提个醒"，政府行政机关如能够及时发现问题、解决问题，这既减少了当事人的诉累，又节约了宝贵的司法资源。

具体到本案，当事人在向法院提起诉讼前，已事先通过挂号信的方式向政府申请信息公开，政府未在法律规定时间内作出答复，在此情况下当事人提起行政诉讼，符合法律规定，其诉讼主体资格适格。

二、本案中旅游局并未履行信息公开义务。理由是：

政府机构是否已经履行了信息公开义务，不能单纯以是否作出了信息公开的行政行为作为判断标准，而应当从信息公开时间、公开方式、信息形式以及信息内容四个方面综合进行判断。

首先，政府信息一般都具有一定的时效性。一旦时效经过，则信息效力大大下降，甚至是无效的。此外，及时、高效、便民也是对政府作出行政行为的基本要求。其中，以及时为首要原则，及时是行政高效、行政便民的基础。如果信息公开滞后或延迟，即使信息公开方式、信息形式和内容都符合法律要求，也不能认为政府已经履行了政府信息公开的义务。

其次，政府信息公开的方式应当符合法律的规定。《中华人民共和国政府信息公开条例》第十五条规定："行政机关应当将主动公开的政府信息，通过政府公报、政府网站、新闻发布会以及报刊、广播、电视等便于公众知晓的方式公开。"由此可知，政府公开信息的方式应当以便于公众知晓为原则。以前那种仅仅简单地以在机关大院的公告栏、小黑板上写通知或贴布告的方式公开信息，已不能满足便于公众知晓的要求，属于信息公开方式不合法。在当今信息时代，信息发布渠道多种多样，随着科技发展，新的信息技术手段层出不穷，政府机关应当顺应时代的潮流，采取最快捷、最有效、最及时的信息发布方式，积极利用最先进的信息发布平台和技术来发布信息。例如，许多政府部门先后开通了政府官方微信公众号，利用微信这种现今最流行、最便捷的社交平台，及时、有效地发布政府信息。

再次，政府信息公开中信息的形式应当符合法律或申请人的要求。《中华人民共和国政府信息公开条例》第二十六条规定："行政机关依申请公开政府信息，应当按照申请人要求的形式予以提供；无法按照申请人要求的形式提供的，可以通过安排申请人查阅相关资料、提供复制件或者其他适当形式提供。"如果行政机关公开的信息形式不适当或不符合当事人的要求，这都将成为当事人提起行政诉讼的理由。《最高人民法院关于审理政府信息公开行政案件若干问题的规定》第一条第（二）款规定："公民、法人或者其他组织认为下列政府信息公开工作中的具体行政行为侵犯其合法权益，依法提起行政诉讼的，人民法院应当受理；（二）认为行政机关提供的政府信息不符合其在申请中要求的内容或者法律、法规规定的适当形式的。"此外，对于信息形式不适当或不合要求，司法权可以直接进行干预，即使在信息公开及时、公开方式合法、信息内容无误的情况下，法院也可以判决要求政府按照申请人要求或者法律、法规规定的适当形式提供信息。[①]

最后，政府信息公开的内容应当真实、合法、有效。

本案涉及的"政府信息公开工作年度报告"，法律对其内容有着严格的规定。《中华人民共和国政府信息公开条例》第三十二条规定："政府信息公开工作年度报告应当包括下列内容：（一）行政机关主动公开政府信息的情况；（二）行政机关依申请公开政府信息和不予公开政府信息的情况；（三）政府信息公开的收费及减免情况；（四）因政府信息公开申请行政复议、提起行政诉讼的情况；（五）政府信息公开工作存在的主要问题及改进情况；（六）其他需要报告的事项。"本案就是因为政府机关公布的信息内容不合法所引起的。

三、本案对旅游行政管理部门的启示在于，政府信息公开是法律赋予每个政府机构的法定义务，旅游行政管理部门应当对此引起足够的重视，不能认为信息公开不是自己本部门工作的重点，对信息公开工作的管理就有所疏忽，应付了事。在当今法治社会，人民群众维权意识与日俱增，越来越多的人会选择通过申请政府信息公开来获取与自身生产、生活、科研等工作相关的信息。旅游行政主管部门应当根据自身的工作特点和管理范围，专门制定本部门的信息公开细则，明确公开程序、公开内容、公开形式。同时，还可以编制专门的行政职权手册，明确行政管理人员的岗位职责和法律责任，使具体经办人员做到有法可依，积极履责。否则，就有可能遇到本案中的这种情况，遭到相关人员的起诉，给本单位带来不必要的负面社会影响。

---

① 参见：《最高人民法院关于审理政府信息公开行政案件若干问题的规定》第九条。